人文社科
高校学术研究论著丛刊

张金平 雒文泉 著

现代汉语研究

中国书籍出版社
China Book Press

图书在版编目 (CIP) 数据

现代汉语研究 / 张金平, 雒文泉著 . -- 北京：中国书籍出版社, 2020.7
ISBN 978-7-5068-7898-2

Ⅰ . ①现… Ⅱ . ①张… ②雒… Ⅲ . ①现代汉语 – 研究 Ⅳ . ① H109.4

中国版本图书馆 CIP 数据核字（2020）第 117655 号

现代汉语研究

张金平　雒文泉　著

丛书策划	谭　鹏　武　斌
责任编辑	杨铠瑞
责任印制	孙马飞　马　芝
封面设计	东方美迪
出版发行	中国书籍出版社
地　　址	北京市丰台区三路居路 97 号 (邮编：100073)
电　　话	（010）52257143（总编室）　（010）52257140（发行部）
电子邮箱	eo@chinabp.com.cn
经　　销	全国新华书店
印　　刷	三河市铭浩彩色印装有限公司
开　　本	710 毫米 × 1000 毫米　1/16
印　　张	14.75
字　　数	264 千字
版　　次	2021 年 1 月第 1 版　2021 年 1 月第 1 次印刷
书　　号	ISBN 978-7-5068-7898-2
定　　价	72.00 元

版权所有　翻印必究

目 录

第一章　现代汉语概述 ··· 1
　第一节　现代汉语的内涵 ·· 1
　第二节　现代汉语方言 ·· 7
　第三节　现代汉语规范化研究 ··································· 14

第二章　现代汉语语音研究 ·· 19
　第一节　语音的内涵 ··· 19
　第二节　普通话语音系统研究 ··································· 30
　第三节　音节与音变 ··· 39
　第四节　现代汉语音节的拼读与拼写 ····························· 47
　第五节　现代汉语的语调与朗读 ································· 51

第三章　现代汉语汉字研究 ·· 56
　第一节　汉字的内涵 ··· 56
　第二节　汉字的形体与偏旁研究 ································· 64
　第三节　汉字的标准化研究 ····································· 74
　第四节　汉字教学研究 ··· 81

第四章　现代汉语语素研究 ·· 94
　第一节　语素及其确定的原则、方法 ····························· 94
　第二节　语素的分类与识别 ····································· 98
　第三节　汉语词缀化倾向研究 ·································· 107

第五章　现代汉语词研究 ··· 111
　第一节　词的分类与依据 ······································ 111
　第二节　构词法与造词法、构形法 ······························ 116
　第三节　不同词类的语法功能 ·································· 122
　第四节　词　义 ·· 130

· 1 ·

第六章 现代汉语短语研究 ········· 137
第一节 短语的类型及其在语法中的地位 ········· 137
第二节 短语结构特征与功能特征 ········· 142
第三节 短语的语义特点 ········· 150

第七章 现代汉语句子研究 ········· 153
第一节 句型、句类与句式 ········· 153
第二节 单句的句子成分及其常见语法错误分析 ········· 159
第三节 复句的类型及其常见语法错误分析 ········· 166

第八章 现代汉语语义研究 ········· 173
第一节 现代汉语的语义特征分析 ········· 173
第二节 现代汉语的语义格分析 ········· 181
第三节 现代汉语的语义指向分析 ········· 192

第九章 现代汉语修辞研究 ········· 199
第一节 修辞的内涵 ········· 199
第二节 现代汉语的修辞方式 ········· 203
第三节 词语的选择与配合 ········· 209
第四节 句子的锤炼 ········· 216

参考文献 ········· 224

第一章　现代汉语概述

　　语言是人类特有的一种社会现象，是人类最重要的交际工具和思维工具，是以语音为物质外壳，以词汇为建筑材料，以语法为结构规律的一种音义结合的符号系统。语言是社会的产物，它随社会的产生而产生，随社会的发展而发展。我国是一个多民族国家，除了汉族，还有满族、回族、藏族、维吾尔族、苗族、侗族等五十多个少数民族，每个民族都有自己的语言。根据第六次全国人口普查主要数据公报，汉族人口占全国总人口的91.51%，人口为12.259亿人，因为汉族的人口最多，所以汉语成了我国的主要语言。现代汉语就是现代汉民族所使用的语言。本章就现代汉语的相关知识进行简要阐述。

第一节　现代汉语的内涵

一、现代汉语的含义

　　现代汉语的含义有广义和狭义之分。广义的现代汉语是指现代汉民族所使用的语言，包括各个地方使用的汉语方言；而狭义的现代汉语是指现代汉民族共同语，即以北京语音为标准音，以北方话为基础方言，以典范的现代白话文著作为语法规范的普通话。本书所讲的现代汉语是指狭义的现代汉语。下面对狭义的现代汉语的具体含义进行简要分析。

　　"以北京语音为标准音"是历史发展的必然结果。长期以来，北京是我国政治、经济、文化的中心，所以以北京话为代表的北方话也在全国产生了很大的影响。普通话语音以北京语音作为标准音，是指采用北京话的声、韵、调系统，并非全盘吸收北京话中所有的语音，比如北京语音中土音、土语部分是要去除的。

　　"以北方话为基础方言"指普通话是在北方方言的基础上形成的，同时这也是普通话的词汇标准。普通话的词汇并不一定都是北方词汇，也吸收了一些表现力较强的方言词,如"靓""垃圾""龌龊"等就是来自方言的词。为了丰富词汇,普通话还从古代和外来的词语中吸收富有表现力的词语,比如"格桑""葡萄""芦荟"等。这样就使得普通话超越了方言,比任何一种方言的词语都丰富,且富有表现力。

"以典范的现代白话文著作为语法规范",由于典范的现代白话文著作是经过优秀的文学家、语言学家加工的规范化的语言作品,以这样的文章作为规范可以避免方言色彩太重的语法形式进入普通话的书面语言,从而使民族共同语更富于一致性,便于大家学习和掌握。

现代汉语有口语和书面语两种不同形式。口语是人们口头上使用的语言,稍纵即逝,难以流传久远;书面语是用文字写下来的语言,是在口语基础上形成的,难以消失,便于研究,便于流传。口语和书面语风格不同,作用有别。现代汉语文学语言是在书面语的基础上经过加工、提炼而成的,是民族共同语的高级形式。现代汉语文学语言,不仅包括文学作品语言,也包括社会科学和自然科学著作语言。

二、现代汉语的特点

现代汉语是汉民族的重要交际工具,也是汉民族的主要特征之一,我们只有掌握了它的特点,才能更好地运用它,更有效地推进它向纯洁健康的方向发展。概括来说,现代汉语的特点主要有以下几个方面。

(一)语音方面的特点

现代汉语语音方面的特点如下。

1. 元音占优势

元音占优势主要表现在以下几方面。

第一,元音是现代汉语最主要的构成要素,可以没有辅音,但绝对不能没有元音。

第二,每个元音都可以构成相应的音节,而辅音不可以。

第三,元音是可以多次出现的,最多可以有三个。

第四,一个音节的末尾一般都是元音,辅音作为结尾的只有 n、ng 两个。

2. 没有复辅音

在现代汉语中是没有复辅音的,在一个音节中,最多只有两个辅音,并且这两个辅音是不能连在一起出现的,如果要同时出现,那么必须一个位于音节的开头,另一个位于音节的末尾。

3. 有声调

声调是现代汉语音节结构中不可缺少的重要组成部分,每一个音节都有几个固定的音高形式,以此来表示不同的意义,声调可以使音节和音节之间的界限变得清楚,声韵相同的音节靠声调区别意义。

4. 音节整齐简洁

多数的音节是一个辅音在前面,一个元音或者是复元音在后面,很少有辅音在元音后面的情况,这样一来,音节结构就变得整齐简洁,音节的数目比较少。

现代汉语语音四个方面的特点综合构成了它独有的音乐特色。辅音元音间隔出现,既使得前后的音节分开,也使得整个音节变得有节奏性;音节里元音占优势,声音响亮,乐音多;每个音节有各自的声调,形成了抑扬顿挫、变化多姿的音乐色彩;再加上词汇中的双声、叠韵和叠音的形式,使语音变得悠扬有致、板眼分明。总之,声音悦耳、音调柔和、节奏明朗、韵律协调是现代汉语语音独具的音乐特色。

(二)语汇方面的特点

1. 双音节词占优势

在古代汉语中就已经出现了一些双音节词,经过长时间的发展,现代汉语中的双音节词已经占有很大的优势,这主要表现在以下几个方面。

第一,过去存在的一些单音节词,有的逐渐被双音节词代替。

第二,在新创造的词语当中,双音节词占据了大多数。

第三,过去存在的一些多音节词或者是短语被缩简为双音节词。

第四,有的外来词也慢慢"汉化"为双音节。

现代汉语词汇中三音节词也有所发展,但双音节仍然是现代汉语词的基本形式。

2. 构词方式灵活多样

现代汉语词根十分丰富,在构词的过程中,词根是主要的材料,广泛采用词根融合方式构成无限多的新技术词是它的突出特点。

第一,词根附加前缀或后缀构成新词。

第二,通过轻化和儿化构成新词。

第三,大量的、最普遍的是两个词根依照不同的结构关系复合构成新词。

正因为现代汉语词根丰富,构词方式灵活多样,所以能轻便自如地创造新词,以表达不断出现的新概念,满足社会的交际需要。

(三)语法方面的特点

1. 构词法与句子结构方式基本一致

现代汉语的词、短语和句子构成的格式是一致的,都有主谓、动宾、补充、偏正、联合五种基本类型,而在印欧语系的语言里短语和句子的结构原则是不同的。

2. 语序和虚词是表达语法意义的主要手段

同其他的语系相比,现代汉语的形态变化几乎是没有的,它的语法意义和结构关系主要是靠语序和虚词来表达的。例如,"我打她"和"她打我"因为语序的不同而使表达的意义完全不同,又如,"我和妈妈逛街"和"我的妈妈在逛街"由于虚词的使用不同,所以表达的意义也不一样。

3. 词类和句子成分没有对应关系

现代汉语里词类跟句子成分的关系比较复杂,经常是某一种词可以在不同的句子中充当不同的成分,比如名词主要是充当主语和宾语,有时也可以做定语或者谓语。因此可以说,现代汉语的词是多功能的,而印欧语系语言的词类与句子成分基本上是对应的。

4. 量词十分丰富

印欧语系语言里是数词与名词直接组合,而在现代汉语中要在数词与名词中间加一量词,否则就不合习惯。现代汉语的量词十分丰富,且非常富于表现力,如"一朵云""一团云",量词不同,所表达的意象也是不一样的。

三、现代汉语的形成过程

汉语是我国人民所普遍使用的语言,从历时的角度来看,汉语经历了古代汉语、近代汉语和现代汉语的演变过程,现代汉语是在古代汉语和近代汉语的基础上形成和发展的。

早在汉代以前,汉民族就使用统一的书面语了,这种书面语是建立在口语的基础上的。春秋战国时期,就有以当时王畿成周(今洛阳)一带方言为基础的书面共同语,即"雅言"。"雅言"之所以成为共同语,是由于交际的需要。秦始皇统一中国以后,出现了"书同文"的局面。"书同文"

第一章　现代汉语概述

使汉字形体归于统一，它同时也促进了共同语的发展。西汉时，作为书面共同语的"通语"有了进一步的发展。在历史上，汉族长期使用文言作为统一的书面语，到了唐宋时代，汉语出现了两种新的情况：一种是与文言分庭抗礼的"白话"（白话文）。这种"白话"以北方话为基础，保留了较多的口语成分。唐、五代的变文和宋代的话本，都是用白话书写的。宋、元以后，用白话写作的各种文学作品很多，有话本、戏曲等，如《水浒传》《西游记》《儒林外史》《红楼梦》等影响较大的小说，这些白话作品广为流传，大大强化了北方方言的地位，成为现代汉语书面语的重要基础。另一种是与"白话"紧密结合、平行发展的口语，即"官话"。宋以后，北京成为重要的政治、经济、文化中心，北京话也作为官府的语言传播到各地，成了各方言区域之间共同使用的交际工具，可见当时的"官话"实际上并不是官吏所使用的专门语言，而是全民族的共同语。从近代历史的发展来看，在宋、元以后，有两种明显的趋势在北方话的基础上发生：一种是口语，体现为官话对各种方言的渗透；另一种是书面语，体现为白话文学的产生和发展。这两种趋势交互影响，共同促进了现代汉民族共同语的形成和发展。

20世纪初，随着社会的不断发展，上面的两种趋势逐渐合二为一，从而加速了汉民族共同语言的形成——一方面掀起了"白话文运动"，彻底动摇了文言文的统治地位，使一向不能登大雅之堂、只能出现在通俗文学中的白话文取得了文学语言的地位，其后进行的"大众语运动"又进一步推动了白话文的大众化，使现代白话走向成熟；另一方面，"国语运动"的开展，在口语方面增强了北京话的代表性，促使北京语音成为汉民族共同语的标准音，随之而制订并推行的注音字母、国语罗马字及拉丁化新文字，都对共同语的进一步确立和推广，产生了积极的影响。这两个运动互相推动、互相影响，使书面语和口语接近起来并有了统一的规范。至此，"普通话"逐渐代替了"官话"这一旧称，并取得了共同语的地位。

1950年前后，国家的统一，民族的团结，政治、经济、文化的发展，迫切需要一种统一的、规范的民族共同语。1955年10月，中国科学院在北京召开了现代汉语规范问题学术会议，会议上解决了两个根本性的问题：一个是给汉民族共同语确定了一个非常明确的标准，分别对语音、语汇和语法的规范做出了科学的规定；另一个是国务院决定将普通话作为汉民族共同语，在全国大力推广，让民族共同语充分发挥它在政治、经济、文化各个方面的巨大作用。这样，我们就有了一个统一的、规范的民族共同语，即现代汉语。

四、现代汉语的地位

汉语的历史相当悠久,从甲骨卜辞可以看出,早在殷商时代,汉语就相当发达,由古代汉语发展至今天,现代汉语已经成为世界上最成熟的语言之一,无论是在国内还是在国外都具有重要地位。

(一)现代汉语在国内的地位

我国是一个多民族国家,各民族间的交往日益频繁。在今天,现代汉语既是我国汉民族人民的交际工具,也是我国各民族之间的交际工具。我国各民族之间互相学习语言,互相吸收彼此语言的成分的现象在历史上早已存在,所以汉语和各兄弟民族语言都各有不少借词。例如,汉语的"站"(车站),就是在宋代从蒙古语中音译过来的,现在已经成为汉语的基本词了,以它为基础构成了许多新词,如"站台、站长、气象站、发电站"等。我国各兄弟民族语言,同样从汉语里吸收了许多有用的成分,如蒙古语在元代的文献中就有"王""皇太后""公主""丞相"等汉语音译词。这种互相吸收、彼此译用的现象,对我国各民族语言的丰富和发展起到了积极的推动作用。

从语音上来说,汉语音节界限分明,乐音较多,加上声调高低变化和语调的抑扬顿挫,因而具有极强的音乐美感。

汉语词汇丰富,不同的意思都有与之适应的词语来表达,甚至基本相同的意思也可以用不同的词语来表达。因此,人们利用汉语可以精雕细刻地描绘复杂的事物,表达细腻而深刻的思想感情,可见汉语的表现力极强。

从语法上讲,汉语最充分地利用了人类语言都共同具有的结合性语法特征。语法关系主要靠语序和虚词来实现,因此简洁轻便,而不像一些有形态的语言那样繁杂、笨重。

(二)现代汉语在国际的地位

汉语是历史悠久的语言,也是世界上使用人口最多的一种语言,在世界语言中有着极为重要的地位。在历史发展的过程中,汉语对邻邦的语言产生过巨大的影响。受汉语影响最深的是日本、朝鲜和越南。在日本明治维新以前,汉字在日文中的数量超过二分之一,直到现在,日本文字中还用着1800多个汉字。日本语中吸收的汉语词也特别多,甚至用汉语的词作为产生新词的基础。在朝鲜,古代的很多历史著作和文学著作都是用汉字写成的,而且在他们制定了自己的拼音文字以后,在很长一段时间内,使用的过程中还会夹用一些汉字。在朝鲜语中也吸收了大量的汉语词汇。在越南,18世纪以前,越南的书面语言用的都是汉字和按照汉字的造字法自造的一些字。

许多国家学习和研究汉语的人越来越多,汉语在世界上的影响也越来越大。联合国于1973年12月8日的第二十八届会议上一致通过,把汉语列为大会和安理会的六种工作语言之一,其余五种工作语言是英语、法语、俄语、西班牙语和阿拉伯语。改革开放以来,随着中国国际地位的提高,越来越多的人开始学习汉语。中国加入世贸组织(WTO)和北京申奥成功后,在国际上掀起了学习汉语的热潮,许多国家和地区都开设了现代汉语课程,汉语的国际地位得到了显著提高。

第二节 现代汉语方言

随着社会的发展,人数很少的汉族先民逐渐向四周迁移扩散,同时汉族社会发展过程中也出现了不同的分化和统一,汉语也逐渐发生变化,产生了分布在不同地域上的汉语变体,即方言。

一、现代汉语方言的形成

自秦汉以来,中国一直是封建社会,薄弱的经济基础使社会处于半封闭和不够统一的状态,因而使汉族共同语的基础方言——北方话始终不能完全取代方言而实现汉语的高度统一。正是在中国封建社会的特殊条件下,汉语方言一方面能保持自身的特点并不断发展,甚至由于各地的自然地理和政治、经济、文化的特殊性而造成各地方言的不同演变,形成新的方言分化;另一方面由于汉族和整个中国社会的统一,再加上具有超方言性质的汉字长期发挥维系汉族的作用,汉语方言自然地服从自己所从属的汉语共同语的发展趋势而继续作为汉语的方言。正是由于中国社会的特殊性,汉语的共同语和方言以及各大方言之间的分歧尽管很大,但它们仍是一种语言,汉语方言仍然是从属于汉语共同语的方言,而不是同共同语并行的不同语言。

经历了漫长而复杂的发展过程,汉语方言今天的面貌跟古代汉语方言的面貌已大不一样,如同现代汉语共同语的面貌大不同于古代汉语共同语的面貌一样。事实上每一种汉语方言都经历了长时期复杂的发展过程,每一种现代汉语的方言都有它自身的发展历史。以客家话为例来说,客家话不是少数民族语言,而是汉语中一种历史悠久的方言。根据历史记载,客家先民经历了三次大的人口迁移:第一次大规模的迁移发生在西晋永嘉之乱以后,他们自河南并州、司州、豫州等地南迁,定居在江西中部今赣方言区域;第二次大规模的迁移发生在唐末和五代十国时期,黄巢起义的战乱迫使河南西南部、安徽南部的汉人以及已经南迁江西的移民继续往南迁移,到达闽西及赣南一带;第三次大规模的迁移是在蒙古元人南下、宋室危亡之际,中原汉人随着抗元义军的南迁,到达粤东、粤北一带。这三次中原汉人的大规模南迁,语言学家认为是形成汉语客家方言的主要社会原因。所谓"客家",是相对于"土著"而说的。中原汉族居民的大规模南迁,虽然开始于东晋,然而形成特殊的"民系"(汉族的支派)还是宋代以后的事。据各地各方志记载,宋时客家居地户口"主""客"分列,这就说明客家先民的迁徙运动,在五代宋初是极其显著的事实。罗翔云《客方言》自序中说:"稽诸往牒,《元和郡县志》载程乡(即今梅县)户口无主客之分,惟《太平寰宇记》《元丰九域志》皆分主客,是主客之名当起于宋。"可见,"客"或"客家"的名称,是到宋代才出现的。客家先民南迁后,定居在闭塞的山区,不容易受到外来影响的渗透,这样客家住地不但形成了特殊的社会生活区域,保存了他们固有的文化礼俗,而且在语言上也较多地保存了古汉语的特点,形成了独立的方言系统。近代以来,随着社会的发展,客家话跟它周边分布的粤方言、闽方言等的接触越来越频繁、密切,因而引起方言之间的相互影响是必然的。总之,汉语方言和汉语共同语一样,一直处于不间断的、或快或慢的演变之中,现代汉语方言是古代汉语方言历史发展的结果。

二、现代汉语方言的分区

方言的差异有大有小,方言的分区也是有层次的。如果着眼于最高层次的方言大区,汉语方言的种类就很少,只有几种到十余种;如果着眼于最低层次的地点方言,汉语方言的种类则有数百上千种,有的一个县就有好几种听上去差别或大或小的方言。关于现代汉语方言的分区,主要存在以下几种观点。

(一)五区说

20世纪40年代,王力曾将汉语方言分为5个大支,每支下面再分若干个小系;1955年修订出版《汉语讲话》时,对汉语方言的分区未作大的改变,仍分汉语为5个大系,大系下面再分小系,共分出31个小系。具体分法如下。

1. 官话方言

官话方言即华北方言、下江方言、西南方言,主要包括以下几种(表1-1)。

表1-1 官话方言

种类	具体区域
冀鲁系	包括河北、山东及东北等处
晋陕系	包括山西、陕西、甘肃等处
豫鄂系	包括河南、湖北
湘赣系	包括湖南东部、江西西部
徽宁系	包括徽州、宁国等处
江淮系	包括扬州、南京、镇江、安庆、芜湖、九江等处
川滇系	包括四川、云南、贵州、广西北部、湖南西部

2. 吴语

吴语主要有以下几个小系(表1-2)。

表1-2 吴语

种类	具体区域
苏沪系	包括苏州、上海、无锡、昆山、常州、湖州、嘉兴等处
杭绍系	包括杭州、绍兴、余姚、宁波等处
金衢系	包括金华、衢州、严州等处
温台系	包括温州、台州、处州等处

3. 闽语

闽语主要有以下几个小系(表1-3)。

表1-3　闽语

种类	具体区域
闽海系	包括福州、古田等处
厦漳系	包括厦门、漳州等处
潮汕系	包括潮州、汕头等处
琼崖系	包括琼州、文昌等处
海外系	指华侨的闽语,在新加坡、泰国、马来半岛等处

4. 粤语

粤语主要有以下几个小系(表1-4)。

表1-4　粤语

种类	具体区域
粤海系	包括番禺、南海、顺德、东莞、新会、中山等处
台开系	包括台山、开平、恩平等处
西江系	包括高要、罗定、云浮、郁南等处
高雷系	包括高州、雷州等处
钦廉系	包括钦州、廉州等处
桂南系	包括梧州、容县、贵县、郁林、博白等处
海外系	指华侨的粤语,在美洲、新加坡、越南、南洋群岛等处

5. 客家话

客家话主要有以下几个小系(表1-5)。

表1-5　客家话

种类	具体区域
嘉惠系	包括梅县、惠阳、大埔、兴宁、五华、蕉岭、丰顺、龙川、河源等处
粤南系	散布台山、电白、化县等处
粤北系	散布曲江、乳源、连县一带
赣南系	在江西南部
闽西系	散布福建西部一带
广西系	散布广西东部、南部各县
川湘系	散布四川、湖南等处
海外系	指华侨的客家话,大部分在南洋、印尼

第一章 现代汉语概述

（二）七区说

1955年10月，现代汉语规范问题学术会议中把汉语方言分为八区，即官话、吴语、湘语、赣语、客家话、闽北话、闽南话、粤语。后来又有人把闽北话和闽南话合为闽方言，形成了"七区说"（表1-6）。现代汉语教材大多采用这一说法。

表1-6 现代汉语方言的七区

种类	具体区域
官话（北方方言）	以北京话为代表，分为四个次方言： 1. 华北东北方言，分布在北京、天津、河北、河南、山东、东三省及内蒙的部分地区 2. 西北方言，分布在山西、陕西、甘肃等省，青海、宁夏、内蒙的部分地区，新疆汉族的方言地区 3. 西南方言，分布在四川、云南、贵州等省及湖北大部分地区，广西西北部，湖南西北角等 4. 江淮方言，分布在安徽、江苏长江以北地区、镇江以西九江以东的长江南岸沿江一带
吴语	以苏州话为代表，分布在上海、江苏长江以南镇江以东地区、南通的小部分、浙江大部分地区
湘语	以长沙话为代表，分布在湖南大部分地区
赣语	以南昌话为代表，分布在江西大部分地区
客家话	以广东梅县（今梅州）话为代表，分布在广东、福建、台湾、江西、广西、湖南、四川等省，以粤东、闽西、赣南、桂东南地区为主
闽语	内部分歧最大，可分为闽东、闽南、闽北、闽中、莆仙五个次方言，最重要的是闽东、闽南方言，分别以福州话和厦门话为代表。闽语分布在福建、海南大部分地区、广东潮汕地区、雷州半岛部分地区、浙江温州部分地区、台湾大多数汉民族居住区
粤语	以广州话为代表，分布在广东中部、西南部和广西东部、南部

（三）九区说

20世纪40年代后期，赵元任对他于1934年提出的汉语方言分区的九区说作了修订，修订后的九区方言内容如下。

第一，广州方言。

第二，客赣方言。

第三，厦门—汕头方言。

第四，福州方言。

第五,吴方言。

第六,湘方言。

第七,北方官话——黄河流域、东北地区。

第八,南方官话——汉口与南京之间。

第九,西南官话——四川、云南、贵州、广西一部分,湖北一部分。

(四)十区说

在20世纪初年,章太炎第一个给汉语方言分区,并把汉语方言分为十类,具体如下。

第一,自河朔至塞北包括直隶山东、山西及河南之彰德、卫辉、怀庆为一种。

第二,陕西自为一种(甘肃略与不同,并附于此)。

第三,河南自开封以西汝宁、南防等处,及湖北沿江而下至于镇江为一种。

第四,湖南自为一种。

第五,福建自为一种(浙江及温、处、台三州并属福建)。

第六,广东自为一种。

第七,开封而东,山东曹沂至江淮间为一种。

第八,江南、苏州、松江、常州、太仓及浙江湖州、嘉兴、杭州、宁波、绍兴为一种。

第九,徽州、宁国为一种(浙江之衢州、金华、严州及江西之广信、饶州附此)。

第十,四川、云南、贵州、广西合为一种(音类湖北,湖南之沅州并属此)。

(五)十二区说

这一观点的提出者是黎锦熙,具体内容如下(表1-7)。

表1-7 现代汉语方言的十二区

种类	具体区域
河北系	包括直系、山西、东三省、山东、河南北部
河西系	包括陕西、甘肃、新疆
河南系	包括河南中部、山西南部、江苏、安徽、淮北一带
江汉系	包括河南南部、湖北

第一章　现代汉语概述

(续表)

种类	具体区域
江淮系	包括江苏北部与江苏西部之南京、镇江、安徽中部之安庆、芜湖、江西之九江
江湖系	包括湖南东部、湖北东南角、江西之南部
金沙系	包括四川、云南、贵州、广西北部、湖南西部
太湖系	包括苏、松、常与浙江之杭、嘉、湖
浙源系	包括浙东金、衢、严及江西东部
闽海系	包括福建
瓯海系	包括浙江南部近海处
粤海系	包括广东

三、汉语与少数民族语言的关系

汉族在最早的时候被称作夏族或华夏族,形成于公元前21世纪的夏朝,到了汉代又进一步发展,并逐渐改称为汉族。汉族在形成时就不是由一个单一的民族构成的。在夏、商时期,华夏族就融合了一些少数民族。西周和春秋战国时期,东夷以及北狄、两戎的部分人也先后融入汉族。秦朝统一中国以后尤其是到了汉代,汉族已经发展成为中原地区一个人口众多的民族了。

在长期的历史发展过程中,各少数民族无论大小强弱,都不可避免地与汉族发生种种联系,民族间互相影响、互相融合。经济文化发达的民族,他们的名词术语多被周围的民族借用。当持两种不同语言的人交错杂居时,为了交际的需要,双方都有或多或少的人学会了对方的语言,经过长时间的双重语言之后,人口居少数的或者经济文化较落后的一方往往被人口多的或者经济文化较发达的一方所同化,这些人渐渐开始放弃自己民族的语言而改用对方的语言,但自己民族语言的某些成分则会被他们不自觉地带到对方的语言里,并不断流传下去。在我国,中古时候汉族大量南迁,江浙、福建、两广的土著越人被南来的汉人逐渐同化,古越人的语言也随之逐渐消失,但他们的语言成分却进入到了汉语中。较典型的是粤方言,至今仍处处显露出古越人语言的特点。在北方,中原地区土著居民是汉族,外来者多是少数民族。由于汉族人口和经济文化占了优势,尽管在历史上汉族曾多次成了战败者,甚至长期被某一民族统治,但汉语始终都是强势语言。北方广大地区的汉语不仅没被同化,相反,汉语不断用外来语成分来丰富自己,反而加速了自身的发展变化。

汉语和许多少数民族语言在历史上经过反复的接触、混杂乃至融合,使得汉语的情况非常复杂。要弄清汉语每一个特殊成分或每一个外来词在什么时候从什么地方受到什么语言的影响而产生,这是很困难的。下面我们仅通过一些例证来说明汉语与少数民族语言的关系。

在语音方面,北方方言一般有四个声调,而宁夏的银川、甘肃的天水以及新疆除去北部几个县市的广大地区只有三个声调。这和北方阿尔泰诸语言没有声调是密切相关的。

在词汇方面,汉语词汇中有相当一部分来自少数民族语言。汉代从西域诸民族语言中吸收了大量的词,如葡萄、萝卜、琵琶等。佛教传入我国首先是从少数民族地区开始的,汉语中来自佛教的词语有浮屠、和尚、喇嘛、佛、塔、魔、僧等,以及虽然来自于佛教,已被汉化了的固定短语,如成语借花献佛、四大皆空、芸芸众生、大慈大悲、在劫难逃等,现在我们已经很难察觉这些是外来词了。

第三节　现代汉语规范化研究

一、现代汉语规范化的含义

规范化,就是使人们的思想、行为等更加符合规范,就是要建立或进一步完善规范的标准,并使人们接受和遵循这个标准。

语言是人类最重要的交际工具,并且随着社会的发展而发展。为了使语言更有效地发挥其交际职能,必须根据科学的语言理论,按照语言自身的发展规律,制定语言规范的标准,明确肯定语言中健康的形式,剔除其中不健康的成分,并推进这项工作的全面贯彻,这就是语言的规范化。

现代汉语规范化,就是根据汉语发展的客观规律,确定和推广现代汉语语音、语汇、语法各方面的明确、一致的标准,并使现代汉语符合这个标准。广义的现代汉语包括汉民族共同语和汉语方言,但现代汉语规范化的对象是现代汉民族共同语,所以现代汉语规范化实际上就是要确立普通话明确、一致的标准,并促进这种标准的全面推行。

现代汉语规范化,是为了克服现代汉语内部的分歧和混乱现象,不但不会妨害现代汉语的发展,而且会大大促进现代汉语的发展。

此外,现代汉语规范化并不会束缚个人的语言风格。规范化只是把语言里没有用的东西和混乱的现象淘汰掉。一切有差别的语言形式,不论是在词汇方面还是在语法方面,不论是在基本意义方面还是在修辞色彩方面,都必须保存下来。语言的规范化和语体的多样化是不矛盾的,同个人的语言风格也是不矛盾的。民族共同语尽管是有一定规范、一定标准的语言,但它的内容是丰富的,范围是宽广的,形式是多样的,可以让每一个人自由选择。

二、现代汉语规范化的原则

现代汉语规范化的性质、目的和任务都是为了通过减少语言内容的混乱和分歧,促使全民语言向更加丰富、精密、生动、活泼的方向发展,绝不是为了限制、束缚语言的使用。因此,在具体开展现代汉语规范化工作时,要切实遵循以下几个原则。

(一)科学性原则

汉语规范化的工作需要科学规范化的深入研究。科学性就是一些规范标准要与实际语言合拍,经得起语言实践的检验。

(二)预测性原则

汉语规范化工作要有预测性,这就要求语言工作者站在语言发展的前列,去对某一语言形式做出科学的预测。我们以"的士"为例,当它被简缩成"的"后,就有了"打的、叫的"等用法,充当出租车的微型面包车被戏称"面的"。我们也可以大胆预测,存在着"摩的(摩托车)、马的(马拉的车)"等词语出现的可能性。

(三)发展性原则

语言本身就是在规范—发展—再规范—再发展的过程中不断发展的,这种突破会带来竞争。比如,受粤语的影响,"的士"与"出租车"形成了竞争。两者各有其使用环境。我们可以说"叫的士""打的",也可以说"坐出租车"。

(四)区别性原则

汉语规范化工作要有区别性,对于语言生活中出现的新现象,应当由政府相关部门组织语言工作者来进行研究,做出科学的分析。对于纷繁复杂的语言现象,应当坚持个别分析、区别对待的方法。对于我们生活中那些广告牌中的错别字,应当果断地依法改正;对于某些新出现的词语,则可以采取相对宽容的方法,先不忙做出结论。

（五）约定俗成原则

在社会文化影响下,人们通常更倾向于随俗从众,以产生归属感和安全感。因此,汉语规范化工作需要从语言自身发展变化的规律出发来考虑现实问题。比如"收款台"与"收银台",前者是普通话原有的,后者是在广东话的影响下出现的。我们不必急于考虑取舍,最好让使用语言的大众去做取舍。约定俗成是一条工作原则,但不能盲从"约定俗成",更不能把它绝对化。

三、现代汉语规范化的意义

现代汉语规范化的意义主要体现在以下三个方面。

（一）现代汉语规范化是实现现代汉语信息化的需要

随着科学技术的不断发展和进步,今天,我们的社会已经进入信息化时代,人机对话已经成为现实,这也对汉语规范工作提出了新的、更高的要求。因为机器比人需要更明确、无歧义的语言,如果用语音直接输入计算机,这种语音应该是标准的语音;如果将书面材料输入计算机,这种书面材料也应该是规范化的书面语,否则机器将无法识别,无法工作。

（二）现代汉语规范化是方便交际、促进现代汉语健康发展的需要

汉语使用人口众多,使用区域辽阔,方言分歧大,如果缺乏明确一致的标准就会影响各地人们的正常交际。就汉语普通话本身来讲,不论是在语音、词汇方面,还是在语法方面,都还存在着一些分歧和混乱现象。例如,语音方面的多音、异读字词问题;词汇方面的新造词,吸收方言词、外来词、古语词问题;语法方面的新语法格式及等义句式问题等。既然有分歧和不一致,就要确立明确的、统一的标准,运用规范化的力量,促使其达到统一和一致。现代汉语规范化工作,就是要根据汉语的历史发展规律,对普通话内部语音、词汇、语法各个方面所存在的少数分歧和混乱现象进行研究,选择其中的一些读法或用法作为规范,从而促进现代汉语

更加健康地发展。

（三）语言规范化的程度是一个民族科学文化发展水平和精神文明发展程度的标志

一个现代化的国家，如果没有一种高度统一的、规范的语言作为交际工具来传递信息，是不可思议的。如果普通话的规范不够明确，就会对整个中华民族科学的发展、文化的提高、教育的普及带来不利的影响。现在普通话已经成为我国各地、各民族相互交际的工具，也是国际间重要的通用语言，如果它本身还没有明确的、一致的规范，就会影响各地、各民族、各国人民的正常交往。

四、现代汉语规范化的目标

利用语言进行交际，主要采取两种形式：一种是口头交际，一种是利用文字进行交际。因此，现代汉语规范化必须从以上两个方面来进行。2000年10月31日，第九届全国人民代表大会第十八次会议通过了《中华人民共和国国家通用语言文字法》，该法"总则"中明确规定："本法所称国家通用语言文字是普通话和规范汉字。""国家推广普通话，推行规范汉字。"这就进一步明确了现代汉语规范化的目标：推广普通话和推行规范汉字。

（一）推广普通话

普通话，不仅在语音方面有明确的标准，在词汇、语法方面也有相应的规定。推广普通话工作，我国政府历来都非常重视。早在20世纪50年代，国家就确定了"大力提倡、重点推行、逐步普及"的推广普通话的工作方针。改革开放后，根据推广普通话形势发展的需要，这个方针调整为"大力推行、积极普及、逐步提高"，工作重心转移到了普及和提高上来。2000年颁布的《中华人民共和国国家通用语言文字法》更是将普通话确立为国家通用语言，这必将有利于普通话推广工作的进一步开展。

推广普通话包括掌握普通话和使用普通话两个方面。在学习和掌握普通话方面，各级各类学校担负着教学普通话的重要责任，在使用普通话方面，各级国家机关、宣传部门、窗口部门是重点推广对象。当普通话成为学校的教学语言、各级各类机关的工作语言、宣传语言、社会交际语言时，普及普通话的基本目标便实现了。

（二）推行规范汉字

汉字是记录汉语的书写符号系统，当然也是记录汉语普通话的符号系统。但是由于汉字历史悠久，在长期的发展演变过程中形成了各种不同的形体，这各种不同的形体并存于今天的现实社会生活中，为人们所使用。这一方面为人们根据需要有选择地使用汉字形体创造了条件，另一方面也在一定程度上造成了汉字使用上的混乱局面，削弱了汉字的交际功能。汉字使用上的混乱局面主要有繁简字的问题、异体字的问题、新老字形的问题、地名人名用字的问题、计量单位用字的问题、翻译外来词用字的问题等，这些都需要进行规范。对此国家有关部门已经做了大量的工作，针对繁简字的问题，公布了《简化字总表》；针对异体字的问题，公布了《第一批异体字整理表》；针对新老字形问题，公布了《印刷通用汉字字形表》等。此外，在更改地名生僻字、统一部分计量单位名称用字、规范汉字查字法、制定常用字表等方面都做了大量卓有成效的工作。目前规范汉字已经在全国得到普及，已经成为社会用字的主流，并已经得到国际社会的承认。

国家推行规范汉字的重点是学校教育用字，机关公务用字，新闻出版、广播、电影等媒体用字，公共场所的标牌、宣传标语、广告用字等。这些社会用字的性质决定了它的适用范围不限于个别人的社会交往，而是通行于整个社会，这就需要一个共同的标准来规范人们对它的实际应用，只有这样才能充分发挥它的社会功能。

语言是在不断发展变化的，社会对语言也会不断提出新的规范要求，但是语言的规范化不应该限制语言的创新，不应该阻碍语言的正常发展。也就是说，现代汉语规范化既要强调统一性和规定性，也要肯定变通性和宽容性，对超越语言规则的现象，既不可轻易否定，也不能盲目肯定。总之，现代汉语规范化是时代发展的需要，是建设社会主义物质文明和精神文明的需要，因此要努力形成人人重视语言规范、人人遵守语言规范的局面。

第二章　现代汉语语音研究

语音是一定意义的声音表达,是语言的外壳,是进行语言交流必不可少的信息要素,掌握语音对个人更好地理解文字信息与声音信息、实现与人无障碍语言沟通具有重要意义。本章重点就现代汉语语音的基本理论知识进行系统的分析与研究,以更好地了解现代汉语语言系统与体系构成,掌握汉语发音技巧,提高语言表达能力与语言感染力。

第一节　语音的内涵

一、语音的概念与要素

(一)语音的概念

语音,拼音为"yǔ yīn",注音为"ㄧㄩˇ ㄧㄣ",简单理解其词意是指"说话的声音",现代汉语中对语言的解释为,"语音是人类说话的声音,是语义的表达形式,是语言的物质外壳。"

需要特别指出的是,语言是人类的"有意义的"声音表达,同样是通过人体发音器官传递声音,哭声、咳嗽声、呻吟声等则不能称为语言,必须要明确,语音是具有字词意义的声音。

(二)语音的构成要素

语音同其他声音一样,由物体的振动产生音波,但语音与人体口腔所发出的无意义的声音具有本质的区别,语音具有"表达意义"的作用,不同的语音所表达的意义不同。

声音由振动产生,声音有乐音和噪音之分:乐音是指周期性出现重复波形的音波,可令人有美的享受;噪音是指非周期性出现重复波形的音波,可令人感到烦躁和难以忍受。乐音与噪音的根本区别就在于其音波规律的不同(图2-1)。

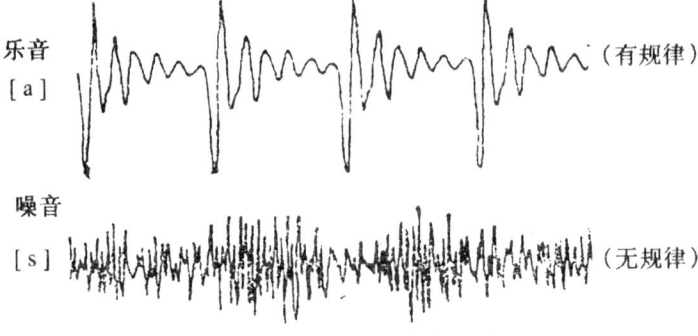

图 2-1 乐音与噪音的区别

语音同其他声音一样,具有音高、音强、音长、音色四种要素,语音发音的不同是由于构成语音的四种要素的不同所决定的。

二、语音的基本属性

语音可被听到与检测到,由人体发音器官发出,具有某种意义的表达,因此,语音具有物理属性、生理属性与社会属性,具体分析如下。

(一)语音的物理属性

音波是由物体振动而产生的,语音也不例外。语音的声波作用于人体,人体的听觉神经受到一定的声波刺激,使人产生声音的感觉,不同的声波,构成了不同的声音,具有不同意义的声波则构成了不同的语音。

从声音的发出及其特点来看,结合声音的四个基本要素,对语音的四个要素分析如下。

1.音高

所谓音高,具体指的是声音的高低,音高作为语音的一个重要构成要素,对语音的影响表现在,它可以决定发音体振动的快慢,即"频率"。

声音在一定时间内发生振动产生声音,物体(发音体)单位时间内振动的快慢不同,即物体振动的频率不同,就导致了音高的不同,具体规律为,物体(发音体)在单位时间内振动快,次数多,频率就高;物体(发音体)在单位时间内振动慢,次数少,频率就低。

如图2-2所示,在相同的时间内,声音 A 每秒振动 500 次,声音 B 每秒振动 300 次,那么,声音 A 会比声音 B 的音高。

(音高较高的波形)

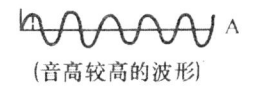

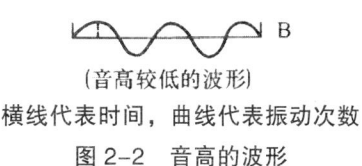

(音高较低的波形)

横线代表时间，曲线代表振动次数

图 2-2 音高的波形

从物体的发音特点总结分析来看，不同物体所发出的声音有高低之分，与物体的形状与材质等特点密切相关，总结如下。

发出较高声音的物体特点：小、细、薄、短、紧，频率高。例如，成年男性声带长而厚，声音低沉；老人的声带松，声音低哑。

发出声音较低的物体特点：大、粗、厚、长、松，频率低。例如，成年女性的声带短而薄，声音尖细；儿童的声带紧，声音高亮。

2. 音强

所谓音强，具体是指声音的强弱，它与发音体振动幅度的大小，即"振幅"有关。

从声音的发音规律来看，发音体振动幅度大，即振幅大，声音就强；发音体振动幅度小，即振幅小，声音就弱。

如图 2-3 所示，声音 A 的振动幅度要小，声音 B 的振动幅度要大，在其他要素不变的情况下，A、B 两音相比较，B 音振幅比 A 音大，B 音比 A 音强。

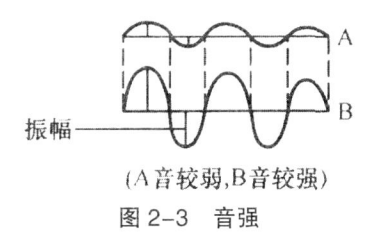

(A音较弱，B音较强)

图 2-3 音强

从物理角度分析来看，声音的强弱不同是由于气流（或其他物质）冲击发音体的振动的力量的不同所导致的，气流大则音强，气流小则音弱。在人类语言的发音中，气流冲击声带的力量大则声音强，气流冲击声带的力量小则声音弱。

3. 音长

大自然万物所发出的声音，从听到的声音的时间长短来看，有的音长，有的音短，声音的长短决定于发音体振动时间的长短。

发出的声音的时间长短的规律为：发音体振动持续时间长，声音长；发音体振动持续时间短，声音短。

人所发出的语音与大自然万物发出的声音相同，也有声音持续的时间长短的变化，有时相同的字词句，通过语音的长短，能表达说话者的不同的语言含义。

4.音色

音色，又叫"音质"，即声音特色。音色的差别主要取决于物体振动所形成的音波波纹的曲折形式不同，以几个不同的标准元音的发音来看，它们的声音波形不同，音色不同（图2-4）。①

图2-4 音色

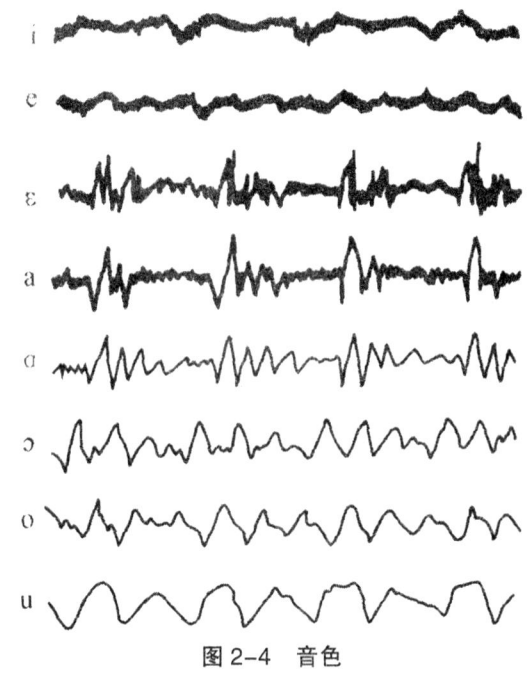

不同声音的音色差异性受以下几个因素的影响。

（1）发音体不同，音色不同。举例来说，钢琴、古筝、箫、鼓所发出的声音是不同的，主要原因就在于它们所发出声音的物体的材质不同；不同的人声带构造与形状不同，所发出的声音也不相同。

（2）发音方法不同，音色不同。仍以乐器举例来说，一把小提琴，用弓拉和用手指弹，音色会有明显的区别。

（3）发音时共鸣器的形状不同，音色不同。同一个人，读不同的声母

---

① 黄伯荣，廖序东.现代汉语：增订本（第五版 上册）[M].北京：高等教育出版社，2011.

和韵母,嘴巴的形状不同,口腔的气流流动不同,所发出的声音也不同。

(二)语音的生理属性

语音是人体表达语言的重要载体与形式,人体通过发音器,发出声音,人体的发音器官(图2-5)主要由呼吸器官、喉头和声带以及咽腔、鼻腔和口腔构成。

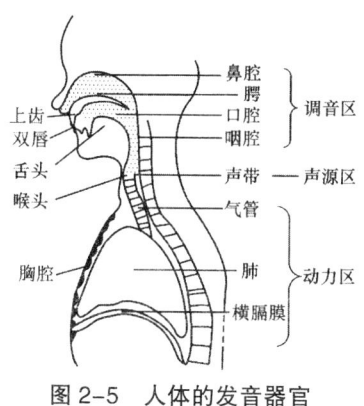

图2-5 人体的发音器官

在人体的发音器官(系统)中,不同的器官在语音产生和形成中发挥着不同的作用,具体分析如下。

1. 呼吸器官

呼吸器官由肺、气管、胸腔、横膈膜构成(图2-6),能呼出气流,气流是语音的动力。

人体中,构成呼吸系统的主要器官是呼吸道和肺。喉、咽、鼻、气管和各级支气管呼吸道都属于呼吸道,上呼吸道(包括喉、咽、鼻等器官)和下呼吸道(包括气管以及各级支气管)是呼吸道的两个类别。呼吸过程中,气体交换的器官是肺。

肺作为重要的气体交换器官,气流在肺中移动可形成一个风箱,这个风箱输送流动的气流,在气流动力作用下,声带振动,形成语音。

通过气流在肺中的活动,气流在呼吸系统中作为声音的动力,可冲击声带振动,具体来说,气流从肺部呼出,通过支气管、气管到达喉头,可使声带受到气流的冲击,进而发出声音,声带在咽腔、口腔、鼻腔的这些共鸣器的共同作用下,使得声音扩大,或者通过共鸣器的不同的形状与大小,发出各种不同的语音。

需要指出的是,只要气流冲击声带,声带受到气流冲击产生振动就会有声音发出,从肺呼出的气流可使声带振动发音,人在吸气时,吸进的气流也能冲击声带使其振动从而发出声音。

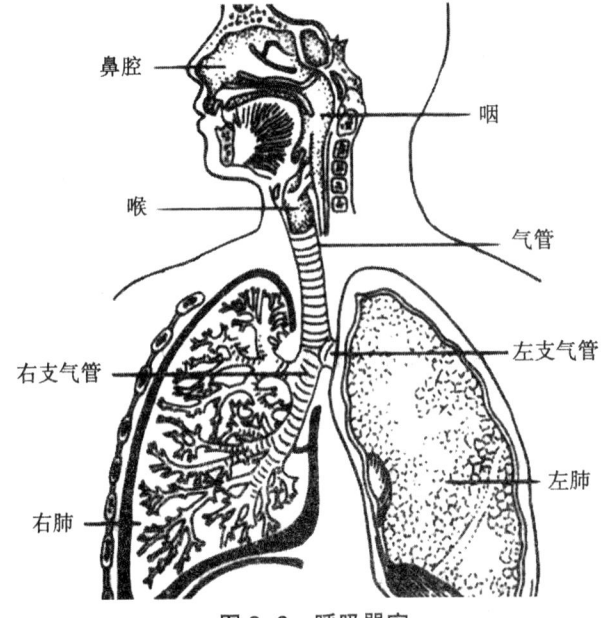

图 2-6　呼吸器官

2. 喉头和声带

喉头由甲状软骨、环状软骨和两块勺状软骨组成。声带位于喉头的中间,是两片富有弹性的带状薄膜。

众所周知,人体发出的语音是由于声带振动产生的,声带在人体发音器官中处在一个非常重要的位置,声带前端附着在甲状软骨上,后端与勺状软骨相联,两片声带间的声门可以打开或关闭,气流通过声门可使声带振动发出声音(图 2-7,图 2-8)。

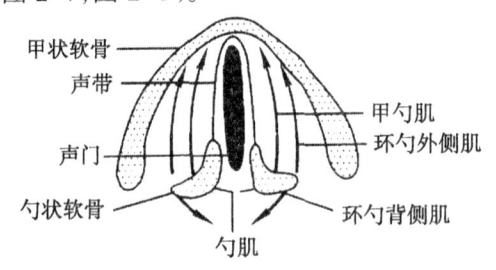

图 2-7　喉头声带声门及喉肌横切面图

第二章 现代汉语语音研究

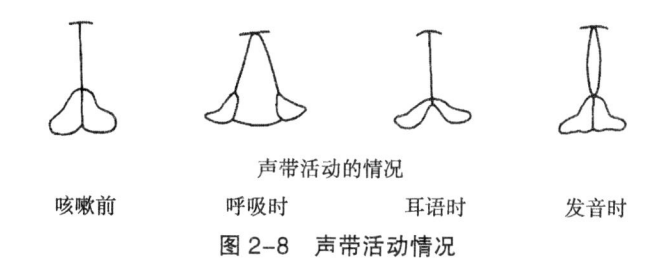

声带活动的情况

咳嗽前　　呼吸时　　耳语时　　发音时

图 2-8　声带活动情况

3. 咽腔、鼻腔和口腔

咽腔、鼻腔和口腔共同构成了共鸣器（图 2-9），通过调节共鸣器的形状、大小，可以发出各种各样的语音。

口音——软腭和小舌上升，鼻腔闭塞，口腔畅通时，发出口腔中共鸣的音。

鼻音——软腭和小舌下垂，口腔阻塞，气流从鼻腔呼出，发出在鼻腔中共鸣的音。

鼻化音（口鼻音）——软腭和小舌下垂，口腔无阻碍，气流同时从鼻、口呼出，发出在口腔和鼻腔共鸣的音。

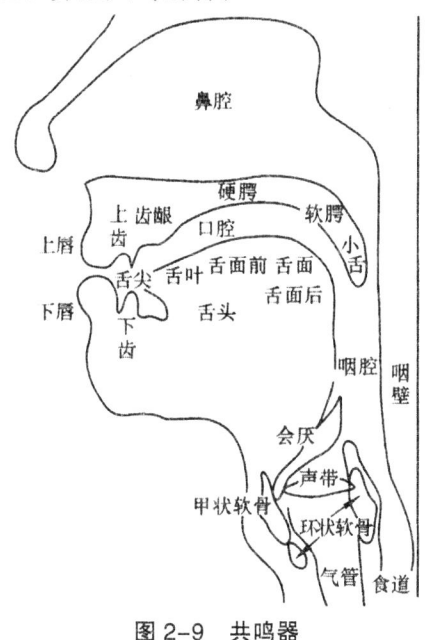

图 2-9　共鸣器

(三)语音的社会属性

语言是一种社会现象，主要体现在语音所表示的意义上，这种意义是在社会文化环境中所形成的、大众认可的、约定俗成的、统一的语音意义认知。

语音作为语言的物质外壳,具体的发音并不影响人们对语音所代表的"社会语言意义"的理解,也就是说,声音与表示意义没有必然联系。

1. 同一个意义,可以用不同语音表达

对于同一个意义,可以通过不同的语音来表示,这并不影响人们对语音所表示的意义的理解(表2-1)。

表2-1 同一物品的不同社会语音中的语音表达

示例	书	
语音表达	英语	book
	俄语	книга
	日语	ほん
	现代汉语普通话	[ʂu]
	广州话	[ʃy]
	福州话	[[ˌtsy]

2. 同一个意义,可以有多种语音形式

在社会文化环境中,同一个语音,在不同语言体系中有不同语音形式,在同一个语言体系中也可以有多种语音形式。例如,"脚"和"足"是同一事物的不同名称。

3. 同样的语音,可以表示不同意义

人类的语言文化博大精深,很多词语的发音相同,但所表达的意义可能是不同的,中国汉语言文化的丰富内涵也使得很多字词在不同语境、与不同字词结合中表现出不同的意义。例如"bie"这个音节,在表示"别"时,具体到不同词语中如"别去""区别""别离""别针"等,意义不同。

语音具有社会属性,这种社会属性是经过长期的人类语言文化发展所形成的,如果某一个人随意改动字词语音形式和表达,可能产生与他人沟通的障碍,即别人会听不懂所说的话,这样的语音表达是不能实现人际交流的。

三、语音单位

(一)音素

音素是从音色的角度划分出来的,是最小的语音单位。

第二章 现代汉语语音研究

一个语音音节,可以进行进一步的音的划分,这个单位就是音素,一个语音是由若干个音素所组成的。

举例来说,"妈"(ma)从音色角度来划分,可以划分为"m"和"a"两个不同的音素。"报"(bao)可以划分出"b、a、o"三个音素。

根据发音情况的不同,音素可以分为辅音和元音两大类,二者的区别详见表2-2。

表2-2 辅音与元音的区别

	辅音	元音
定义	又叫子音,指气流经过口腔或咽头受阻碍而形成的音素	又叫母音,指气流经过口腔或咽头不受阻碍而形成的音素
气流流动	受阻	不受阻
气流强度	强	弱
发音紧张度	发音成阻部位特别紧张	发音器官各部位均衡紧张
声音响亮度	不响亮	响亮
举例	b、m、f、d	a、o、e

(二)音节

音节是由音素构成的语音片断,是人能听到的最小语音单位。

人在说话时,在发音器官的积极配合下,可以发出一个有意义的声音,这个声音就是音节,是听话时自然感到的最小的语音单位。音节与音素之间的关系为,音素构成音节,一个音节可以有一个音素构成,也可以由多个音素构成。

一个音素的音节,如"a"(啊),"xian"(鲜)。

两个音素的音节,如"xi'an"(西安)。

三个音素的音节,如"ban"(班)。

在现代汉语中,一般的,一个音节用一个汉字表示,但儿化音除外,如"花儿"。

(三)声母、韵母、声调

声母、韵母、声调是语音的重要组成部分,下面进行简单介绍,重点了解声母、韵母、声调的概念与内容,在本章第二节将会进行更加详细的解析。

1. 声母

按照汉语音韵学传统的字音分析方法,把一个字音分成声母和韵母两段。

声母,位于音节前段,主要由辅音构成。如在"hao"(好)这个音节里,辅音"h"为辅音声母。也有音节前没有辅音,这种情况被称为"零声母",如"爱"(ai)。

现代汉语普通化中,共有22个声母,其中辅音声母21个,零声母1个,具体见表2-3。

表2-3 声母表

b ㄅ玻	p ㄆ坡	m ㄇ摸	f ㄈ佛
d ㄉ得	t ㄊ特	n ㄋ讷	l ㄌ勒
g ㄍ哥	k ㄎ科	h ㄏ喝	
j ㄐ基	q ㄑ欺	x ㄒ希	
zh ㄓ知	ch ㄔ蚩	sh ㄕ诗	r ㄖ日
z ㄗ资	c ㄘ雌	s ㄙ思	

2. 韵母

韵母,位于音节的后段,由元音或元音加辅音构成。元音不能作声母,只能作韵母的成员。在零声母的音节中,如"爱"(ai)的音节中,"ai"为韵母,不能将"ai"中的"a"叫作声母。

韵母可由单元音或复元音构成,如"ta"(他)、"mei"(美)中的"a""ei",也可由元音带辅音构成,如"kuan"(宽)中的"uan"。

现代汉语共包括39个韵母,如表2-4所示。

表2-4 韵母表

	i ㄧ衣	u ㄨ乌	ü ㄩ迂
a ㄚ啊	ia ㄧㄚ呀	ua ㄨㄚ蛙	

第二章 现代汉语语音研究

(续表)

o ㆆ喔		uo ㄨㆆ窝
e ㆆ鹅	ie 丨ㄝ耶	üe ㄩㄝ约
ai ㄞ哀		uai ㄨㄞ歪
ei ㄟ诶		uei ㄨㄟ威
ao ㄠ熬	iao 丨ㄠ腰	
ou ㄡ欧	iou 丨ㄡ优	
an ㄢ安	ian 丨ㄢ烟	uan ㄨㄢ弯	üan ㄩㄢ冤
en ㄣ恩	in 丨ㄣ因	uen ㄨㄣ温	ün ㄩㄣ晕
ang ㄤ昂	iang 丨ㄤ央	uang ㄨㄤ汪
eng ㄥ亨的韵母	ing 丨ㄥ英	ueng ㄨㄥ翁
ong ㄨㄥ轰的韵母	iong ㄩㄥ雍	

3. 声调

声调,又叫字调,指依附在声韵结构中具有区别意义作用的音高形式,在古汉语中指字音的"平、上、去、入",现代汉语普通话中指字音的"阴平、阳平、上声、去声"。

一个音节的声调不同,语音形式和意义就不同,如汉语普通话里"ma"的声母和韵母相同,声调不同,表示意义不同。

妈 mā　　麻 má　　马 mǎ　　骂 mà　　吗 ma
(阴平)　(阳平)　(上声)　(去声)　(轻声)

此外,在某些有声调的语言中,声调与语法也有密切的关系,声调区别意义,可以区别词汇意义,也可以区别语法意义。

(四)音位

音位是一个语音系统中能够区别意义的最小语音单位,有同等使用价值的一组音素可归并为一个音位,具体分以下三类。

辅音音位——从辅音中归纳出来的音位。

元音音位——从元音中归纳出来的音位。

调位——从声调中归纳出来的音位。

音位是按语音的社会属性划分出来的,社会属性是决定音位的重要依据,社会使用价值是语音最重要的价值。

此外,由于音位都由音素成分构成的,音素之间的差异是音质(音色)的差异。所以,由音素成分构成的音位称"音质音位",又因音质音位出现在固定的音段上,故也称"音段音位"。

声调音位(即调位)主要是由音高特征构成的,音高不是音质,属于"非音质音位"。非音质音位不受音段的局限,故也称"超音段音位"。

第二节 普通话语音系统研究

一、声母

(一)声母的分类与发音

1. 声母的分类

普通话中有21个辅音声母,从语音的系统性考虑,汉语言学家"零声母"的概念,是针对一些没有辅音声母(或元音开头)的音节,这种音节本没有声母,但语言学家认为它们有特殊的声母,叫零声母。因此,在普通话中所有的音节都有声母,都可以分为声母和韵母两部分。

根据不同发音方法与发音部位,可以将声母分为不同种类,具体分类详见表2-5。零声母详见表2-6。

表2-5 声母分类与发音表

发音方法		发音部位	唇音		舌尖前音	舌尖中音	舌尖后音	舌面音	舌根音
			双唇音	唇齿音					
塞音	清音	不送气	b			d			g
		送气	p			t			k
塞擦音	清音	不送气			z		zh	j	
		送气			c		ch	q	

(续表)

发音方法 \ 发音部位	唇音 双唇音	唇音 唇齿音	舌尖前音	舌尖中音	舌尖后音	舌面音	舌根音
擦音 清音		f	s		sh	x	h
擦音 浊音					r		
鼻音 浊音	m			n			
边音 浊音				l			

表2-6 零声母表

韵类	汉语拼音	所带元音	例字
齐齿呼	yi、ya	[j]	衣、牙
合口呼	wu、wa	[w]	乌、蛙
撮口呼	yu、yue	[ɥ]	于、约
开口呼	an、ou	[ɣ、ʔ]	暗、欧

2. 声母的具体发音

结合声母的发音部位和发音方法，对普通话中21个辅音声母发音具体分析如下。

（1）双唇音——b、p、m。

① b。

发音性质：双唇、不送气、清、塞音。

发音方法：双唇闭住，软腭和小舌翘起，堵鼻腔通道，肺呼较弱气流，不振动声带，冲破双唇阻碍，气流爆发成声。

例字："爸爸"。

② p。

发音性质：双唇、送气、清、塞音。

发音方法：和b相似，只是爆发成声时气流较强。

例字："乒乓"。

③ m。

发音性质：双唇、浊、鼻音。

发音方法：双唇闭住，软腭和小舌下垂，打开鼻腔。肺呼气流，一部分通过喉头振动声带从鼻腔通过，另一部分冲破双唇阻碍发轻微塞音。

例字："妈妈"。

（2）唇齿音——f。

发音性质：唇齿、清、擦音。

发音方法：下唇接近上齿，有缝隙，软腭和小舌翘起，肺呼气流通过喉头，不振动声带，气流从唇齿缝隙摩擦而出。

例字："仿佛"。

（3）舌尖前音——z、c、s。

①z。

发音性质：舌尖前、不送气、清、塞擦音。

发音方法：舌尖轻抵上齿背，软腭和小舌翘起，肺呼气流通过喉头，不振动声带，冲开舌尖与上齿背窄缝先塞后擦发音。

例字："粽子"。

②c。

发音性质：舌尖前、送气、清、塞擦音。

发音方法：与z相似，只是气流较强。

例字："璀璨"。

③s。

发音性质：舌尖前、清、擦音。

发音方法：舌尖接近上齿背，形成缝隙，软腭和小舌翘起，肺呼气流通过喉头，不振动声带，气流从舌尖和上齿背窄缝中擦出。

例字："色素"。

（4）舌尖中音——d、t、n、l。

①d。

发音性质：舌尖中、不送气、清、塞音。

发音方法：舌尖顶住上齿龈，软腭和小舌翘起，肺呼气流通过喉头，不振动声带，气流突然冲破舌尖阻碍。

例字："弟弟"。

②t。

发音性质：舌尖中、送气、清、塞音。

发音方法：与d相似，只是气流较强。

例字："探讨"。

③n。

发音性质：舌尖中、浊、鼻音。

发音方法：舌尖顶住上齿龈，软腭和小舌下垂，肺呼气流一部分通过喉头，振动声带，从鼻腔通过发音，另一部分气流冲破舌尖的阻碍发轻微鼻音。

例字:"奶奶"。

④ l。

发音性质:舌尖中、浊、边音。

发音方法:舌尖顶住上齿龈,软腭和小舌翘起,肺呼气流通过喉头,振动声带,从舌头两边或一边发出。

例字:"来历"。

(5)舌尖后音——zh、ch、sh、r。

① zh。

发音性质:舌尖后、不送气、清、塞擦音。

发音方法:舌尖翘起,顶硬腭前部,软腭和小舌翘起,肺呼气流通过喉头,不振动声带,冲破舌尖缝隙先塞后擦发音。

例字:"注重"。

② ch。

发音性质:舌尖后、送气、清、塞擦音。

发音方法:和 zh 相似,只是气流较强。

例字:"传承"。

③ sh。

发音性质:舌尖后、清、擦音。

发音方法:舌尖上翘,在硬腭前形成缝隙,软腭和小舌翘起,肺呼气流通过喉头,不振动声带,从舌尖窄缝摩擦发音。

例字:"师生"。

④ r。

发音性质:舌尖后、浊、擦音。

发音方法:和 sh 相近,只是气流较弱。

例字:"柔韧"。

(6)舌面音——j、q、x。

① j。

发音性质:舌面、不送气、清、塞擦音。

发音方法:舌面前部抬起,顶硬腭前部,软腭和小舌翘起,肺呼气流通过喉头,不振动声带,冲破舌面前部缝隙先塞后擦发音。

例字:"季节"。

② q。

发音性质:舌面、送气、清、塞擦音。

发音方法:和 j 相似,只是气流较强。

例字:"气球"。

③ x。

发音性质：舌面、清、擦音。

发音方法：舌面前部抬起，与硬腭前部形成缝隙，软腭和小舌翘起，肺呼气流通过喉头，不振动声带，气流从舌面前窄缝挤出成声。

例字："学习"。

（7）舌根音——g、k、h。

① g。

发音性质：舌根、不送气、清、塞音。

发音方法：舌根翘起顶住软腭，软腭和小舌翘起，肺呼气流通过喉头，不振动声带，舌根与软腭突然离开，气流爆破发音。

例字："国歌"。

② k。

发音性质：舌根、送气、清、塞音。

发音方法：和 g 相似，只是气流较强。

例字："刻苦"。

③ h。

发音性质：舌根、清、擦音。

发音方法：舌面后部翘起接近软腭与软腭形成缝隙，软腭和小舌翘起，肺呼气流通过喉头，不振动声带，从舌面后窄缝中挤出成声。

例字："绘画"。

(二)声母与辅音的关系

声母与辅音不同，二者之间的关系是，声母由辅音充当，但辅音并不都作声母，也有作韵尾的情况，如"n"可做声母，也可作韵尾，"n"在"看"（kan）中即为韵尾。

二、韵母

(一)韵母的结构

韵母的结构可分为韵头、韵腹、韵尾。

韵头——包括 i、u、ü 三个元音，都是最高元音，出现在韵腹前面，发音特点是轻而短，只表示韵母发音的起点。韵头介于声母和韵腹之间，所以曾叫介音或介母，如"jia"（家）中的"i"。

韵腹——韵母的主干，与韵头、韵尾相比，声音清晰响亮，故又称"主要元音"。所有的元音都能出现在韵腹位置。

韵尾——只限于韵腹后头的 n、ng、i、u。

分析韵母结构,必须按照实际发音进行分析,具体参考表 2-7。

表 2-7 韵母结构表

韵母例字	韵母		
	韵头	韵（韵身）	
	（限于高元音 i、u、ü）	韵腹（十个单元音）	韵尾（限于高元音 i、u 和鼻辅音 n、ng）
挨（ai）		a	i
优（you）	i	o	u
温（wen）	u	e	n
越（yue）	ü	ê	
英（ying）		i	ng
乌（wu）		u	
于（yu）		ü	
儿（er）		er	
知(<zh>i)		-i[ʅ]	
资(<z>i)		-i[ɿ]	

（二）韵母的分类与发音

普通话的韵母共 39 个,主要由元音构成,或由元音加鼻辅音构成。根据不同分类标准可以将韵母进行不同种类的划分。

根据结构构成,韵母可分为单元音韵母、复元音韵母和带鼻音韵母三类。

根据开头元音发音口型,韵母可分为开口呼、齐齿呼、合口呼、撮口呼四类,简称"四呼"。

根据韵尾,韵母可以分为无韵尾韵母、元音韵尾韵母和鼻音韵尾韵母三类。

韵母的分类与发音方法详见表 2-8。

表 2-8　韵母分类与发音表

按口型分 韵母　按结构分	开口呼	齐齿呼	合口呼	撮口呼	按口型分 韵母　按韵尾分
单元音韵母	[ɿ][ʅ]	i[i]	u[u]	ü[y]	无韵尾韵母
	a[A]				
	o[o]				
	e[ɤ]				
	ê [ɛ]				
	er[ɚ]				
复元音韵母		ia[iA]	ua[uA]		元音韵尾韵母
			uo[uo]		
		ie[iɛ]		üe[yɛ]	
	ai[ai]		uai[uai]		
	ei[ei]		uei[uei]		
	ao[au]	iao[iau]			
	ou[ou]	iou[iou]			
带鼻音韵母	an[an]	ian[iɛn]	uan[uan]	üan[yan]	鼻音韵尾韵母
	en[ən]	in[in]	uen[uən]	ün[yn]	
	ang[aŋ]	iang[iaŋ]	uang[uaŋ]		
	eng[əŋ]	ing[iŋ]	ueng[uəŋ]		
			ong[uŋ]	iong[yŋ]	

（三）押韵和韵辙

押韵,又叫"压韵",指的是韵文(诗、词、歌、赋、曲等)中常在每隔一句的末尾用同"韵"的字。明清以来,北方民间戏曲把"韵"叫"辙",把押韵叫"合辙","韵"和"辙"合称"韵辙"。

"韵"与"韵母"是不同概念,韵头不同(韵腹、韵尾相同)也算同"韵"。简单理解就是,押韵的字只要求韵腹和韵尾相同,不要求韵头(介音)也相同。

合辙押韵可以使韵文音调和谐悦耳,朗朗上口,好唱易记。

第二章 现代汉语语音研究

明清以来,北方说唱文学中押韵时广泛运用"十三辙",现代诗作中也有依据韵书《中华新韵》(黎锦熙等编)十八韵的。字与字的合辙押韵,可参见表2-9。

表2-9 韵辙表

十三辙	十八韵	普通话韵母	例字
(一)发花	(1)麻	a、ia、ua	发、达、霞、家、画、瓜
(二)坡梭	(2)波	o、uo	坡、摸、多、国
	(3)歌	e	俄、车
(三)乜斜	(4)皆	ê、ie、üe	歇、斜、野、月、缺
(四)姑苏	(10)模	u	图、书
(五)一七	(5)支	-i[ɿ]、-i[ʅ]	私、自、志、士
	(6)儿	er	而、耳
	(11)鱼	ü	雨、区
	(7)齐	i	西、医
(六)怀来	(9)开	ai、uai	派、来、外、快
(七)灰堆	(8)微	ei、uei(ui)	飞、雷、推、回
(八)遥条	(13)豪	ao、iao	高考、笑料
(九)油求	(12)侯	ou、iou(iu)	口头、流油
(十)言前	(14)寒	an、ian、uan、üan	斑斓、先前、转弯、圆圈
(十一)人辰	(15)痕	en、in、uen(un)、ün	根深、金银、温顺、均匀
(十二)江阳	(16)唐	ang、iang、uang	方刚、响亮、狂妄
(十三)中东	(17)庚	eng、ing、ueng(weng)	风筝、英明、翁瓮
	(18)东	ong、iong	空中、汹涌

三、声调

声调不是所有语言里音节的必有成分,声调是现代汉语区别意义的重要形式,英语音节没有区别意义的特定声调。

(一)调类和调值

调类,指声调的种类,是对相同调值的字的归类。一般来说,同一种方言中有几种基本调值就可以归纳成几种调类。

如前所述,调值是音节的高低升降变化的格式,是语音的实际音值与读法,参考赵元任创制的"五度标记法"对声调的标记如图 2-10 所示。

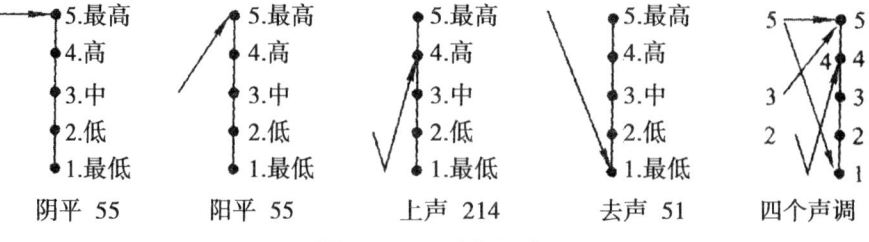

图 2-10 五度标记法

(二)普通话的四个基本调值

1. 阴平(一声)

调值特点:最高而平,又叫高平调或 55 调。
调值变化:由 5 度到 5 度,基本无升降变化。
例字:"中"。

2. 阳平(二声)

调值特点:高升的调子,调值 35。
调值变化:由中音升到最高音,即由 3 度升到 5 度。
例字:"国"。

3. 上声(三声)

调值特点:曲折调,调值 214。
调值变化:由低音开始,先降到最低音,后升到高音,由 2 度降到 1 度再升到 4 度。
例字:"伟"。

4. 去声(四声)

调值特点:全降调,调值为 51。
调值变化:由最高音降到最低音,即由 5 度降到 1 度。
例字:"大"。

(三)四声与平仄

古代诗词讲究"平仄"。"平"就是古代四声"平上去入"中的平声,调值不升不降。"仄"就是其中上、去、入三声的总称,是"不平"的意思。

在古代诗词中,有规律地交替使用声调(平与不平),可使诗词音调抑扬顿挫,悦耳动听,有乐律美感。

一般来说,在古诗词与戏曲唱词中(还有对联里),除了开头两句外,一般是上句句末用仄声,下句句末用平声,中间注意平仄相间,上句(单句)、下句(双句)相对的地方也尽量平仄相对。例如五言绝句的平仄分别规律如下。

五言绝句的平仄

仄 仄 仄 平 平
平 平 仄 仄 平
平 平 平 仄 仄
仄 仄 仄 平 平

当前,在现代汉语普通话里,古入声已经消失了,但还有曲折的上声和高降的去声,它们属于仄声;阴平(高而平)、阳平(高而扬)属于平声。

第三节 音节与音变

一、音节

(一)音节的结构

音节是听话时自然感到的最小的语音单位,发音时发音器官肌肉紧张一次就形成一个音节。音节由一个或几个音素组成。

一般的,一个汉字的读音就是一个带调音节,有后缀"儿"字的是例外,是两个汉字读一个音节,例如"花儿"(huar),"活儿"(huor)。

普通话带调音节结构类型表见表 2-10。

表 2-10 普通话带调音节结构类型表

结构成分 音位标音 例字与注音	声母	韵母				声调	说明
^	^	韵头 (介音)	韵(韵身)			^	^
^	^	^	韵腹(主要元音)	韵尾		^	^
^	^	^	^	(元音韵尾)	(辅音韵尾)	^	^
我 wǒ [uo²¹⁴]	ø	u	o			上声	少辅音声母、韵尾

（续表）

结构成分 音位标音 例字与注音	声母	韵母				声调	说明
:::	:::	韵头（介音）	韵（韵身）			:::	:::
:::	:::	:::	韵腹（主要元音）	韵尾		:::	:::
:::	:::	:::	:::	（元音韵尾）	（辅音韵尾）	:::	:::
知 zhī[tʂʅ⁵⁵]	zh		-i[ʅ]			阴平	少韵头、韵尾
道 dào[dɑu⁵¹]	d		ɑ	u		去声	少韵头
学 xué[ɕye³⁵]	x	ü	ê			阳平	少韵尾
外 wài[uai⁵¹]	ø	u	ɑ	i		去声	少辅音声母
语 yǔ[y²¹⁴]	ø		ü			上声	少辅音声母、韵头、韵尾
强 qiáng[tɕʰiaŋ³⁵]	q	i	a		ng	阳平	五部俱全

从表中，可以看出普通话的音节结构有如下特点：

（1）一个音节最多可以用四个音素符号来拼写。

（2）元音在音节中占优势。每个音节总要有元音，元音可充当韵头、韵腹和韵尾，只有一个音素的音节，音素除极个别外，都是元音。

（3）音节可以没有辅音（如"我、外、语、有、优"），音节末尾出现的辅音只限于 n 和 ng。

（4）音节都有声调，都有韵腹（主要元音）。

（5）音节可以没有辅音声母（但有零声母），可以没有韵头和韵尾。

（二）声韵拼合常见音节

普通话有 22 个声母和 39 个韵母，从理论上来讲，声母与韵母相拼，不计声调，可组成 858 个音节。事实上，普通话音节表里大约有 400 个有字的音节，详见《普通话声韵配合表》（表 2-11）。

第二章 现代汉语语音研究

表2-11 普通话声韵配合表（基本音节表）

韵母\\声母		唇音 b	p	m	f	舌尖中音 d	t	n	l	舌面后音 g	k	h	舌面前音 j	q	x	舌尖后音 zh	ch	sh	r	舌尖前音 z	c	s	零声母 ∅
开口呼	a	巴	爬	妈	发	搭	他	拿	拉	嘎	咖	哈					吃	诗		滋	雌	司	阿
	o	玻	坡	摸	佛											渣	插	沙		杂	擦	撒	噢
	e			么		德	特	讷	乐	哥	科	喝				遮	车	奢	热	则	侧	瑟	鹅
	ê																						欸
	er																						儿
	ai	白	拍	买		呆		奶	来	该	开	海				摘	差	筛		灾	猜	腮	哀
	ei	杯	培	梅	非	得		内	雷	给		黑						谁		贼			欸
	ao	包	抛	猫		刀	掏	脑	劳	高	考	耗				招	超	烧	绕	糟	操	骚	熬
	ou		剖	谋	否	兜	偷	耨	楼	沟	扣	侯				舟	抽	收	柔	邹	凑	搜	欧
	an	般	潘	瞒	帆	担	摊	男	郎	干	看	寒				占	产	山	然	怎	残	三	安
	en	奔	喷	门	分		滕	嫩	冷	根	肯	很				针	陈	身	人	怎	岑	森	恩
	ang	邦	旁	忙	方	当	汤	囊	郎	刚	康	杭				张	昌	商	嚷	脏	仓	桑	昂
	eng	绷	烹	蒙	风	登	滕	能	冷	庚	坑	横				争	成	生	扔	增	层	僧	
齐齿呼	i	鼻	皮	迷		低	梯	泥	梨				鸡	欺	希								衣
	ia								俩				家	掐	瞎								鸭
	ie	别	撇	灭		爹	贴	捏	列				街	切	歇								耶
	iao	标	飘	秒		刁	挑	鸟	料				交	敲	消								腰
	iou			谬		丢		牛	溜				纠	秋	休								优

· 41 ·

（续表）

韵母四呼	声母	唇音 b	p	m	f	舌尖中音 d	t	n	l	舌面后音 g	k	h	舌面前音 j	q	x	舌尖后音 zh	ch	sh	r	舌尖前音 z	c	s	零声母 ∅
	ian	边	偏	面		颠	天	年	连				间	千	先								烟
	in	宾	拼	民				您	林				斤	亲	新								因
	iang							娘	良				江	腔	香								央
	ing	兵	平	名		丁	听	宁	零				京	青	星								英
合口呼	u	布	普	木	父	杜	图	奴	路	姑	哭	呼				朱	出	书	如	租	粗	苏	乌
	ua									瓜	夸	花				抓	叉	刷					挖
	uo					多	托	挪	罗	郭	阔	活				桌	戳	说	若	昨	错	所	窝
	uai									乖	快	槐				拽	揣	摔					歪
	uei					对	腿			规	亏	灰				追	吹	水	端	嘴	催	虽	威
	uan					端	团	暖	乱	官	宽	欢				专	川	拴	软	钻	窜	酸	弯
	uen					敦	吞		论	棍	困	昏				准	春	顺	闰	尊	村	孙	温
	uang									光	筐	荒				庄	窗	双					汪
	ueng																						翁
	ong					东	通	农	龙	工	空	轰				中	充		绒	宗	葱	松	
撮口呼	ü							女	吕				居	区	虚								迂
	üe							虐	掠				诀	缺	学								约
	üan												捐	圈	宣								渊
	ün												均	群	勋								晕
	iong												窘	穷	兄								拥

二、音变

普通话的音变现象很多,这里只谈要特别注意的音变,即变调、轻声、儿化和"啊"的音变。

(一)变调

所谓变调,具体是指有些音节的声调在语流中连着念,与单念时调值不同,会起一定的变化的现象。

普通话常见变调有下列几种。

1. 上声的变调

上声音节单念时调值是214,在下列情况下,调值变成35或21。

(1)两个上声紧相连。

前一个调值从214变成35。例如:214+214→35+214,例字"水果"。

这里要注意,在原为上声现改读为轻声的字前头,有两种不同的变调。

其一:214+轻声→35+轻声,例字"想起"。

其二:214+轻声→21+轻声,例字"姐姐"。

(2)三个上声相连。

前两个上声的变调视词语内部的语义停顿而定,可分以下两种情况。

前两个音节语义紧凑,语义停顿在第二音节后,前两个音节都变成35。例如:(214+214)+214→35+35+214,例字"展览馆"。

后两个音节语义紧凑,语义停顿在第一音节后,前两音节有21+35变化。例如:214+(214+214)→21+35+214,例字"很勇敢"。

(3)连念上声字多于三个。

根据词语的语法结构和语义紧密度划分语义停顿,确定语义段,再根据上述规律进行变调。如"理想/美好"划分两段,念成35+21+35+214。

(4)非上声前面的字音。

调值由214变21,在原为非上声改读轻声的字音前,变调情况也相同。例如:

在阴平前	首都	北京	统一	女兵
在阳平前	祖国	海洋	语言	改良
在去声前	解放	土地	巩固	鼓励
在轻声前	尾巴	起来	宝贝	里头

2. "一、不"的变调

（1）读原调。

适用于"一、不"单念或在末尾,以及"一"在序数中的情况,例如:

　　一、二、三　十一　第一　统一　划一　唯一　万一
　　不　偏不

（2）去声前变35。

常见字词有如下几个。

　　一样　一向　一定　一块儿　不怕　不够　不看　不像

（3）非去声前,"一"变51,"不"不变。

常见字词有如下几个。

　　一般　一边　一年　一成　一手　一两（变读51）
　　不吃　不开　不同　不详　不管　不想（仍读51）

（4）读轻声。

主要有以下两种情况。

第一种情况是"一、不"嵌在相同动词中间,例字（词）:

　　想一想　拖一拖　管一管　谈一谈
　　来不来　肯不肯　找不找　开不开

第二种情况是"不"在可能补语中读轻声,例字（词）:

　　做不好　来不了

3. "七、八"的变调

"七、八"在去声前调值可以变35,也可不变,其余场合念阴平原调值55。例如:

　　七岁　七块　七路　八岁　八块　八路（念35或55）
　　七天　七成　七亩　八支　八篮　八两（仍念55）

（二）轻声

普通话中的每一个声调在语流音变中都有可能变成又轻又短的另外四个调子,而不是变成一个有固定调值的声调,这些因语流音变而形成的又轻又短的调子,统称轻声。

轻声音节的变化与语音的物理属性有关,主要表现在音长变短,听感上短而模糊,音强弱,音高不固定。

一般来说,上声字后头的轻声字的音高比较高,阴平、阳平字后头的轻声字偏低,去声字后头的轻声字最低。如用五度标调符号表示,大致的情况如下:

第二章　现代汉语语音研究

阴平字＋轻声字→·｜²（半低）跟头　狮子　蹲下　金的　妈妈
阳平字＋轻声字→·｜³（中调）石头　桃子　爬下　银的　爷爷
上声字＋轻声字→·｜⁴（半高）里头　李子　躺下　铁的　奶奶
去声字＋轻声字→·｜¹（最低）木头　柿子　坐下　镍的　爸爸

常见轻声音节字词详见表2-12。

表2-12　常见轻声音节字词

轻声规律	例字
助词"的、地、得、着、了、过"	领路的、愉快地、学得（好）
语气词"吧、嘛、呢、啊"	他呢、谁啊、算了吧
部分重叠词的后一音节	妈妈、星星、催催、看看
双音动词重叠式ABAB的第二、四音节	打扫打扫、整理整理、思考思考、研究研究
表示方位的词或语素	马路上、脸上、村子里
动词、形容词后面表示趋向的词"来、去、起来、下去"等	进来、出去、说出来
双音词后面的音节	伙计、咳嗽、消息、动静、客气
其他	黑不溜秋、傻不愣登、糊里糊涂

（三）儿化

"儿化"指的是一个音节中,韵母带上卷舌色彩的一种特殊音变现象,这种卷舌的韵母就叫"儿化韵"。儿化时由于舌头上翘(俗称卷舌)。

"儿化"音中"儿"字不是一个独立的音节,也不是音素,而只是一个表示卷舌动作的符号。普通话韵母中单韵母 ê 没有儿化音,er 本身就是 e 的儿化音读法,其他都可以"儿化"。

儿化不是单纯的语音现象,它跟词汇、语法和修辞都有密切的关系,具有区别词义、区分词性和表示感情色彩的作用。

（1）区别词义,如：头（脑袋）——头儿（领头的）。

（2）区分词性,如：画（名词、动词）——画儿（名词）。

（3）表示细小、轻松或亲切、喜爱的感情色彩,如：小皮球儿、勺儿、小熊猫儿。

儿化音变的规律见表2-13。

表 2-13　儿化音变规律简表

韵母	儿化时的变化规律	举例	国际音标 儿化前	国际音标 儿化时
无韵尾或有 u 韵尾	只加卷舌动作	小车儿 小鸟儿	① tʂʰɤ—— ② niau——	tʂʰɤr niaur
有 -i、-n 韵尾的	卷舌时使韵尾丢失，有的要改变韵腹或增音	一块儿 一点儿 没准儿 背心儿	③ kʰuai—— ④ tiɛn—— ⑤ tʂuən—— ⑥ ɕin——	kʰuar tiɛr tʂuər ɕiər
有高元音 i、ü 韵腹的	加央元音 ə	小鸡儿 有趣儿	⑦ tɕi—— ⑧ tɕʰy——	tɕiər tɕʰyər
有舌尖元音 [ɿ][ʅ] 的	变成央元音 ə	瓜子儿 树枝儿	⑨ tsɿ—— ⑩ tʂʅ——	tsər tʂɛr
有 -ng 韵尾的	卷舌时使韵尾丢失，元音鼻化，有 i 韵腹的要加 ə̃	帮忙儿 花瓶儿	11 maŋ—— 12 pʰiŋ——	mɑ̃r pʰiə̃r

（四）"啊"的音变

语气词"啊" ɑ[A⁵]发音时往往受前字读音的影响而产生音变，常见"啊"的音变见表 2-14。

表 2-14　语气词"啊"音变规律表

前字末尾音素	加"啊"	读作	写作	举例
i、ü、ɑ、o、e、ê	＋ɑ	→ yɑ	呀	鸡呀、鱼呀、他呀、磨呀、鹅呀、写呀
u	＋ɑ	→ wɑ	哇	好哇、加油哇
n	＋ɑ	→ nɑ	哪	难哪、新哪
ng	＋ɑ	→ ngɑ	啊	唱啊、香啊
—i[ɿ]、er	＋ɑ	→ rɑ[ZA]	啊	是啊、老二啊
—i[ʅ]	＋n	→ [ZA]	啊	孩子啊、一根刺啊

第四节　现代汉语音节的拼读与拼写

一、现代汉语音节的拼读

(一)音节拼读的规律

1. 声母要用本音

现代汉语中,平常念声母,一般是念它的呼读音,即在声母的本音后面加上一个元音。用声母拼音时,应该去掉这个元音,而用它的本音。

关于声母拼读,有人总结经验为"前音轻短后音重,两音相连猛一碰",具体包含了两种声母拼音方法与要领。

第一种:前音(声母)念得轻而短,就可能接近于本音;后音(韵母)是发音响亮的部分,应该重念。

第二种:拼音时,发音器官先做好发某个声母本音的姿势(发这个声母本音),把要相拼的韵母一起念出来。

2. 声母、韵母之间不要有停顿

声母和韵母拼读,中间不能有停顿,否则可能引起音节的意义的变化。例如,g—u → gu(谷)时,g 和 u 之间不能有停顿,如果有了停顿,可能会拼读成 g(ē)—ǔ(歌舞)。

3. 要念准韵头

对于有韵头(介音)的音节,在拼音时要注意把韵头念准,有意识地让口张得慢一些,把韵头引出来。有些韵头是圆唇元音,拼音时就要注意把嘴唇拢圆,把韵头念准。

如果在音节拼读时,没有办法读清楚韵头,就可能出现丢失韵头或者改变韵头的现象。例如拼 luàn(乱)时,丢失韵头会拼成 làn(滥);拼 xué(学)时,如果韵头念不准,就会拼成 xié(鞋)。

（二）音节拼读的方法

1. 双拼法

（1）声韵双拼法。

用声母和韵母两个部分进行拼音（韵母部分都带声调，下同）。例如：

g—uāng → guāng（光）m—íng → míng（明）

（2）声介与韵合拼法。

先把声母和韵头拼合，然后跟韵进行拼音。这一方法只适用于有韵头的音节。例如：

xi—āng → xiāng（香）hu—uái → huái（怀）

2. 三拼法

用声母、韵头、韵身三部分进行连读。这种方法，只适用于有韵头的音节。例如：

j—i—ā → jiā（加）q—iáng → qiáng（强）

3. 整体认读法

整体认读法是先做好发声母的准备，然后读带声调的韵母。

例如"班"字，先摆好发 b 的架势，然后用 ān 冲开架子连成音节，就发出了 bān。

（三）声韵配合规律

正如前面所提到的，普通话有 22 个声母和 39 个韵母，两者若都能相拼的话，不计声调，理论上可以组成 858 个音节。但事实上，普通话音节表里大约有 400 个有字的音节。对汉语言声韵拼合规律简单总结如表 2-15 所示。

表 2-15 普通话声韵配合简表

		开口呼	齐齿呼	合口呼	撮口呼
双唇音	b、p、m	+	+	只跟 u 相拼	
唇齿音	f	+		只跟 u 相拼	
舌尖中音	d、t				
	n、l	+	+	+	+

（续表）

		开口呼	齐齿呼	合口呼	撮口呼
舌面前音	j、q、x		+		+
舌面后音	g、k、h	+		+	
舌尖后音	zh、ch、sh、r	+		+	
舌尖前音	z、c、s	+		+	
零声母	∅	+	+	+	+

注："+"表示全部或局部声韵能相拼，空白表示不能相拼。

关于表2-15的声韵拼合规律，总结如下。

（1）双唇音和舌尖中音d、t能跟开口呼、齐齿呼、合口呼韵母拼合，不能跟撮口呼韵母拼合。

（2）唇齿音、舌面后音、舌尖前音和舌尖后音等组声母能跟开口呼、合口呼韵母拼合，不能跟齐齿呼、撮口呼韵母拼合。

（3）双唇音拼合口呼限于u。唇齿音拼合口呼限于u。

（4）舌面前音只跟齐齿呼、撮口呼韵母拼合，不能跟开口呼、合口呼韵母拼合。

（5）舌尖中音n、l能跟四呼韵母拼合。

（6）零声母音节在四呼中都有。

从韵母角度分析可以得出声韵拼合的以下规律。

（1）"o"韵母只拼双唇音和唇齿音声母，而"uo"韵母却不能同双唇音或唇齿音声母相拼。

（2）"ong"韵母必须与辅音声母相拼，"ueng"韵母不能有辅音声母。

（3）"-i" [ɿ]韵母只拼"z、c、s"三个声母，"-i" [ʅ]韵母只拼"zh、ch、sh、r"四个声母，并且都没有零声母音节。

（4）"er"韵母不与辅音声母相拼，只有零声母音节。

需要特别指出的是，这里所说的声韵拼合规律是指现代汉语普通话中的声韵拼合规律，各地方言因地方发音方法和习惯不同，方言的声韵拼合规律会与普通话的声韵拼合规律有所不同。

二、现代汉语音节的拼写

（一）《汉语拼音方案》

《汉语拼音方案》是在新中国成立不久后由中国文字改革委员会(简

称"文改会")制订出来的。

1958年2月,第一届全国人民代表大会批准《汉语拼音方案》并正式公布推行。充分认识《汉语拼音方案》,必须明确以下几点。

(1)《汉语拼音方案》是中国人名、地名和中文文献罗马字母拼写法的统一规范。

(2)《汉语拼音方案》是汉字的注音工具,能够准确地给汉字注音。它采用国际上流行的拉丁字母,既容易为广大群众所掌握,又便于国际间的文化交流。

(3)《汉语拼音方案》是普通话的拼写工具,是各地区、各族人民学习普通话,矫正读音的重要参考工具,是推广普通话的有效工具。

(4)《汉语拼音方案》还可以用来作为我国各少数民族创制和改革文字的共同基础,用来帮助外国人学汉语,例如可以用来音译人名、地名、科学术语、编制索引和代号等。

(5)《汉语拼音方案》是现代计算机语言录入的重要输入法之一。

(二)汉语音节的拼写规则

《汉语拼音方案》对普通话音节的拼写有如下规定。

1. 隔音字母 y、w 的用法

汉语拼音字母 y(读 ya)和 w(读 wa)是隔音字母,起避免音节界限不明发生混淆的作用。如"大衣"拼写成"dai"会以为是一个音节的"呆",i 的前头加了 y,写成"dayi",音节界限就分明了。

(1)韵母表中 i 行的韵母,在零声母音节中,如果 i 不是韵腹,就把 i 改为 y:

ia → ya(牙)　ie → ye(野)　iao → yao(腰)　iou → you(优)
ian → yan(烟)　iang → yang(央)　iong → yong(雍)

如果 i 是韵腹,就在 i 前面加上 y:

i → yi(衣)　in → yin(因)　ing → ying(英)

(2)韵母表中 u 行的韵母,在零声母音节中,如果 u 是韵头,就把 u 改成 w:

ua → wa(蛙)　uo → wo(窝)　uai → wai(歪)
uei → wei(威)　uan → wan(弯)　uen → wen(温)
uang → wang(汪)　ueng → weng(翁)

如果 u 是韵腹,就在 u 前面加上 w:

u → wu(乌)

（3）韵母表中ü行的韵母，在零声母音节中，不论ü是韵头还是韵腹，一律要在ü前面加y。加y后，ü上两点要省写：

ü→yu（迂）　üe→yue（约）

üan→yuan（冤）　ün→yun（晕）

y、w不是声母，只起隔音作用，教学中，通常有教师把y、w当成声母（读i、u）来教，这是变通的教法。

2. 隔音符号的用法

"a、o、e"开头的音节连接在其他音节后面的时候，为了避免音节界限混淆要用隔音符号"'"隔开，例如：

kù'ài（酷爱）→kuài（快）　shàng'è（上腭）→shāngē（山歌）

xī'ān（西安）→xiān（先）　dàng'àn（档案）→dāngàn（单干）

fān'àn（翻案）→fānàn（发难）

3. 省写

《汉语拼音方案》在"韵母表"中规定，有以下几种情况的存在时，音节拼写省写。

（1）韵母iou, uei, uen的省写："iou, uei, uen前面加辅音声母的时候，写成iu, ui, un。例如：

d—iōu→diū（丢）

（2）ü上两点的省略：ü跟n、l以外的声母相拼时省写两点。例如：

j—ü→ju

需说明的是，韵母ü单独出现在声母n、l后面，为避免音节混淆，不省写两点。例如：

nǚ（女）—nǔ（努）　lǚ（吕）—lǔ（鲁）

第五节　现代汉语的语调与朗读

一、现代汉语的语调

（一）停顿

所谓停顿，是指说话或朗读时，段落之间，语句中间、后头出现的间歇。

从生理角度来说,语言的停顿是为了方便人体发音器官和呼吸系统的换气。

从句子结构来说,语言的停顿是为了更好地表达句子结构、字词含义。

从意义联系来看,词与词可以结合在一起,构成一个意义整体,称作"意群",意群按照不同的意义关系和结构层次可划分成更小的意义整体——"节拍群",在意群或节拍群进行适当的停顿,可更方便字词和句子意义的表达。

从情感表达来看,为了突出事物,强调观点,表达感情,也常有语调的节奏与停顿变化。语速的处理随着作品中情感变化而变化,可表现抑扬顿挫,不失呆板。

以《静夜思》为例,说明诗的停顿与节奏如下:

《静夜思》
唐·李白
床前／明月光,
　　　　△
疑是／地上霜。
　　　　△
举头／望明月,

低头／思故乡。
　　　　△

《静夜思》是一个简单的"2/3"节奏停顿,在诗中"／"符号表停顿,"△"表示韵脚。

(二)重音

重音,具体是指语句中念得比较重、听起来特别清晰的音,在语调的读法特点上,具体表现为扩大音域、延续时间、增加强度。

根据产生的原因,重音可以分为两种:按照语法结构的特点而重读的语法重音;为突出句中主要思想或特殊感情而重读的逻辑重音。

1. 语法重音

句子里某些语法成分常要重读,简单举例说明如下。

(1)谓语中的主要动词。

例如:

①春天到了!

②老师已经告诉我们了。

（2）表示性状和程度的状语。

例如：

①同志,不要急,慢慢地说。

②我们要努力学习普通话。

（3）表示状态或程度的补语。

例如：

①他的话讲得十分深刻。

②他提的技术革新建议好极了。

（4）表示疑问和指示的代词。

例如：

①这样的好事是谁做的？

②她什么活动都没有参加。

2. 逻辑重音

句子中的某些需要突出或强调的词语常要重读。同一句话,重音位置不同,句子所表达出的意义也不同,举例如下。

①我知道你会唱歌。（别人不知道你会唱歌。）

②我知道你会唱歌。（你不要瞒着我了。）

③我知道你会唱歌。（别人会不会唱我不知道。）

④我知道你会唱歌。（你怎么说不会呢？）

⑤我知道你会唱歌。（会不会唱戏我不知道。）

(三)句调

所谓句调,具体指整句话的音高升降的格式,是语句音高运动的模式。声调中只指一个音节(字)的音高格式称"字调"。

句调有以下四种形式。

1. 升调 调子由平升高

常表示反问、疑问、惊异、号召等语气。例如：

（1）难道我是个小孩？（反问）

（2）王小萌来了吗？（疑问）

（3）这件事,是他办的？（惊异）

2. 降调 调子先平后降

常表示陈述、感叹、请求等语气。例如：

· 53 ·

（1）我们一定要实现四个现代化。（陈述）
（2）天安门多雄伟啊！（感叹）
（3）王老师,您再给我们讲个故事吧。（请求）

3. 平调

调子始终保持同样的高低,常表示严肃、冷淡、叙述等语气。例如：
（1）烈士们的英名和业绩将永垂不朽！（严肃）
（2）少说闲话,随你处理吧。（冷淡）
（3）大伙儿都说张老头儿是个厚道人。（叙述）

4. 曲调

调子升高再降,或降低再升,常表示含蓄、讽刺、意在言外等语气。例如：
哎呀呀,你这么大的力气,山都会被你推倒呢。（讽刺）

二、现代汉语的朗读

朗读是一种语言表达技巧,是个人语言能力的体现,也是个体养成正确发音习惯的一个重要途径,通过朗读,可以把普通话说得更好,意思表达更准确。

要掌握朗读技巧,必须明确以下几点。

（一）理解朗读内容

对于个体,尤其是语言工作者来说,要很好地通过朗读表达情意,就必须深入地理解作品的思想内容,对作品的理解是朗读的重要基础。

在朗读前,朗读者一定要对作品文字内容、文字所表达的思想情感有深入的了解,只有这样,才能使朗读出来的词句有血、有肉、有感情,从而打动观众,引起听者共鸣。

（二）掌握表达技巧

朗读者通过朗读作品,不仅要正确表达作品内容与情感,还要使听者有"听觉上的美好享受",这就需要朗读者必须掌握朗读所需要的表达技巧,具体要求如下。

（1）朗读要用普通话。把每个字的声、韵、调念准,同时,防止漏读、添读、倒读、读破词、读破句等现象的产生。

（2）朗读语言必须在生活语言的基础上进行加工。

（3）朗读应注意句中的停顿，讲究语调，在停顿、语速、重音、句调等方面做出恰如其分的处理。

第三章　现代汉语汉字研究

　　汉字是通过一定的形体来记录汉语的音和义的书写符号系统,是汉族人的祖先在长期社会实践中逐渐创造出来的最重要的辅助性交际工具,也是世界上历史最悠久而且一直使用到现在的文字。同时,汉字的出现使汉语有了书面语言,从而突破了语言在时间和空间上的限制,扩大了语言的交际功能,对我国社会的发展、民族的安定以及国家的统一具有重要作用。本章将对现代汉语汉字的相关内容进行详细阐述。

第一节　汉字的内涵

一、汉字的概念

　　汉字是通过一定的形体来记录语言的音和义的书写符号系统。在现代社会,科学技术越来越先进,电话、录音机、电脑等先进设备逐渐出现并走入我们的生活,电话、电脑可以让距离相隔甚远的两人进行对话、传递信息,使人们的交际空间缩小;录音机可将语言录制下来,长时间地保存。这些先进设备虽然也在一定程度上克服了语言的一些限制,但都不能代替汉字给人的视觉感受,因而汉字仍然是扩大语言交际功能的最重要、最简便,使用范围最广泛的工具。

二、汉字的起源

　　同语言相比,汉字的历史要短得多,但是汉字也经历了一段漫长的发展过程,它是人类社会发展到一定阶段的产物,是适应社会的需要而产生的。此外,汉字起源不仅是汉语文字学的一个重要课题,也是中国文明史,乃至世界文化史上的一个重要课题。根据当前的研究,关于汉字起源的说法主要有以下几种。

第三章 现代汉语汉字研究

(一)仓颉造字说

我国历史上流传着汉字是仓颉一个人创造出来的说法,仓颉,一般都认为是黄帝的史官,黄帝时代据文献记载距今约4500年。我国古代的书籍中有关仓颉作书的记载颇多,但多出自战国秦汉时人的著作。秦代以前,《荀子·解蔽篇》《吕氏春秋·君守篇》《韩非子·五蠹篇》以及李斯《仓颉篇》等文献中所记载的关于仓颉作书的说法大都比较平实。《荀子》说:"好书者众矣,而仓颉独传者一也。"《吕氏春秋》与李斯也未加任何夸饰,《韩非子》举自环为"私"、背私为"公"二字,以明仓颉作书固知"公私之相背"。汉代之后,仓颉造字说便流传甚广,如王充在《论衡·骨相篇》里说"仓颉四目",《皇览冢墓记》竟有仓颉的葬所云云,但皆不足信。《鹖冠子》说"仓颉作书,法从甲子",《易纬·乾凿度》说"起于八卦",《法苑珠林》云"取法于净天",《竹书纪年》和《水经注》则说是仿效"河图洛书"而作。甲子、八卦,以至河图洛书属于数术一类,不可能在文字发明以前出现,因而这些说法也是不可信的。而许慎《说文解字》中说:"黄帝之史仓颉,见鸟兽蹄远之迹,知分理之可相别异也,初造书契。"又说:"其初作书,盖依类象形,故谓之文,其后形声相益,即谓之字。"从鸟兽蹄远之迹得到启示而造出象形之文,这完全是有可能的。但说仓颉一个人造出汉字是不可信的,因为大抵上古时候,许多新事物都是集体创造的。因此,仓颉很可能不是汉字的创造者,而是搜集和整理汉字的名人之一。

(二)实物记事说

在我国古代,人们常利用实物来进行记事,比较普遍的实物记事的方法是结绳。我国古籍中就有许多有关结绳记事的记录。"上古结绳而治"见于《周易·系辞传》,但只提到"上古",没有说明具体的时间。《庄子·胠箧篇》提到十二氏,从容成氏一直到伏羲氏和神农氏,可概括为伏羲、神农以前,民皆结绳而治。传说中的人物伏羲、神农相当于原始社会末期的氏族首领。可见,中国古代有结绳记事的习俗是大体可信的,但结绳只是没有文字的民族作为帮助记忆的工具,它本身还不是文字。与结绳记事相似的结珠记事是用绳子把贝壳串起来,将贝壳涂成各种颜色,通过颜色的不同来代表和区别不同的事物。此外,实物记事在具体的使用过程中,又可以细分为表音法、表义法和表形法三种情况。

其中,表音法就是借用同音实物来表达语词的办法。比如,云南景颇族的"树叶信"即借用树叶的名称来表示同音的语词,按照谐音的办法赋予树叶和其他物件以某种比较固定的意义,通信时按说话的先后,把树叶等物依次排列起来,收信人按着顺序"读信",就可以了解对方的意思了。例如,在当地的方言中,"豆门"树与"打扮"同音,就用豆门树叶来表示"打扮"。

表义法就是用物品的质地、色、泽、形状、属性来表意。例如,用棉花表示"柔服";送朱砂表示"丹心"等。

表形法就是用物品的形状、样式来表意,如在计数时用动物的头或尾代表猎物的整体等,用小条红绸代表整匹的红绸,刻一枪形木片代表真枪等。这些整体表形法和以部分代表全体的表形法在汉字造字法中都有所反映,甲骨文中就有画一个牛头或羊头分别代表牛或羊,就是以局部代表整体的象形。

总体来说,实物记事在一定程度上帮助了人们进行记忆和传达了一定的信息,但实物记事不可能留下任何图形和记号作为文字的前身,因为它本身也存在着许许多多的缺陷,一方面,用实物记事具有个别性,要想清楚地明白所记为何事,必须要让所记者对其进行详尽的描述;另一方面,由于实物与所记事之间没有必然的、直接的联系,如果时间久了,记事的实物多了,人们便不知道用来记事的实物所记为何事了。因此,实物记事无法得到大量的推广,不能广泛作为应用语言的辅助性工具。虽然如此,但实物记事在方法上对造字法还是产生了积极的影响。

(三)契刻记事说

契刻是较结绳晚出的一种记事方法,《周易·系辞传》于"结绳而治"后接着说,"后世圣人易之以书契",这里的书契一般都以为指文字。但继结绳而起的书契是否即是文字,值得怀疑。考"书契"二字,其初当指书与契二事而言。契刻的作用主要是记数。

从结绳记事到真正文字的创造,中间必然经过一个相当长的过渡阶段。在这个时期里,人们以契刻作为记事的主要手段。契刻已经比结绳大为进步了,但还不是真正的汉字。随着记录语言的需要,契刻的记号不断转化为书面符号。这时书和契才具有汉字的性质,书、契二字才合起来指称汉字。现在我们看到的许多古文字形体,就是直接、间接从契刻脱胎、演化而成的。

(四)图画记事说

图画记事就是人们利用各种线条和图形对事物进行描摹,甚至用图画记录许多抽象的思想和概念。书与画自古同源,依样画葫芦的"书",与像人执笔习画的"聿",形既相近,义亦相属,古为一字或有可能。《周易·系辞传》说:"后世圣人易之以书契。"许慎《说文叙》云:"书者,如也。"段注:"谓如其事物之状。聿部:书者著也,谓昭明其事。此云如也,谓每一字皆如其状。"许书训"著"的书当指"著作"的书;训"如"的书乃"书写"之书,犹今之言"依样画葫芦",实与绘画无别;甲骨文未见"书"字(《说文》"书"是个从聿者声的后起形声字),王国维疑是古"画"字,谓"象错画之形"。丁山据《说文》肄字训习,谓"即肄之初文,字正象人执笔习画形,所以又读如画",金文画字多从此。郭沫若说"殆谓以规画圆也",并以为古规字。可见,虽然这三位学者对字是后来的哪个字虽然看法不尽相同,但他们都认为此字与绘画密切相关。

图画记事虽然比实物记事有所进步,也能够帮助记忆和传递事情的大意,所刻划的图形和记号还发展为大量的象形指事字和会意字,构成了原始汉字的基础。但是,书画记事具有很大的随意性,而且人们生活习惯和生活经历的不同,同一张画并不是每个人都看得懂,即便看懂了,不同的人可能对其有不同的理解。因此,严格来说,图画记事只是从结绳记事到真正文字创造的过渡阶段里人们用来记事的主要手段,不是记录语言的书写号,不具有文字的意义。不过,图画记事对文字的产生也有很大的影响,我们现在看到的许多古文字形体,就是直接、间接从绘画脱胎、演化而成的。

三、汉字的结构

(一)古汉字的结构

在对古汉字的结构进行研究时,需要从造字法入手。关于古代汉字的造字法,历来有所谓"六书"之说,即象形、指事、会意、形声、转注和假借。

1. 象形

象形就是描绘事物形状的造字法,象形这种造字法接近画图,但复杂的事物、抽象的概念无法象形,所以单靠这种方法造的字极少,但它是构成汉字的基础。用这种方法造的字就是象形字。例如:

目 ⟋,像一个人的眼睛。

首 ᗡ ᗡ ᗡ,像人头的形状。

禾 ❈ ❈ ❈,像一株稻麦形,上面是谷穗。

古象形字有的除具体的事物外还有必要的附带部分,如"🝢"(瓜)的瓜蔓;有的像事物的特征部分,如"Ψ"(牛)像牛角上弯;有的像事物的整体轮廓,如"🚗"(车)等;有些古代的象形字还有点像原物的样子,如"⻗"(雨)等。

2. 指事

用象征性符号或在象形字上加提示符号来表示某个词的造字法就是指事。用这种方法造的字就是指事字。例如:

下⌒,用一根弧线作基准,弧线下面加一短横,以表示相对位置。

三 ≡,用三条线表示数目。

本 ❉,在象形字"木"的根的部分加上符号。

现行的指事字基本上是从古代的指事字演变来的,不过,有些古代的指事字现在已不能看出其指事的意图。比如,"寸"在古汉字原义为手的"又"字加一短横,表示寸口的所在,本是指事字,现在也很难看作指事字了。

3. 会意

会意就是用两个或几个部件合成一个字,并把这些部件的意义合成新字的意义的造字法。用会意方法造的字,就是会意字。会意字是用几个象形符号的组合关系来和所表示的词义联系的。这种结构方式比较灵活,便于造出一个表示词义的复合的象形符号,这就是会意字多于象形字、指事字的道理。

现行的会意字多数是从古代会意字演变来的,而且古代有些会意字现在还能理解它的意思,如"日月"为"明",三"石"为"磊"等。不过,也有一些古代的会意字如"弄、祝、祭、集、香"等,由于字形的演变、字义的变化,很难了解它们是如何会意的;有些过去的会意字如"郵、竄"简化后变成了形声字"邮、窜";有些过去的会意字如"蠱、聶"等,简化成"轰、聂",称会意字就比较勉强;有些过去的会意字如"羲、韋",简化成"义、韦",成了独体字,从现行汉字看就很难说是会意字了。此外,后起会意字数量较少,多为顺字连读式会意字。

4. 形声

由表示字义类属的部件和表示字音的部件组成新字,这种造字法叫形声。用形声法造的字叫形声字,如"洋""郊""霖"等。形声字都是合体字,形声字的表意成分叫形旁(也叫意符),表音成分叫声旁(也叫音符),如"洋""郊""霖"都有表意成分"氵""阝""雨",表音成分"羊""交""林"。

形声字主要有三种产生方式。

第一,直接由形旁与声旁组合而成,这一类字为数很少,大都是化学名称,如"烷""氦""锌""镭""铀"等。

第二,在独体字的基础上添加声旁而成,这一类字主要产生在古代,数量很少,甲骨文的"齿"就是口中有几颗牙,象形,金文中加了声旁"止",变成形声字。

第三,在独体字或合体字的基础上添加形旁而成,添加形旁通常是为了明确字义,如"师"字本当师众讲,汉代人假借它来表示狮子的"狮",后来加上形旁"犭",组成了形声字"狮"。

形声字的形旁和声旁有多种配置方式,较为常见的有八种:一是左形右声,如"防""铝""粮";二是右形左声,如"雌""期""放";三是上形下声,如"菜""宇""霖";四是下形上声,如"盲""斧""袋";五是外形内声,如"园""裏""阁";六是内形外声,如"辟""问""辨";七是形占一角,如"颖""隆""滕";八是声占一角,如"近""疵""旗"。

5. 转注

转注是指一对同部首的字,由于意义相近、声音相同或相近而互相注释。如 ✦(老)在异时异地由于语音发生变化而加注音符"丂"变成了 ✦(考)字,"老"和"考"就是一对转注字。转注虽然产生了新字形,但是用的是形声方法,所以从造字法类型的角度看,也是用字的方法。

6. 假借

假借是本无其字而根据被记录的词的读音,借用音同或音近的已有汉字来表示新词的一种方法。假借法撇开被借字原有的意义,把它当作标音的符号使用,从记录语言的方式看,这是与象形、指事、会意不同的另一条途径。假借字出现很早,甲骨卜辞和器物铭文中就有不少,如"✦"原是"鼻"的象形字出(象鼻之形),假借来记录"自己"的"自"。假借虽然能记录汉语,但是使用假借方法记录语言并未产生新的字形,所以从造字法类型的角度看,假借不是造字的方法,而是用字的方法。

(二)现代汉字的结构

现代的汉字大部分从古汉字演变而来,也有一些是现代新造的。从造字方法来看,现代和古代有些不同。现代造字已基本不用象形、指事的方法,百分之九十以上的现代字用的是形声的方法。会意的方法也还在继续使用,不过造的字不太多。除了形声、会意之外,现代的造字方法还有一些是合形、合音、合义字,如"巰"的字形是"氢"字和"硫"字的部分拼合,读音 qiú,是"氢"和"硫"的合音,字义是有机化合物中含硫和氢的基。还有变形字,如从近音字"兵"变化而来的"乓""乒"。此外,现代汉字有着自己独特的结构单位和结构关系。

1. 现代汉字的结构单位

现行汉字的结构单位有两级:一是笔画,二是部件。由于部件也是笔画构成的,所以笔画是构成汉字的最小单位,独体字、合体字都是由笔画构成的。

(1) 笔画。

笔画是构成汉字字形的最小连笔单位,书写时自成起讫的为一笔或称一画,笔画的具体形状称笔形。1965年文化部和中国汉字改革委员会发布的《印刷通用汉字字形表》和1988年国家语言汉字工作委员会、中华人民共和国新闻出版署发布的《现代汉语通用字表》规定了5种基本笔画,即"一"(横)、"丨"(竖)、"丿"(撇)、"丶"(点)、"㇆"(折)。笔画从总体上来说可以分为两种类型,即单笔画和复合笔画,其中复合笔画是两种或两种以上笔画的连接。此外,笔画有主笔形、附笔形的区别,主笔形是一般的写法,附笔形是笔画在不同位置或部件中出现的各种不同变形。书写现代汉字,要熟练掌握各种主要笔形和变化笔形,然后联系整个字形揣摩它们在每个字里的位置和写法,才能写好。

(2) 部件。

部件又叫偏旁或构件,是构成汉字的预制构件,是高一级的构字单位,只有合体字是由部件组合成的,独体字在组字时只能充当一个部件。

现行汉字中的部件,按照不同标准可以分成不同的类型。

按照现在能否独立成字划分,部件可以分为非成字部件和成字部件两类。非成字部件现在一般不能独立成字,在古代一般可以独立成字,如"杉、限"中的"彡(shān,毛饰物)、阝(在左,阜的变体)"。成字部件现在一般可以独立成字,如"坐"字中的"土";有的在独立成字时笔画要作些调整,如"坐"中的"人(人)"。

第三章 现代汉语汉字研究

按照能否再切分成小的部件划分,部件可以分成单一部件和复合部件两类。单一部件又称单纯部件、基础部件,不能再切分成小的部件,如"戆"字中的"立、日、十、夂、工、贝"。基础部件有的成字,有的不成字,成字的基础部件独立应用时就是独体字。复合部件又称合成部件,可以再切分成小的部件,如"戆"字中的"章""夅""早"和"贡"。

按照部件切分出的先后划分,部件可以分成一级部件、二级部件、三级部件等,如"戆"字的一级部件是"赣"和"心",二级部件是"章"和"夅",三级部件是"立""早"和"夂""贡",四级部件是"日""十"和"工""贝"。

此外,部首是具有字形归类作用的部件,是字书中的各部的首字。作部首的汉字部件,大都具有表示意类的作用,如"山"部的"岛、屿、峰、峭"等字,字义都跟山有关。少数部首不表示意类,如"丨、丿、丶、乙"等。分析和研究汉字的部件,对于汉字的学习和运用可以起到以简驭繁的效果。

2.现代汉字的结构关系

汉字的结构关系是指汉字构字的成分组合成方块汉字的方式,而现行汉字的结构关系主要有以下两种。

(1)空间关系。

在现代汉字中,笔画与笔画之间以及部件与部件之间的空间关系主要有三种。

一是相离,如"二""八""儿"。

二是相接,如"人""几""工"。

三是相交,如"九""十""丰"。

需要注意的是,多数汉字是综合运用上述两种或三种方式构成的,如"亏"运用了相离、相接,"千"运用了相接、相交,"义"运用了相离、相交,"丹"则运用了相离、相接、相交。

(2)方位关系。

合体字中部件的方位和部件之间的组合关系,便是方位关系。由于分析的粗细不同,对汉字方位关系的分类也有多与少的区别。具体来说,汉字部件和部件的组合方式有七种。

一是左右结构,如"明"。

二是上下结构,如"岩"。

三是左中右结构,如"辩"。

四是上中下结构,如"赢"。

五是半包围结构,如"风"。

六是全包围结构,如"国"。

七是穿插结构,如"噩"。

如果把左中右结构归入左右结构,把上中下结构归入上下结构,把半包围结构和全包围结构统称包围结构,组合方式就只有四种。

第二节 汉字的形体与偏旁研究

一、汉字的形体

(一)汉字形体的概念

汉字形体即汉字的物理存在形式,也就是显示出来被人们的视觉所感知的字的形迹。如果进一步区分,可以分为字形与字体。

字形是指由字的构件及其组合方式所决定的字的样式。同样的构件,所处的位置不同,就构成了不同的字。例如,"唯"与"售"有别,是因为二者结构不同,一个是"口"左"隹"右,一个是"隹"上"口"下。如果一个字的笔画或部件及其组合方式与另一个字相同,那么它们就是同一个字。例如,"夭"与"天",虽然样式有些不同,但它们所用的笔划及其组合方式是相同的,因而它们是同一个字。不少字有着诸多不同的样式,但事实上它们却是同一个字。它们的不同,不在于构成它们的笔画、部件与其组合方式,而在于由不同形态的笔画所决定的整体形式。

(二)汉字形体的演变

1. 汉字形体演变的原因

(1)社会原因。

影响汉字形体演变的社会原因,主要有以下几个。

①汉字形体的载体。

汉字形体的载体是指字形所附着的物质材料,其对汉字形体的影响表现在以下两个方面。

第一,汉字形体的载体面积对形体变化的影响很大,载体面积不同,字体的面貌就不同。例如,印章面积小,印章上的字形要随着印章面积的大小与形状的情况而发生变化,因而最终形成了刻印章的专用字体;石碑面积大,因而字体可以比较自由地变化,非常舒展。

第二,汉字形体载体形状对字形的影响。载体形状对字形的影响在隶书字体的形成过程中表现得很清楚。隶书作扁平状,这与它的载体——竹简的形状密切相关。因为竹简本身是狭长的,字形如果狭长,形成重复,视觉上不舒服,所以字形逐渐趋扁。在竹简上字与字之间有距离,但左右顶边,编在一起就形成了行距小、字距大的布局,这种审美模式影响到汉碑隶书的章法。试观察睡虎地秦墓竹简,整体感觉没有汉简舒服,因为它上面的字还没有变为扁平状,不适应视觉需要。

②工具和制作方法。

工具和制作方法对汉字形体的影响很大。其中,制作方法的影响在甲骨文、金文的差异中表现明显。此外,制作方法的影响还可以从魏晋南北朝时期北朝汉字形体上看出来。北朝汉字形体方劲雄强,笔画棱角分明,形成了与南朝迥然不同的"北碑"风貌,其重要原因之一就是契刻。

在隶书到楷书演变过程中,书写工具毛笔也发挥了重要作用。隶书长横用蚕头燕尾、左右对称的办法取得平衡,而楷书是用最后的顿笔来取得平衡。如果没有可以写出笔画粗细自如的毛笔,字形就不会出现这样的改进,也不会出现楷书的形体。印刷术的出现,使字的产生方式由一个一个地"写"变成了一批一批地"印",这就提高了对字形规范性的要求。电脑的出现,给字形带来了各种变化的可能,人们可以借助电脑随意变换字体。

③书写介质。

书写介质是指书写文字时用来涂写在载体上以形成字迹的物质。墨汁、墨水、油墨、油漆等都是汉字的书写介质。不同的介质有不同的物理特性,适用于一定的书写工具和载体,因而直接或间接地影响到字的形体。例如,用漆汁书写就产生了"漆书"。《千字文》中有一句"漆书壁经",这里的"漆"指的是漆树汁,就是生漆。"壁经"指的是在孔子旧宅墙壁中所藏的经卷。秦始皇焚书坑儒,收缴所有的儒家书籍。孔子的八世孙怕儒学从此失传,就把一部分经卷藏在了夹壁墙里边。汉武帝的弟弟鲁恭王想侵占孔子的旧宅修花园,在拆墙的时候发现了里边的竹简,内有《孝经》《尚书》《论语》等。上面的字有一个特点,就是头粗尾细,像蝌蚪,这是因为漆比较稠腻,书写不流畅,新蘸时漆多,落在竹简上就粗,运笔时漆越来越少,就成了蝌蚪的形状。

(2)个人原因。

汉字是人用来进行书面交际的工具。它首先是一种个人使用的符号,使用者要求这种符号不断适应自己变化着的需要。这种需要成为字形变化的根本动力。具体来说,影响汉字形体演变的个人原因主要有以下几个。

①个人的认知需求。

字形是需要人来认知的,人的认知需求影响着汉字形体的变化。由于人对于文字的认知大致包括感知、理解和记忆三个环节,因而这三个环节都影响着字形的变化。其中,人们对汉字形体感知的要求是字形要容易识别,这就要求不同字的形体之间必须有一定的区别度。如果区别度过小,就不易辨认。例如:已、己与巳,儿与几,巨与臣,氏与氐,未与末等,这些字或部件经常被混淆,原因就在于笔画太少,区别度过低。人们对文字的理解,就是人们对字形所代表的意义和字音的理解。字形是一定的意义和语音的载体,因此,字形的变化要适应表意和表音的需要。汉字增强表意表音功能的主要办法就是增加笔画或者增加表意与表音部件,这就使得字形趋向繁化。由于文字只有被记忆才能被熟练地使用,因此字形要便于人们记忆。

②个人的书写要求。

汉字产生以来,其形体主要是靠人工书写而成的,因而字形要适应书写的要求。书写的基本要求是方便快捷。所谓方便,是指字形书写要符合人的生理机能,而且省力、易写;所谓快捷,就是要有一定的速度、一定的效率。如果字的形体不符合书写的要求,就要被改造,被新的更方便、更适宜快捷书写的字体所取代。比如,最初的汉字是图画型的符号,到了今文字阶段,演变成了笔画型的符号。发生这种变化的根本原因就是书写的要求。图画式的文字,表意性强,但不便于书写,因此它逐渐为隶书、楷书所取代。具体地说,象形文字的基本构形材料是线条,基本方法是勾画,这与作画差不多,速度比较慢;而笔画型文字构形的基本构件是笔画,这些笔画都是简短平直的线段和点,书写容易,速度较高。

2. 汉字形体演变的过程

从甲骨文到现代通行的汉字,中间经过了三千多年的变迁。虽然汉字作为表意体系的文字的性质并未发生根本的改变,但在形体上却产生了很大的变化。具体而言,汉字的演变过程中,影响较大的形态样式有以下几个。

(1)甲骨文。

甲骨文多刻在龟甲和兽骨(主要是牛肩胛骨)上,故称为"甲骨文"。商代甲骨文是我们目前见到的成体系文字中最古老的一种,其时代自盘庚迁都小屯至商纣的灭亡,大约273年的时间。由于商王遇事必卜,因此甲骨文所记内容几乎无所不包,上至天文星象,下至人间琐事,极为丰富。也因为甲骨文大部分是占卜记录,所以也称卜辞。因为出土的地点历史

第三章　现代汉语汉字研究

上称为殷墟,所以甲骨文也叫殷墟文字或殷墟卜辞。殷墟甲骨文总共出土了十多万片,计有不同符号 4600 多个,其中能够用楷书形式写定的字形约有 1700 字,而能够从后世字书中找到、具有确切形音义的约 1000 字,不认识的符号还有三分之二以上,但大多是专名,对于通读卜辞没有太大的障碍。商代的甲骨文,距现在已有三千多年的历史了,从形体和造字法来看,已经是相当成熟的汉字。

陕西周原等地也发现了甲骨文,时代自商末至周初,大体经历了文、武、成、康、昭、穆六王。有字甲骨约 300 片,加上其他地方发现的少量甲骨文,总计西周甲骨文在 1000 字以上。字形小如微雕,有一片指大的甲骨片上居然刻了 30 多字,颇有特色。其内容多是卜辞,与殷墟甲骨文大同小异,是研究周初历史及商周关系的重要资料。

从出土的甲骨文的形体上来看,甲骨文还保留着不少早期文字的特征,具体如下。

第一,甲骨文具有浓重的图画意味,偏旁观念还比较薄弱。如车、渔、鼎等字就与实物之形十分相像。还有靠图画的组合来表意的字,如育,以"子"在"母"的臀部之下来表示生育的意思。如果这个"子"的位置不在"母"的臀部之下,其字则变成"仔"或"好"了。

第二,甲骨文大量使用假借字,形声字也已经产生。甲骨文中象形、会意占比重最大,但假借字也很普遍,如"莫"原是今天"暮"字的会意字(日在草莽中,以示太阳下山),借来表示否定副词"莫"。

第三,由于甲骨文是用刀刻写在坚硬的龟甲兽骨上的,所以线条瘦劲,多为直笔,转弯的地方也都是陡角,整体显得刚劲有力。

总之,甲骨文已从多变走向相对稳定,从独体走向合体,从衍形走向衍音,而且有一定规律,书法非常熟练且讲究技法,已是成熟的文字体系,它在汉字漫长的发展历史上具有极重要的地位,是汉字发展过程中的一个重要阶段。

(2)金文。

金文是吉金文字的省称,过去也叫钟鼎文,是刻或铸在青铜器上的文字,金文笔画丰满粗肥,外形比甲骨文方正、匀称、异体字也较多。金文通行于商末至战国,时间很长。商代金文有的甚至比甲骨文还要早,目前著录的一万多件有铭铜器铭文中,大约有四分之一是商器,文字比较规整,应是当时的正体字。商代铭文多记族氏徽号及以日记名,铭文以一到五、六字为多,最多也不过 50 字。西周和春秋的有铭铜器最多,且篇幅较长,具有很高的史料价值,历来为学术界所重视。

（3）篆书。

篆书分为大篆和小篆，而且在文字学史上，过去一般称秦统一中国以前的秦文字为"大篆"，秦统一后的规范了的秦文字为"小篆"。

①大篆。

大篆有广义和狭义两种解释，其中广义的大篆指所有的古文字，包括甲骨文、金文和其他古文字；狭义的大篆指春秋、战国时期的秦文字。这里系指后者。周平王东迁后，秦迁都于雍（今陕西凤翔附近），承袭了西周故地，也承袭了西周的文化，因此，春秋、战国时的秦文字和西周文字是一脉相承的。这一时期秦国的文字称为大篆，笔画匀称，比金文整齐，但是仍有少量异体字。

②小篆。

公元前221年，秦始皇统一六国后，推行"书同文，车同轨"，由宰相李斯负责，以秦国原来使用的大篆籀文为基础，对其进行简化，取消其他六国的异体字，创制统一文字汉字书写形式，这就是小篆。也就是说，小篆是秦始皇用来统一六国的标准字体，是中国历史上第一次经过规范的文字。当时由丞相李斯作《仓颉篇》，中车府令赵高作《爰历篇》，太史令胡毋敬作《博学篇》，作为教学儿童的识字课本，用的都是小篆。秦始皇十年间到全国各地去"封禅"刻石，用的也是小篆。小篆体形更加匀称、整齐，笔画圆转、简化，异体字基本废除了。

（4）隶书。

隶书是战国以后汉字演变过程中以点画结构逐渐取代篆书的线条结构而形成的一种新字体。隶书依据其发展阶段，有秦隶和汉隶之分。

①秦隶。

秦隶也叫篆隶或古隶，是把小篆圆转弧形的笔画变成了方折平直的笔画，是秦代下级官员用于日常书写的辅助性字体。秦隶既存古形，又寓新变，是一种故质要素犹存，新质要素尚未定型的过渡性文字，和汉代已经成熟的八分隶书有所不同，而且秦隶的出现为汉隶的产生打下了基础。目前发现的最早的属于秦隶的材料，可以追溯到秦武王二年的青川木牍，截至目前，已发现的秦至汉武帝时期的秦隶文本有60余种，字数超过30万，从出土材料来看，秦隶这种字体一直沿用到西汉前期。秦隶的书写特点，具体来说有以下几个。

第一，秦隶改变篆书的笔画体势，或改圆为方，或变连为断，即所谓"解散篆体"是也，开了汉隶偏旁的先河。

第二，有些秦隶字的写法并不见于小篆，而是直接从古文大篆中来的，如"大"作，说明有的秦隶写法比小篆更接近于西周和战国文字，保留着较早的结构形态。这就给一些古文字的构形问题一个合理的解释了,可见秦隶不但可正《说文》之误,而且也是考察古文字构形及其意义的重要参照。

第三,秦隶开始出现波势和挑法,如"莞"作。但与汉隶的横展不同,这时的波、挑一般多以竖向舒伸表现气势。

第四,有些秦隶字形保留了相当数量的篆书结构,如"表"作,有些则出现了不少草书式的写法,如"绮"作,可见,导致古文字发生隶变的主要原因正是写得草、写得快。

②汉隶。

汉隶又称今隶、八分书,是在秦隶的基础上经过加工、改造和美化而成的一种独具特色的新字体。与秦隶相比,汉隶具有两大特点。

第一,篆书结构归于消失,篆书形体的消失,宣布了古文字阶段的彻底终结。

第二,波磔开张由竖伸变为横展,使字的体势扁平、结构左右对称、体势左右相分的汉隶风格得以形成。

这两大特点是秦隶向汉隶飞跃的重要标志。

(5)楷书。

楷书原叫真书、正书。楷,指法式,即规范整齐、可为楷模的意思。楷书字形方正、匀称、书写方便,便于记忆,因此一直沿用至今。

汉字进入楷书阶段以后,字体没有发生多大的变化,字形则仍在继续简化。楷书与汉隶的区别主要是笔形的变化,表现为改隶书的扁方为长方,改隶书的横笔为收锋,改隶书的慢钩为硬钩,改隶书的卷波为尖斜向下的撇。楷书的主要特点是笔法平稳、横平竖直、笔画清楚、字体端正秀丽、方便易认。

(6)草书。

草书是为了书写简便快捷而产生的一种今文字字体,草书名称是从"草稿"得名的,故又叫"稿书"。草书具有两大特点。一是改变了笔画、笔顺,方便连笔引带,如"年"作。二是从多方面进行结体的简化,有省略、有变异,有混同,如"声"作,"叶"作。此外,大凡每种字体都有草率急就的写法,篆书的草率急就写法可称"篆草",隶书的草率急就写法叫"章草",楷书的草率急就写法叫"今草","狂草"是一种更为随意性的文字。

(7)行书。

在魏晋之际,出现了一种介乎楷书和草书之间的书体——行书,这是自然发展的趋势。行书是楷书的快写,它的特点是把楷书连笔书写,偶尔加入一些草书的字形,但又不失楷体的原形,也不像草书那样放纵、难认,因而不但易于书写,也易于辨认,是应用最广泛的一种书体。直到今天,行书仍是人们日常广泛使用的手写体。王羲之的《丧乱帖》就是行书的名作。

二、汉字的偏旁

(一)偏旁的产生

当汉字还处在独体阶段的时候,并无所谓偏旁。偏旁一名,是汉字发展到合体结构之后才产生的。有的书上把独立存在的独体字如人、山、水、日、月、木、虫、鱼等都叫偏旁,这是不恰当的。这些字当它们独立存在的时候只能是一个独体的字,而不能称之为偏旁;只有当它们组合到会意或形声等合体结构、构成合体字的某一个部件之后,才能叫偏旁。每个合体字至少由两个偏旁组成,所以需要对合体字进行切分。在对合体字进行切分的时候,往往有不同的切分层次。切分层次不同,切分的结果也不同。例如"骤"字就有三个层次的切分:第一层可切分为两个部分,即一个意符"马",一个声符"聚"。声符"聚"又可进行第二次切分,即一个意符"乑",一个声符"取"。"乑"和"取"还可进行第三次切分,其中的意符"乑",可以分析出三个"人";声符"取",可以切分出意符"耳"和"又"。这三个层次切分出来的部件是:"马""聚""取""乑""耳""又"和"人",传统上把它们叫"偏旁"。因为汉字大部分是左右结构,故左边称偏、右边称旁。后来人们习惯于把上下左右不同部位都称为偏旁。偏旁是对汉字一次切分后得到的结构单位。语言文字学教授沙宗元将其概括为:"构成合体字的直接组成单位,一般包括意符和音符,在现代汉字中也包括非表音表意的记号。相同的偏旁因排列组合的不同可以构成不同的汉字。"

与"偏旁"平行的概念有"部首""部件"。部首是指汉语字典里为了给汉字分部排列而确定的字类标目。人们根据对汉字形体结构的分析,将若干形体结构上具有相同部件的字排列在一部之内,而把其共有的部件列为一部之首,这就叫部首。偏旁和部首的差别在于,偏旁是对合体字进行直接拆分时所提出的概念;部首是辞书中对汉字归类时所用的概念。偏旁是从分析汉字的角度提出来的,是为理解汉字形、音、义,把握汉字书写结构服务的;而部首是从字典辞书编排的角度提出来的,是为汉字的排列、归类和检索服务的。凡部首(除单笔画外)都是偏旁,但偏旁不一定是部首,因此,部首的数量一定大大少于偏旁。

大部分的汉字是由若干组笔画结构拼合而成的,这些相对独立的笔画结构称为"部件"。部件是现代信息处理中的概念,其大于基本笔画(例如点、横、撇、捺等)而小于或等同于偏旁。

(二)偏旁的职能

偏旁根据不同的职能可以分为形旁和声旁两种。形旁用来表示所记录的词的意义或类别,起到表意的作用。有少数形声字与其形旁同义,如船、爸等。但绝大多数形声字的形旁只表示词的意义范畴,或表示与词义的某种关系,而且,所表示的关系还往往泛而不切,灵活多样。根据形声字的产生途径,声旁多来源于假借字。假借字在作为形声字声旁时具有两方面的特点。一方面假借字本就可以通过记录语音的途径作为语词的记录符号,也就是说,不需要其他补充成分便可独立完成记录语言单位的任务,因此,形声字依然以声旁为主,它对形旁的要求相对来说是很低的。另一方面,本无其字的假借借用的是表意字和形声字的符号形体。造新字的时候只要能造成本字和借字两者的区别便可。至于哪一方加上足以造成区别的符号,往往取决于常用的程度以及意义的虚实。由于意符与词的意义范畴有关,而这个意义指的是词汇意义。因此,一般情况下,假借字表示的是有实义的词,尤其是物名时,添加意符可用来表示假借义。

声旁用来表示词的读音,和字音的关系可有四种:第一,二者读音完全相同,如驶、裤、附;第二,声母相同韵母不同,如浪、眠、砌;第三,韵母相同声母不同,如霜、欣、效;第四,声母韵母都不同,如江、池、调。形旁一般来源于原来的独体表意字。这些独体表意字与具体物象极为相像,因此常使人产生一种误解:表意字指的是具体事物。事实上,表意字描摹的虽然是具体物象,但不是某一个,而是某一种或某一类。例如飞禽走兽,写的是整个种群的特征,而无视各个体之间的差异(性别、大小、年龄、颜色等)。这是后来它们能够充当形声字形旁的根本原因。

如果将形声字按形旁与声旁分别归类,可以看到,在声旁(音符)相同的一组形声字中,形旁有区别各个形声字所属的不同义类的作用;反之,在一组有着同一形旁(意符)的形声字里,声旁表示同一类属里的不同个体。换言之,声旁表现的是个性,形旁表示的是义类。这种职能分工,使得形旁需要满足的只是甲类事物与乙类事物的区别,必然宽泛而模糊。而且随着对事物各种性质认识的深入,这种意义范畴还在运用过程中不断扩大。

（三）偏旁的演变

随着文字体式的发展和立部、归部原则的不同，汉字偏旁部首从古到今发生了较大的变化。

1. 先秦古文字的偏旁

目前所见的有代表性的古文字工具书，如《甲骨文编》《金文编》《续编》《陶文编》《货币文编》《古玺文编》《石刻篆文编》《战国文字编》《楚文字编》《郭店楚简文字编》《睡虎地秦简文字编》等，都是按照清末吴大澂《说文古籀补》的体例编纂的。吴书的体例，又是受到许慎《说文解字》于篆文之下别出先秦古文、籀文的启发。所以，吴书影响下的属于《说文》一系的古文字字书，大体上按照这样三种编纂的办法：一是将已识的字按《说文》部首编列，二是《说文》所无之字列在同一部之末尾，三是不认识的字则别为附录，或称为"待问编"。

吴氏的这种做法，无疑是处理新发现的先秦文字的一种有效的方法，它的优点是可以把新的古文字资料全部编列起来，查检比较方便，而且可以同《说文》所收的篆书相对照，便于参照许慎的有关说解，不失为一种简便可行的方法。所以，自清代以来的古文字字典，大多按照《说文古籀补》的体例进行编纂。但是，根据《说文》部首编纂的古文字字书，只能统属一部分的已识字形，而所统属的这一部分字形形体与部首本身已存在较大的差别。至于大部分未识之字，则是无能为力的。由于这样的原因，有些古文字字典大体采取了三种办法：一是按照《说文》部首统属已识的古文字，如徐中舒主编《汉语古文字字形表》；二是摒弃《说文》部首，另找出路，如高明《古文字类编》；三是归纳适合古文字本身特点的部件系列，如日本岛邦男《殷墟卜辞综类》。第一种是权宜之计，方便应用而已；第二种不失为一种试验，它本身不能体现任何体系，只好靠着检字表才能查索；第三种的优点是完全适应甲骨文本身的特点，无论已识和未识的文字均可以各就其位，全部入列。《殷墟卜辞综类》具有资料收录完备、资料取舍谨慎、编排体例新颖和检字索引方便等特点，在甲骨文字工具书编纂史上具有里程碑式的划时代意义。当然，随着对甲骨文构形系统的深入分析和研究，甲骨文部首的设置还可以进一步完善，部首的具体数量也可以进一步调整，但根据古文字的构形来设立部首的思路无疑是值得肯定的。如果金文和战国文字也能仿照这个办法去做，那么先秦古文字的部件就可以做出科学的统计。

2. 汉朝归纳统一偏旁对汉字进行分类

以归纳同一偏旁对汉字进行分类，可以追溯到汉代元帝黄门令史游所作的《急就篇》。《急就篇》以七言韵文为主，杂以三言、四言，罗列2000余字，按名物编排常用字，因而也开始出现将同一偏旁的字排在一起的情况。《急就篇》开篇所说的"罗列诸物名姓字，分别部居不杂厕"，就是它的编排原则。从实际内容可以看出，《急就篇》虽以名物为纲进行编排，但也兼用了"分别部居"的编排方式，如"衣衫褴褛"连言，"松柏朽木"相聚。可见许慎创立部首排列法，显然是受到《急就篇》这种"分别部居"的影响的。

许慎在《说文解字》中首次采用部首分类法，使庞杂纷繁的汉字得以分门别类，各有归属，使汉字科学的系统得以显现，并且方便检索。东汉时期，通行的汉字在一万左右，许慎根据当时对文字形、音、义关系的认识，以"六书"说为理论指导，根据字形结构的特点，按照"据形系联"的原则归纳出540个偏旁部首，凡同一部首的字都统属其间。有了部首，纷繁复杂的汉字就可以有条不紊地编集起来。所以，许慎发明部首分类法，在汉字学史上具有重要意义，它既影响了小篆以前的古文字研究，也影响了小篆以后的今文字研究，对中国字书的编撰方法影响尤其深远。

3. 明朝由造字法部首到检字法部首的转变

许慎以后，沿袭继承《说文》部首体系而编纂的字书，古文字方面有《汗简》等，今文字方面有《字林》《玉篇》《类篇》等。《字林》为晋代吕忱所撰，约在元明之际亡佚，今可见者，有清代任大椿所辑的《字林考逸》八卷，辑1500字，还有陶方琦所作《字林考逸补遗》一卷。《字林》原收字12824字，都按照540部排列，字体是"文得正隶，不差篆意"，是属于篆隶一类的字书。《玉篇》为南朝梁陈时的顾野王所撰，是第一部楷书字典，现可见者，有《原本玉篇残卷》和《大广益会玉篇》（即《宋本玉篇》）。《玉篇》体例也大抵仿照《说文》，但删去"哭、画、教、眉"等11部，增加"父、云、处、兆"等13部，共为542部，部首次序也有改动。《类篇》为北宋王洙等人奉诏编纂，最后由司马光整理缮写上呈。全书收字31319个（含重文），内容较《玉篇》更丰富。体例依照《说文》，分540部，以隶变楷化之字形，来屈就小篆之部首。

对《说文》部首进行全面调整并对后世产生重大影响的字书，当推明代梅膺祚所著的《字汇》。《字汇》把540部归纳为214部，为《正字通》和清代《康熙字典》所本，梅膺祚通过此书对字书编纂的主要贡献是部首和检字两项改革。《字汇》全书收字33179字，分为214部，又分为子丑寅卯等十二集,部首次序和部中之字,按照笔画多少为序排列,眉目朗然,层次清楚,方便实用。《字汇》之后,张自烈撰《正字通》,分部、笔画检索、编排次序等均与《字汇》相同,可以把《正字通》直接看作《字汇》的修订本。

以214部编排字典而影响最大者,当推《康熙字典》。它是我国传统字书编纂中的一次规模最大的集体合作项目,是传统字书的集大成者,体现了传统字书编纂的最高水平。《康熙字典》以《字汇》和《正字通》为基础,在编排体例上也直接继承《字汇》和《正字通》而更加完善。全书共分214部,以子丑寅卯等十二支为十二集,每集再分上中下三卷,收录47035字,超过以往任何字典。

4. 现当代214个检字法部首的继续和发展

《康熙字典》之后,有的字典继续沿用214部首,有的字典则对214部首略有增减,但总体上没有太大的变化。沿用214部首的,如《中华大字典》《辞海》及旧《辞源》等。对214部进行增减的,如后来的修订本《辞源》和《辞海》。修订本《辞源》部首减为208部,修订本《辞海》则增到250部。更晚的《汉语大词典》和《汉语大字典》,则又减为200部。至于人们常用的修订本《新华字典》和《现代汉语词典》,则把部首减为189部。这些部首的增减,主要是为适应简化汉字所做的调整和改良。1983年由中国文字改革委员会和国家出版局联合推出《汉字统一部首表(草案)》,以据形定部为原则,共有201部(1998年又有修订稿),在辞书编纂、汉字各类标准的制订、计算机信息处理、图书检索等方面得到了广泛应用。

第三节 汉字的标准化研究

汉字的标准化即对汉字进行定量、定音、定形和定序,以提高用字的规范。

一、定量

规定现代汉语用字的总量即为定量。自古至今,汉字的数量越来越多,对于人们使用汉字造成了不少困难。因此,很有必须对汉字进行定量。汉字定量的内容主要包括以下两个方面。

（一）常用字的定量

常用字即记录现代汉语经常要用到的字，也就是基础教育要学习的字。现代汉语常用字有 3000～4000 个。对常用字进行选定时，需要考虑四个方面的因素。

第一，使用频率高。

第二，学科分布广。

第三，构词能力和构字能力强。

第四，日常生活中经常用到。

需要注意的是，在运用这四个因素时，要注意综合运用，不能单独依据某一方面决定取舍。

（二）通用字的定量

通用字即记录现代汉语一般要用到的字，也就是出版印刷的一般用字。现代汉语通用字有 6000～9000 个。通用字除了包括 3500 个常用字外，还包括一定数量的非常用字。通用字的确定对汉字信息处理、字典编纂、汉字教学等具有十分重要的意义。

我国也很早便对通用字进行了研究，1955 年，中国文字改革委员会编印了《通用字表（初稿）》，收录 5709 个通用字。1965 年，文化部和中国文字改革委员会联合公布了《印刷通用汉字字形表》，收录 6196 个通用字。需要注意的是，《印刷通用汉字字形表》是根据全国几家大型印刷厂的用字情况制订的，因而实际反映的是印刷上通常使用的字数。1988 年，国家新闻出版署和国家语言文字工作委员会联合发布了《现代汉语通用字表》，收录了 7000 个通用字。《现代汉语通用字表》吸收了以往各种通用字表的成果，并用计算机对 200 万字的语料进行了统计，所得的结果具有比较高的科学性，因而可以看作现代汉语通用的汉字。

二、定音

对现代汉语用字的标准读音进行规定，便是定音。一般来说，汉字字音是依据北京话的语言系统来确定的。同时，在对汉字进行定音时，要特别注意异读词的定音。异读词指的是读音有差异但词义完全一样的词。

(一)异读词的产生原因

异读词产生的原因,具体来说有以下几个。

1. 方言读音的影响

即由于自身方言的影响而对相同的字产生了不同的读音。例如,"咖啡"的"咖"有"kā"和"qiā"两个读音。

2. 文白异读的影响

即由于读书音(文读)和口语音(白话)的分歧造成的。例如,"剥"的读书音是"bō",口语音是"bāo"。

3. 读音不合语音发展规律的影响

即由于对语音发展的规律不了解而造成的。例如,"帆"字是古浊平声字,按规律应读阳平,但又出现阴平的读法等。

4. 误读

即由于对字的读音把握不准而造成的。例如,"械"读"jiè","畸"读"qí"等,都是因照半边字读错了字音,但是长期通行,因而正误并存,形成了异读。

5. 北京土音的影响

即由于受到北京土语的影响而产生了不同的读音。例如,将蝴蝶"hú dié"读成了"hú tiěr"。

6. 特定读音的影响

即由于某些词有着特殊的读音而导致的。例如,"马家堡"的"堡"读"pù",而在"城堡"等词中需要读"bǎo"等。

7. 多音多义词无法辨别意义造成的

即由于对多音多义词的意义把握不准而造成的。例如,将"畜牧"的"畜"的读音"xù"读成"chù",将"牲畜"的"畜"的读音"chù"读成"xù"等。

(二)异读词的定音

异读词的存在不利于语音的规范化,会给人们学习和运用普通话带来一定的不便,还会给字典注音以及播音员播音带来一定困难,因此对异读词的整理就显得尤为重要。《普通话异读词审音表》明确了异读词读音规范的三种情况。

第一,合并多种读音,如"呆"在"呆板"和"呆子"中的读音原本是不同的,但现在规范为一律读"dāi",又如"指"在"指甲、手指头、指示"中的读音原本分别是阴平、阳平和上声,但现在规范为一律读"zhǐ"。

第二,明确读书音和口语音,如"血"在复音词和书面语"血压、血浆、血脂、心血、采血"中均读"xuě",而在口语"输了200cc的血、流血了"中读"xiě"。

第三,从俗改音,如"成绩"的"绩"和"事迹"的"迹"原本都读"jī",但后来改为了人们习惯的"jì"。

为了促进语音的规范化,进一步推广普通话,对异读字的读音加以规范是十分必要的。到目前为止,汉字的定音工作已经取得了一定的成效,但现行汉字的定音工作仍需继续进行。今后,除了对异读词继续审订读音外,儿化词、轻声词以及人名、地名的异读也需要进一步审定。

三、定形

现代汉语用字的标准字形进行规定,便是定形。中华人民共和国成立后不久就已经开始了汉字简化的过程,公布了《第一批异体字整理表》《简化字总表》《印刷通用汉字字形表》《现代汉语通用字表》等,为汉字的定形工作打下了较好的基础。目前,现代汉字的平均笔画大大减少,字形的规范已经初步建立。为了适应定形的要求,在一定时期内不应该对汉字进行笔画的简化。而且,在将来需要对某些汉字的笔画进行简化时,要采取审慎的态度,注意采用恰当的方式,可以结合制订现代汉语基本用字表的工作,继续简化一部分急需精简笔画的字,并且继续进行整理异体字。另外,对于汉字的部件数量和结构模式的类别、汉字的书写笔顺以及各种笔形的排列顺序等各个方面,也需要制订国家标准,以保证汉字字形的规范化。

四、定序

对现代汉语用字的排列顺序进行规定,便是定序。理想的定序应该是每个字在序列中都只有一个固定的位置,而且要易于检索。由于汉字具有形、音、义三个方面的属性,而依据其中的任何一个方面都能够建立起来一个字序,因而汉字的排列方法有音序法、义序法和形序法三大类。

(一)音序法

根据字的读音来排定字序,便是音序法。我国古代的韵书采用就是音序法,根据四声和韵部编排字序。音序法在当前使用最广泛的、最通行的是按照汉字的汉语拼音安排字序,如《新华字典》《现代汉语词典》的正文都是按照汉语拼音字母的顺序排列的。但是,由于有很多同音的字,不得不采用形序法解决同音字的排列先后问题。音序法既有优点也有不足,优点是简明、严谨,不会出现模棱两可的现象,使用起来很方便,缺点是不会念的字无法查检。此外,由于用音序法编排的字书,一般还要附有部首或笔画的检字表,因而大型字书一般不采用音序法。例如,《辞海》(1979年版)收字16296个,其中古字、僻字大约占一半,如果用音序法来排序,实用意义就不大了。《辞源》《汉语大字典》《汉语大词典》等大型的字典词典,正文编排都没有采取音序法是有道理的。

(二)义序法

按照字义将字进行分类,便是义序法。较早的《尔雅》《释名》《方言》等,都用过这种排列方法。不过,由于义序法是按照字义进行分类来排列顺序的,难以定出明确一致的标准,因而现在义序法的使用较少,经常用到的音序法和形序法。

(三)形序法

按照字形排列字的顺序,便是形序法。由于汉字呈平面型,结构复杂,因而形序法有多种,其中较为常用的有以下几种。

1. 部首法

在形序法中,部首法是最悠久、最重要的一种。部首法即按照部首编排汉字,同部首的字又按笔画数和笔形顺序排列。部首法源于东汉许慎著的《说文解字》,对后世影响很大。按照"分别部居,不相杂厕"(《说文·叙》)的原则,许慎把众多的汉字按形体构造分成540部,每部的代表字就是部首,凡具有相同表意成分的字就归为同一部,如"足跳踝跛蹲跌"等字归为足部,部首是"足",同部字再按意义关系的远近排列先后。自此,一套成体系的部首查字法创立了。此后的字典,如《正字通》《康熙字典》《中华大字典》以及民国时期出版的《辞源》《辞海》等工具书也都使用了部首查字法。

第三章 现代汉语汉字研究

由于汉字本身的结构特点,部首在字中的位置并不是固定的,有的部首在上,如"菜",有的部首在下,如"婆";有的部首在左,如"修",有的部首在右,如"到";有的部首在内,如"闷",有的部首在外,如"闲"。此外,还有一些字由于古今字形的演变而难以确定它们的部首,如"更、事"等。这些情况的存在,都给汉字的查检带来了一定的困难。为了解决部首法存在的问题,近几十年来不断有人提出新的部首系统来。比如,1971年出版的《新华字典》将部首数减少到了189个,《现代汉语词典》采用了《新华字典》的189个部首,而1979年版的《辞海》则完全依据字形定部的办法,将部首增加到了250个。1983年,中国文字改革委员会和文化部出版局成立了统一部首查字法工作组,依据"字形定部""口径一致""以大包小"等原则,参照《康熙字典》《新华字典》和《辞海》(1979年版)的部首,提出了《统一汉字部首表》(征求意见稿),并阐明了201部的意见。《现代汉语常用字表》中的部首顺序表就是采用了这个部首表。

由于新的部首系统不断产生,因而部首法在当前存在着部首的数目不一致的现象,而在具体的归部上,各字典、词典也存在一定的差异。当前,常用的几种语文工具书所采用的部首表就存在不完全一致、具体字的归部也不完全相同等问题,给使用带来了很大的不便,急需得到有效的解决。因此,应该研究确定统一的部首数目和部首的具体内容,以尽早实现部首法的标准化以便应用。

2.号码法

按照字形确定的号码编排汉字,便是号码法。四角法是号码法中最常用的一种,即先把笔形转化为号码,把号码连成代码,然后依代码的大小给字排序,小的在前,大的在后。

在运用四角法时,先把每个字分成四个角,每个角确定一个号码,再把所有的字依照四个号码组成的四位数的大小顺序排列。取角时,要按照"左上角——右上角——左下角——右下角"的顺序,字的笔形分别用0到9十个号码来代表,具体如表3-1所示。

表3-1 四角号码查字法

笔名	号码	笔形	字例	说明
头	0	亠	主病广言	点和横相结合
横	1	一	天土	横
		丿乀	活培织兄风	挑、横上钩和斜右钩
垂	2	丨	旧山	直

（续表）

笔名	号码	笔形	字例	说明
		ノ 亅	千顺力则	撇和直左钩
点	3	丶	宝社军外去亦	点
		乀	造瓜	捺
叉	4	十	古草	两笔交叉
		十大乂扌	对式皮猪	
串	5	丰	青本	一笔穿过两笔或两笔以上
		扌戈丰	打戈泰申史	
方	6	口	另扣国甲由曲	四角整齐的方形
		▯ ◻	目四	
角	7	𠃍 ⌐ ⌊ ⌐	刀写亡表	一笔的转折
		厂 丆 亅	阳兵又雪	两笔笔头相接所造成的角形
八	8	八	分共	八字形
		人入丷ᅩ	余央籴羊午	八字形的变形
小	9	小	尖宗	小字形
		忄个⺍ 小⺍灬	快木示当兴组	小字形的变形

一般来说，取角的方法有以下几个。

第一，一笔可以分角取号，如以 2870、乱 2261、七 4031 等。

第二，一笔的上下两段和别笔构成两种笔形的，分两角取号。例如，"水"的左边，上取 1，下取 9。

第三，下角笔形偏在一角的，按实际位置取号，缺角作 0。例如，"妒"右下角缺，取为 0。

第四，凡外围是"口""门（門）""鬥"三类字，左右两下角改取里面的笔形，如田为 6040、园为 6021 等。

第五，一个笔形，前角已经用过，后角作为 0。例如，"王"左上角为一横，取 1，右上角已用过，取 0。

四角法在使用时是比较方便的，看到字形就能知道代码，不需要查部首，也不需要数笔画。但是，号码和笔形的关系是人为规定的、无理据的，因而只能死记。而且，号码若不经常使用会很容易忘掉，再加上重码字比较多，有些字的代码不易确定。因此，四角码还需要进一步研究改进。

3. 笔画法

按照笔画数和笔形的顺序编排汉字,便是笔画法。一般来说,在运用笔画法时,笔画数和笔形的顺序要两相结合,先按笔画数从少到多排列,同笔数再按笔形顺序排列,起笔笔形相同的再按第二笔的笔形顺序排列,依此类推。

虽然采用笔画法能够达到使汉字基本定序的目的,但在不同的字表中,同笔数、同笔形顺序的字的顺序仍然存在着一定的分歧。例如,有关"勺丸凡夕么及久"这几个字的顺序,《现代汉语常用字表》里的顺序是"勺久凡及夕丸么";《印刷通用汉字字形表》里的顺序是"勺丸凡夕么及久";《现代汉语通用字表》里的顺序是"么久勺丸夕凡及"。这三个字表都是国家公布的按笔画数和笔形顺序排的字表,但顺序却有所不同,不利于汉字的定序和标准化。因此,国家语言文字工作委员会于1999年发布了《GB 13000.1 字符集汉字字序(笔画序)规范》,规定了同笔画数、同笔形顺序字的定序规则。

第一,主笔形先于附笔形,折点数少的要先于折点数多的,折点数相同时要按照折笔起笔的笔形顺序定序,折点数和起笔形都相同时要按照折笔后的笔形顺序定序。

第二,依照笔画的组合关系进行定序,相离要先于相接,相接要先于相交。

第三,依照结构方式进行定序,左右结构要先于上下结构,上下结构要先于包围结构,字形比例小的要先于字形比例大的。

需要注意的是,在运用上面的定序规则时,只有前面的规则不能进行定序时,才能够使用后面的规则。这样,笔画法定序中存在的问题就被解决了。

第四节 汉字教学研究

一、汉字教学启蒙

(一)古代儿童识字启蒙

我国自文字产生以来,就有了最早的汉字教学启蒙,通过对儿童的师资启蒙教学,来提高儿童的文化素养,在我国的早期教育中,识字教学是非常重要的教学内容。

这里结合我国历史上先后出现的识字教学工具用书,对我国古今儿童识字教学介绍如下。

1.《急就篇》

我国童蒙识字教学历史最早可以追溯到周代。《史籀篇》是中国最早的童蒙识字教材,相传为周宣王时期史官所作,它是一部官定字书,主要用于教贵族子弟识字。[①]

目前,《急就篇》一书早已亡佚,现只能根据《说文解字》中引用的225个籀文可约略推知《急就篇》的字形面貌,但《急就篇》的识字教学内容已无法得知。

《后汉书·宦者列传序》记载:"元帝之世,史游为黄门令,勤心纳忠,有所补益。"黄门令由宦官充任,是皇帝近臣。西汉元帝时人史游编撰《急就篇》,又名《急就章》,成书约为公元前四十年,距今已有两千多年。

《急就篇》全书34篇,2144字,31篇是史游写的,每章63字,共1953字,第7、33、34篇由后人补写。

史游所编《急就篇》是我国流传已久、影响深远的童蒙识字课本,至唐代中叶逐渐被《千字文》所取代。

2.《仓颉篇》

秦代李斯作《仓颉篇》、赵高作《爱历篇》、胡毋敬作《博学篇》,是秦始皇统一六国后实行"书同文"政策的产物,是当时重要的识字普及类教学用书,但受各种因素影响,在社会上的普及度并不高。

人们把李斯等人编写的《仓颉篇》原本称之为"秦三苍"。

西汉初年,闾里书师合《仓颉篇》《爱历篇》《博学篇》三书汇编成《仓颉篇》,又称《三仓》。断60字为一章,共55章,合计3300字。

汉代学者在此基础上屡有续作。班固《汉书·艺文志》记载:扬雄顺续《仓颉》,又易《仓颉》中重复之字,凡89章。臣复续扬雄作13章。东汉和帝时,郎中贾鲂又扩充11章。

晋代张轨,将秦本《仓颉篇》作上篇(55章,3300字),以扬雄所续《训纂篇》34章(2040字)为中篇,以班、贾二人所续《滂喜篇》34章(2040字)为下篇,合称《三苍》,习惯上也称之为"汉三苍"。

随着《仓颉篇》的不断续作与扩充,《仓颉篇》逐渐发展成为一部包含123章共计7380字的大型工具书,后世将其视为字书。

[①] 李香平.汉字教学中的文字学[M].北京:语文出版社,2006.

3.《千字文》《三字经》《百家姓》

《急就篇》之后,最有影响的识字课本为南朝梁嗣成奉敕编写的《千字文》、宋代王应麟等编的《三字经》、宋代佚名编的《百家姓》,三书通称为"三、百、千",作为我国古代重要识字教材,一自沿用到清末。

《千字文》,每句四字,250句,共计1000字,故名"千字文"。文中从"天地玄黄,宇宙洪荒"的"天"与"地"说起,引出自然、历史、名物、伦理、社会等内容,文字不重复,通顺自然,朗朗上口。

《三字经》,三字一句,是宋代之后最为流行的儿童启蒙识字教材。全书1068字,内容简短明晰,句法灵活,句式多变,通俗易懂,包罗万象,有重要的社会德育价值,也因此,《三字经》较之其他识字教材更受教育教学者、父母与统治者推崇欢迎,是我国历代传唱的经典名篇。

《百家姓》是宋代广泛采用的以姓氏作为识字内容的启蒙识字教材。对《急就篇》第一部分有所继承与发展,所提姓氏常见、常用、好认,儿童容易理解,且在日常生活中均可遇到姓氏的读与写,具有重要的实用性。

明代以来,《三字经》一直作为我国各地官学的识字教材。明末吕坤提出:"初入社学,八岁以下者先读《三字经》以悉见闻,《百家姓》以便日用,《千字文》亦有义理。"这些文字记载充分说明了,当时,《三字经》不仅是官方儿童启蒙识字教学教材,在私塾教育中,《三字经》也是主要的识字教学教材。

赵南星选择《三字经》和《女儿经》,与友人吴昌期、王义华共同作注,辑成一书,称为《教家二书》。书序中指出此书特别适用于将来不做士大夫或学者的儿童识字教学参考,"即不必为士大夫,可也;即不必博群书,可也。"

4.《魁本对相四言杂字》

明清时期,除了"三、百、千"等传统识字教材外,我国南方地区还流行儿童看图识字的教育内容与方法,当时,金陵王氏勤有堂于洪武四年(1371年)刊出的《魁本对相四言杂字》,全书共物308件,图306幅,四字一句,每字或每词出一相(图画),图文对照,便于儿童学习认知。

5.《俗言杂字》

我国古代,官学和私塾教育仅限于人口密集的地区,在偏远地区,儿童识字启蒙教育主要依靠民间文学的传唱进行,现存清代的《俗言杂字》,全文共有5600余字,内容包括农、商等方面的简要知识,内容浅显易懂,是部分地区重要的识字教学参考书。

(二)童蒙识字教学经验

中国古代的童蒙识字教学历史悠久,历经千年,为现代小学语文教学中的汉字教学提供了可资借鉴的经验。

纵观我国童蒙识字教学发展史,可归纳出以下教学特点与优点。

1. 识字数量

儿童作为识字教学对象,其受年龄与认知能力的影响,可学习与掌握的字的数量是有限的,因此,我国古代的儿童识字启蒙所用工具书、参考书所收纳的字数大都在 2000～4000 字。

《急就篇》字数在 2000 左右,"三、百、千"的总字数在 3000 左右,所收录的字多为日常用字,字的数量与使用率与当前小学教学内容与基本一致的。

当前,根据我国现行的《小学语文教学大纲》,小学的识字量为 2500 个,这说明我国古代童蒙识字教育教学书籍的识字数量科学、合理。

2. 识字与语文教育相结合

《急就篇》以常用字描述了西汉社会生活的方方面面,包括自然界和社会生活各方面,在方便儿童识字的同时,也从一定程度上对儿童进行了社会通识教育,且明确了汉字教学和汉语教学相结合的"语文教学"传统。

"三、百、千"从各方面对儿童进行知识和道德启蒙教育,使儿童在识字阶段就已经接触了最基本的语文教育。

3. 韵文偏旁系联识字

我国历代字书都十分注重按照韵文来编排汉字,利于儿童传唱,这种方法对于儿童记忆文字和认识文字具有重要的帮助作用。事实证明,这种文字编写方法是一种较为合理的方法。尽管发展到现在,识字教学已经有了很多方法,但是按照韵文记忆文字是一种最为快捷和有效的方法。

二、汉字教学难点

世界范围内,多地区、国家、民族的诸多语言种类中,汉语与汉字均被认为是最难学习和记忆的一种语言与汉字,汉字教学具有其他文字教学所不具有的特点,正是这些特点导致了汉字教学的困难,具体分析如下。

第三章 现代汉语汉字研究

（一）汉字数量巨大

汉字自身的特点决定了汉字教学具有一定的难度。

汉字数量巨大，是汉字教学难的一个非常重要的原因，我国汉字发展千年，已经形成了非常庞大的汉字内容体系，汉字有多少，目前还没有精确的统计，但从历代编写的字书收录的数目大致可以了解（表3-2）。

表3-2　历代字书概况

书名	编著者	时间	字数（个）
《说文解字》	许慎	东汉（121年）	9353（小篆）
《玉篇》	顾野王	南朝·梁（534年）	16917
《广韵》	陈彭年等	宋（1008年）	26194
《字汇》	梅膺祚	明（1615年）	33197
《康熙字典》	张玉书等	清（1716年）	47043
《中华大字典》	陆费逵等	1915年	48000多
《中文大辞典》	中文大辞典编委会	1968年	49905
《汉语大字典》	徐中舒等	1991年	54678
《中华字海》	冷玉龙等	1994在	85568

汉字总量是随着历史发展累增的，对于儿童识字启蒙来说，不需要学习太多汉字，对于成人来说，职业与日常生活需要不同，也没有必要掌握全部汉字，但即便是常用现代汉语用字，其数量也不少。

现代汉语常用字字数在6000到9000之间。1988年，国家新闻出版总署、国家语委发布《现代汉语通用字表》，收字7000个，为明确个人应掌握的汉字使用数量，周有光先生提出了著名的"汉字效用递减率"（表3-3）。

表3-3　汉字效用递减率

字种数	增加字数	合计字数	覆盖率%	欠缺率%
1000	0	1000	90	10
1000	1400	2400	99	1
2400	1400	3800	99.9	0.1
3800	1400	5200	99.99	0.01
5200	1400	6600	99.999	0.001

汉字总量有八九万之多,其中2400个字是最常用量,3800个字是常用量,一般人掌握2400～3800个汉字才能满足阅读和写作的需要。如此多的汉字,要一个一个去认识、记忆,是一个不小的工程量。

(二)结构复杂,笔画繁多

中国汉字属于方块字,汉字的方块形体限制了汉字的构造,一个汉字与另一个汉字只能靠部件、笔画、横竖、长短、位置等区别,纷繁复杂,不容易记忆。

(三)汉字规律性不强

汉字具有一定的构成、发音规律,但是这种规律性不强,归纳概括的字在整个汉字内容体系中是非常少的,大部分汉字的音、义、结构不具有规律性和概括性,因此还是需要学习者去"死记硬背",这是学习和记忆汉字的一个难题,也是汉字教学中需要解决的一个教学难点。

(四)多音多义字多

多音字在汉字中占十分之一左右,在《现代汉语词典》中有近1000个,在《7000通用字表》中有700多个。

(五)繁简体的差异

简体字的总量约2200个,但多为通用字和常用字,繁简的选择是汉字学习者一开始必须面对的。无论是学习简体字、繁体字,还是简体与繁体字都学,与汉字学习来说,都是一个不小的挑战。

三、汉字教学方法

汉字教学从古至今,已经总结了很多种教学方法供师生参考进行教与学,汉字教学包括识字教学、汉字文化教学、汉字结构与意义教学等内容,识字是汉字教学的重要基础和前提,这里重点就使用较为广泛的、效果较好的汉字识字教学方法,分析如下。

(一)六书原理法

在汉字教学中,可以利用许慎《说文解字》及历代学者对汉字的意义和形体分析,让学生从字形演变中体会汉字的形义联系,这是一种科学的汉字教学方法。

与其他汉字教学方法相比,六书原理法对教师的文字学素养要求更高,教读时还要兼顾学生的接受能力,理论性不能太强。

(二)字族识字法

字族识字教学法是一种自成体系的识字方法,该种识字教学法具有集中识字和随文识字两种方法的优点,以母体字带出一批音形相近的合体字的方式,组成一个"字族",方便学习者系统学习汉字。

以"青"字为例,通过"青"字这一派生能力强的母体字,进行不同偏旁的派生,可以总结出许多子体字,将所归纳总结的字族进行文字汇编,通过儿歌的方式呈现出来,便于儿童认识与阅读记忆。

以儿歌《小青蛙》为例,"青"为母体字,可派生多个子体字,如下:

《小青蛙》
河水清清天气晴,小小青蛙大眼睛。
 △△   △   △
保护禾苗吃害虫,做了不少好事情。
                △
请你保护小青蛙,它是庄稼好卫兵。
 △

(三)集中识字法

现代汉语汉字教学法,继承了古代集中识字的经验,根据汉字结构规律和学习迁移规律,先识字,后阅读,汉字归类,集中识字。

集中识字法,最早出现在 1958 年,由黑山北关实验学校(原名为黑山县北关完全小学校)贾桂乏、李铎二位老师合作实验提出。1985 年形成"集中识字、大量阅读、分步习作"的小学语文教学体系。

集中识字法的具体教学方法操作过程中,要求学习者先认识一批生字,再阅读含生字的文字作品,复习巩固所认识的字,并同时学习认识少量新的生字,如此反复,可以实现对汉字的累积记忆。

(四)分散识字法

分散识字法,又叫"随文识字法",在汉字教学中该方法的具体操作方式为：先教生字,后教课文,边识字,边阅读。

1958年,南京师范大学附属小学斯霞老师率先进行分散识字实验,他首先改革教材,增编课文,增加看图识字,增加识字数量,坚持"字不离词,词不离句,句不离文"的教学原则,通过扩大阅读量,寓识字于阅读之中,极大地提高了学生的识字效率与数量。

目前,分散识字的汉字教学方法是我国当前识字与阅读有效结合的重要教学方法,儿童在学习中也通过阅读收获了更多知识,深受儿童喜欢。

(五)基本字带字

所谓"基本字带字",即通过给基本字加偏旁部首的办法来"归类识字",同时引导学生利用已学,建立旧学与新学字之间的形、音、义联系,以此来掌握新字。

基本字带字教学法中,"基本字"指字形近似的一组字(包括形声字)中共同含有的能够独立成字的构字部件。所"带字"是与"基本字"存在形、音、义联系的字,两种字之间主要是通过对比分析的方法进行记忆(表3-4)。

基本字带字的汉字教学法,有助于成批记字,减少错别字的记忆,提高学习效率。

表3-4 基本字带字汉字教学法示例

基本字	字	词	书写记忆口诀
支	翅 技 枝	翅膀 技术 树枝	支加羽读作翅,翅膀的翅 支加手读作技,技术的技 支加木读作枝,树枝的枝
生	姓 性 胜 星	姓名 性别 胜利 星星	生加女是姓名,姓名的姓 生加心是性别,性别的性 生加月是胜利,胜利的胜 生加日是星星,星星的星

利用基本字带字成批学习汉字时,一定要注意将所学的汉字放到课文阅读和写作中加以应用,通过应用巩固所学生字。

(六)形声归类法

通过形声字归的方法进行汉字的教学与记忆,具体是指,在汉字教学中,教师把声旁相同、读音相同的汉字按照四声归类,组织学习者进行归纳记忆与学习。

形声字归的汉字教学方法与基本字带字的汉字教学方法,都有对比、归纳、分析的过程,但是二者是两种不同的汉字教学方法,不同点在于,前者要选择表音准确的形声字,通过区分形旁成批学习同声旁同音(声调不同)字(表3-5);后者是从汉字形体的角度将含有同一偏旁部件的汉字放在一起归类学习。

表3-5 形声字归汉字教学法示例

音节	声旁字	阴平	阳平	上声	去声	轻声
yang	央	秧殃鸯			决怏	
	羊		洋佯	氧痒	样漾	
tai	台		胎苔	抬		
	太				态汰	

(七)字理识字法

字理识字,就是通过对汉字构造原理的讲解,引导学生了解汉字音、形、义的关系,从而掌握汉字。

"字理识字"是学者贾同均于1991年发明创造出来的识字方法,教学目的旨在让学生学习汉字,"知其然"且"知其所以然"。

字理识字汉字教学方法要求对汉字进行正确的分类,然后分类进行汉字学习与记忆,常用汉字具体可以分为以下几类。

(1)按汉字构造规律,汉字分为象形、指事、会意、形声四类。

(2)按韵语的形式,将汉字编成歌谣,押韵合辙,琅琅上口,便于认字读字。

(八)偏旁识字法

汉字的形旁、声旁是识字教学的宝贵资源,形旁绝大多数都能提示字义,声旁能提示汉字的大致读音。利用同一形旁系进行汉字教学,是非常高效的一种识字教学方法。

根据笔画顺序来看,常见偏旁见表3-6。

表 3-6　常见偏旁及例字

偏旁		例字	偏旁		例字
冫	两点水	次、冷	氵	三点水	江、汪
冖	秃宝盖	冠、军	丬	将字旁	壮、状
讠	言字旁	计、论	忄	竖心旁	怀、快
厂	偏厂	厅、历	宀	宝盖头	宇、定
匚	三匡栏	区、匠	广	广字旁	庄、店
刂	立刀旁	列、别	辶	走之旁	过、还
冂	同字匡	冈、周	土	提土旁	地、场
亻	单人旁	仁、你	艹	草字头	艾、花
勹	包字头	勺、勾	廾	弄字底	开、弁
厶	私字	允、去	尢	尤字旁	尤、龙
廴	建之旁	廷、延	扌	提手旁	扛、担
卩	单耳刀	卫、印	囗	国字匡	因、园
阝	左耳旁	防、院	彳	双人旁	行、征
阝	右耳旁	那、郊	彡	三撇	形、参
夂	折文	冬、处	礻	示字旁	礼、社
犭	反犬旁	狂、独	衤	衣字旁	初、袖
饣	食字旁	饮、饲	木	木字旁	朴、杜
子	子字旁	孔、孙	牛	牛字旁	牡、物
纟	绞丝旁	红、约	攵	反文旁	收、政
巛	三拐顶	甾、邕	疒	病字旁	症、疼
灬	四点底	杰、点	王	斜玉旁	玩、珍
火	火字旁	灯、灿			

在具体的教学实践中,教师利用声旁进行汉字教学,应选择构字能力强且声旁本身是常用汉字,如分、方、干、丁、工等。

(九)部首识字法

部首是字书中各部的首字,具有字形归类作用。在汉字教学中,通过对汉字部首的学习,可以对相同部首的多个字进行学习与记忆,便于学生区分、学习、记忆。

中小学汉字教学实践中,教师可采用两种方法进行汉字教学与记忆。

1. 部首组字法

教师先教学生一些笔画比较简单的成字部首,作为基本字或独体字,再组合成合体字。如:人—共—供,禾—呈—程等。

张朋朋在2002年提出了"部首三字经",共56句,介绍的是成字部首、独体字、合体字,四句一段,合辙押韵,便于咏记。"部首三字经"全文如下:

一火灭二儿元八刀分人王全
女子好田力男日月明小大尖
竹毛笔白水泉爪木采舟皿盘
示见视目艮眼龙耳聋穴巾帘
走干赶厂犬厌文而斋又隹难
矢豆短辛瓜瓣米斗料舌甘甜
手戈找立风飒身寸射牙乌鸦
气羊氧言方访门口问弓长张
黑土墨臣卜卧麻鬼魔石页硕
其欠欺食几饥工贝贡自心息
父斤斧尸至屋金十针广车库
山夕岁酉已配雨辰震衣皮被
足止趾歹匕死禾比秕支羽翅
虫青蜻鱼里鲤马户驴牛西牺

2. 拆分部首法

如果在识字教学过程中,遇到结构和笔画比较复杂的字,可以对字进行拆分记忆,将字拆成学生已经学过和认识的简单的字,在一定程度上降低记忆难度,方便学生记忆。例如:林—木—木;树—木—又—寸。

(十)趣味识字法

汉字教学与记忆并非易事,需要反复不断地进行识别与记忆,是一件比较枯燥的事情,在汉字教学中,为了不断提高学生对汉字学习的积极性与主动性,应灵活选用各种教学方法帮助学生记忆、理解汉字。

1. 循环识字

在教学中,教师可以通过定位识字,引导学生认识完一个循环组的生字之后,再回过头来,从头认识另一些生字。

例如通过学生已经掌握的汉字数字,将已学字融入要学生字中,进行文字的编排与交叉,具体如下。

《山村咏怀》
北宋·邵雍
一 去 二 三 里,
△ · △ △ ·
烟 村 四 五 家。
· · △ △ ·
亭 台 六 七 座,
· · △ △ ·
八 九 十 枝 花。
△ △ △ · ·

《山村咏怀》一诗中,"△"标注为已学汉字,"·"标注为生字。

2. 形象识字法

象形字是我国古人依据实物进行文字创造的一种重要文字创造方法,在汉字教学中,也可以通过象形字的识别与分析来了解汉字(图3-1)。但需要特别注意的是,汉字经过数千年的历史演变,发展到现在,字体结构与形式发生了很多变化,并不是每一个字都能推理和看到其原始的象形符号。

图 3-1 形象识字法

3. 看图识字

早期儿童汉字启蒙教学中,教师可以借助图画,很形象地认识某字。如"山",就画一个山的大致形状(图3-2)。

图3-2 山

4. 儿歌识字法

根据汉字的音、形、义编成儿歌,其字要在儿歌中出现。通过儿童咏诵儿歌来记忆和理解汉字。

5. 猜谜法

根据学生的年龄与性格特点,把握学生的好奇、喜猜心理,在教学中,可以通过将汉字编为浅显易懂的字谜形式,让学生猜想、识记、理解。如以下几个字谜。

字谜:一加一;谜底(王)。

字谜:一百减一;谜底(白)。

字谜:一家十一口;谜底(吉)。

字谜:一月七日;谜底(脂)。

第四章 现代汉语语素研究

在现代汉语语法中,语素也是十分重要的一个组成部分。但是,在现代汉语语法研究中,语素的研究一开始并未得到足够的重视,直到20世纪70年代这种状况才有所变化。在这一时期,吕叔湘先生发表了《汉语语法分析问题》一书,书中对语素的相关内容进行了比较深入的研究。自此,语素研究才真正引起大家的重视,语素在汉语语法研究中的地位也才真正得到确认。在本章中,将对现代汉语语素的相关内容进行详细论述。

第一节 语素及其确定的原则、方法

在语言中,语素是客观存在的一种语法单位,而且是独立的一种语法单位。通过对语素的确定,可以更好地理解词、短语和句子,继而更好地进行汉语交际。

一、语素的内涵

(一)语素的概念

"语素"这一术语在汉语中本来是没有的,其最初译自西方语言学中的"morpheme"。20世纪之初,美国诞生了描写语言学,并形成了一套语言描写分析的方法。其中,语素的提取及归类成为语言描写分析的基础。美国语言学家布龙菲尔德在《语言论》一书中提出:"每一个音素序列,如果本身具有意义,而其中又不包含更小的有意义的音素序列,便叫语素。"[1]吕叔湘先生在《汉语语法分析问题》一书中对语素的定义是:"语

---

[1] 李秀.现代汉语语法专题述要[M].北京:中国社会科学出版社,2012.

素是最小的语音语义结合体,是最小的语法单位。"人民教育出版社中学语文室制定的《中学教学语法系统提要》中,对吕叔湘先生关于语素的界定予以了确认,并第一次明确地把语素定为五级语法单位(语素、词、短语、句子、句群)的第一级,将语素的相关内容纳入语法教学之中。

语素的这一概念界定,应该说并非尽善尽美,还需进一步研究某些深层次的方面,并给予合理的解释。比如,"最小的语音语义结合体"中的语音为汉语中的一个音节,"儿"化的情况如何处理?语义是仅指词汇意义还是既包括词汇意义也包括语法意义?对于单音节语素来说,语义是否包括语法意义?因此,在今后还需要进一步对现代汉语的语素进行研究,以进一步规范语素的概念。

(二)语素的名称演变

在汉语语法研究中,对"语素"的定名,经历了字说、词素说和语素说三个阶段。

早期的汉语语法学家往往将语素和汉字混为一谈,即认为音义结合的最小单位是字。这主要是由于代汉语里多数词是由单个音节构成的,在书面上就是一个字。不过,将"字"认为是语言里的最小单位的说法太模糊了,因而受到了很多学者的批评。事实上,"字"说虽然很不科学,但在说明音和义的复杂关系时,利用"字"来称说,也有它的方便之处。我们知道,汉语的语素绝大部分是单音节的,但是一个音节往往可以代表好几个不同的语素。这些不同的字,如果读出来是同一个形式,看不出是几个不同的语素,从这方面看,汉字做了分析语素的工作。

到了近代,这种情况发生了改变,即出现了越来越多的复合词,反映在书面上就不再是一个字了。于是,又有学者将词作为语法研究的最小单位,如陆志韦在1955年指出:"汉语的词不那么容易提取,最方便,也是最合理的办法是把凡是有意义的音节先都当作词素。其中有能独立的,当它独立的时候,词素等于词。当它在语言片断里不能自由运用的时候,词素+词素才是词。"不过,在当时中学试行的《汉语》课本(人民教育出版社1956年版)与丁声树等《现代汉语语法讲话》(商务印书馆1962年版)中还都没采用"词素"这一术语,这说明当时语文学界和语言学界对这个术语还有所保留。后来,张寿康在其编写的《汉语语法基本知识教学参考资料》中采用了"词素"这一术语,并指出"语言中的最小单位是词(声音和意义的结合)而不是字,词中的构词单位是词素(具有意义的音节)也不是字。"自此,"词素"的称说在语言学界中获得了大多数学者的认可。

虽然说词素说在语言学界被普遍接受,但也有一些学者对此持不同的意见,如朱德熙是国内第一个采用"语素说"的。因此,从20世纪50年代一直到80年代,"词素"和"语素"这两个名称共同出现于各种汉语著作或教材中,但以"词素"的使用居多。直到1979年吕叔湘先生出版了《汉语语法分析问题》,明确提出了语素说。从实际使用情况来看,采用语素的说法可以更合理地解释某些比词大的语言单位,如成语的组合,因为成语不是词,而是固定词组,其内部的构成成分也不一定是独立的词。因此,语素说在提出后,获得了越多越多学者的认可,并有了取代词素说的趋势。事实上,语素说是无法完全取代词素说的,两个术语并存且有明确分工:作为独立的语法单位之一称为"语素",在构词法中作构词成分时则可称为"词素"(包括词根、词缀等),词根和词缀也可以再分析其下位概念(包括自由和黏着、成词不成词等概念,词缀包括前缀和后缀等概念),用来分析合成词的语言结构,这样比较方便实用。

(三)语素的特点

现代汉语的语素,通常认为有以下几个鲜明的特点。

第一,现代汉语的语素以单音节为基本形式,如"日、地、新"等。但是,现代汉语中也不缺乏多音节语素,如"尴尬、高尔夫、布尔什维克"等。

第二,现代汉语的语素在结合上有着很大的自由性,或者说语素与语素之间的结合十分松散。

第三,现代汉语的语素最小的语音形式是一个音节,但也有一个例外,即后缀"儿(-r)"不成音节,但它却是一个语素。

第四,现代汉语的语素,不论是单独构成词,还是与其他的语素一起构成词;不论处于何种位置,与哪个语素为邻,其语音形式一般都会保持不变。

二、语素确定的原则

在对语素进行确定时,需要遵循一定的原则,主要有以下几个。

第一,整体性原则,即语素不能切分为更小的音义结合体,确定语素时应考虑它既是一个最小的语音单位,又是最小的语义单位,还是一个最小的语音与最小的语义的对应体。

第二,统一性原则,即一个语素必须以大体相同的音义面貌出现在其他复合形式中。

第三,定量原则,即运用频率统计的方法来进行语素的确定。

第四章　现代汉语语素研究

三、语素确定的方法

在确定现代汉语的语素时,目前最常用的方法是替换法。这一方法最初由布龙菲尔德提出,主要功能是用来确认一个音节能否独立(即自成语素)以及这一音节是否有意义。因为在一个组合中,如果一个音节能够替换和被替换,就足以证明它是有意义的,那么它就是一个音义结合体,即语素。不过,替换法只是一种具体操作的方法,不可能仅仅凭借它来确定语素,它的运用也要以语素的定义标准为基本依据。而且,替换法并非放之四海而皆准,即替换法是有一定的适用条件的。具体来说,替换法的适用条件主要有以下几个。

第一,替换法不适用于不含汉语表义语素的全音译词、拟声词等。

第二,替换法在运用过程中,必须遵循现代共时原则,即所替换的词语要属于现代汉语的范畴。

第三,在运用替换法时,替换部分与被替换部分前后都必须保持同一。

具体来说,在运用替换法来确定一个词由几个语素构成时,要先将词切分,然后将切分后的每一部分在另一环境下重新进行替换组合,如果新组合的词是人们普遍认可的,那么切分后的每一部分就可以确定为一个语素。例如:

牛肉:牛一:牛头　牛尾　牛奶　牛人　牛市
　　　一肉:鸡肉　羊肉　白肉　炸肉　烤肉

在上面的这个例子中,"牛肉"能进行双向替换,这说明"牛"和"肉"是两个语素。

不过,在运用替换法来确定语素时,并不是每一个音节都能进行替换。如果一个音节能够替换与被替换,就说明它是一个独立的音节,具有独立的意义,是一个语素;如果一个音节不能替换,只能被替换,但是它具有一定的区别意义,则它也可以认为是一个语素,即"剩余语素"。"剩余语素"的概念最早是布龙菲尔德在他的《语言论》第十章"语法形式"中提出来的,剩余语素都是极惰性的、定位的语素,但它确实负载了一些语义信息,对于这种情况,大多数汉语著作现在还是将其谨慎的定义为一个语素。比如,"豇豆"一词中,换掉"豇"以后,"豆"可以与已知语素构成"红豆""大豆""扁豆"等词,这说明"豆"是一个语素。但是,"豇"除了与"豆"构成一个词外,不能与其他任何已知的语素构成意义单位,但它具有一定的区别意义,因而是一个剩余语素。

不过这里要特别指出的一点是,随着社会的发展,新事物的涌现,一些剩余语素可能在较短的时间就变为非剩余语素。对于这一情况,在运用替换法来确定语素时也要充分考虑到。比如,"酒吧"中"吧"在刚出现时为剩余语素,组合能力很差,但现在就涌现了大量的诸如"氧吧""话吧""吧台""吧女"等词,"吧"也自然由一个剩余语素变成了非剩余语素。

第二节 语素的分类与识别

语素依据不同的标准,可以分为不同的类型。只有掌握了语素的类型,才能更好地对语素进行识别,继而准确地运用语素。

一、语素的分类

在当前,对语素进行分类可以采用以下几个标准。

(一)以语素音节的多少为标准进行分类

以语素音节的多少为标准,可以将语素细分为以下几种类型。

1. 非音节语素

非音节语素只有一个,即儿化音节中的"儿"。"尖儿""盖儿""头儿"等词中的"儿",便是非音节语素。

2. 单音节语素

在现代汉语语素中,单音节语素的数量是最多的,而且有着较强的构词能力。"吃""平""看""人""泳""说"等都属于单音节语素。

3. 双音节语素

现代汉语中的双音节语素,每个音节都不表示意义,必须两个音节连在一起才有意义。"蜘蛛""琵琶""怂恿""坦克""幽默""沙发"等都是双音节语素。

4. 多音节语素

在现代汉语的语素中,多音节语素也是经常可以见到的,如"巧克力""天安门""可口可乐""珠穆朗玛峰"等。多音节语素多是对外来语素的音译,如前面提到的"巧克力""可口可乐",一些模拟声音或表示感叹的语素也可能是多音节语素,如"叽里咕噜"。

(二)以语素意义的虚实为标准进行分类

以语素意义的虚实为标准进行分类,存在以下两种情况。

1. 两分法

两分法就是将语素分为实语素和虚语素两类。

实语素就是能表示实在意义的语素,如"民""笔""开""铁""灯""看""和""习"等。这类语素既能自立为词,也能与别的语素组合,且组合时位置既能在前也能在后。

虚语素就是不能表示实在意义,只能表示抽象的语法意义的语素,如"子""儿""老""阿""初""然""式"等。这类语素的组词能力不是很强,而且在组词是位置要么经常在前,要么经常在后,要么只夹在一个词的中间。

2. 四分法

四分法就是将语素分为实语素、半实素、半虚素和虚素四类。

实语素根据其在古汉语里的用法,可以分为名素、动素、形素、数素、量素、副素等。其中,名素表示人或事物的名称,如"山""马""田""年""东""民""蝴蝶""阿司匹林"等;动素表示动作行为,如"取""走""飞""拷贝""借""行""吃"等;形素表示性质状态,如"红""白""高""浓""细""香""坎坷"等;数素表示数量或顺序,如"三""万""亿"等;量素表示人、事物或动作的数量单位,如"斤""辆""寸""队""种""场""回""升"等;副素表示行为或状态的特征,如"极""竟""常""更""太""就""可""都""很"等。

半实素指的是构成代词的语素,如"那""谁""我""某""这""它""每"等。

半虚素指的是不能独立成词、和别的语素组合时有固定位置、活动能力有限的一些语素,如"第""者""员""老"等。

虚素指的是只能构成典型虚词的一些语素,如"呢""吧""吗""而""过"等。

(三)以语素的构词能力为标准进行分类

以语素的构词能力为标准,可以将语素分为成词语素与不成词语素两类。

1. 成词语素

成词语素指的是具备单独成词的功能,并能够独立地构成一个词的语素。一般来说,成词语素又可以细分为以下两类。

第一,非永远成词语素,即本身既可能单独构成词,又可能充当构词成分的语素,如"人""书""清""笔""冰""宝""坦克""巧克力"等。

第二,永远成词语素,即本身能单独构成词,但是不能充当构词成分的语素,如"了""吗""也""最""太"等。

2. 不成词语素

不成词语素指的是在任何时候都不能独立成词,都必须与其他语素组合之后才能成词的语素。一般来说,不成词语素又可以细分为以下两类。

第一,构词不定位语素,即在构词中位置不固定,一般有词汇意义的不成词语素,如"历""丽""言""衍""伟""吝"等。

第二,构词定位语素,即在构词中位置固定,一般只有语法意义的不成词语素,如"第""化""老"等。

(四)以语素的位置是否固定为标准进行分类

以语素的位置是否固定为标准,可以将语素分为定位语素与不定位语素两类。

1. 定位语素

语素和语素可以组合成语素的"合成形式",如果一个语素在其合成形式中总是处于固定的位置,这个语素就叫定位语素。通常来说,定位语素又可以细分为以下三类。

第一,前置定位语素,即位置总在一个结构体的前面的语素。例如:

老:老师 老爸 老板 老兄
非:非常 非分 非法 非凡
更:更好 更美 更加 更清楚
把:把握 把关 把式 把柄

第二,中置定位语素,即位置总在一个结构体的中间的语素。例如:

里:窝里斗 千里马 土里土气 雾里看花
和:你和我 教师和学生 小李和小王 春天和夏天
与:红与黑 阴与阳 诗与酒 父与子

第三,后置定位语素,即位置总在一个结构体的后面的语素。例如:

化：绿化　美化　净化　激化
了：去了　走了　回了　来了
者：编者　来者　读者　后者
子：日子　个子　面子　院子

2. 不定位语素

如果一个语素在某些语素合成形式中出现在另一语素的前面，而在另外一些语素合成形式中又位于另一语素的后面，这样的语素就是不定位语素。例如：

电：电话　电机　电流　电报（位置在前）
　　闪电　发电　贺电　彩电（位置在后）
问：问津　问世　问好　问诊（位置在前）
　　访问　发问　疑问　责问（位置在后）

（五）以语素的构句能力为标准进行分类

以语素的构句能力为标准，可以将语素分为自由语素与黏着语素两类。

1. 自由语素

自由语素指的是既能独立成词又能够单说的语素。例如下面的一个对话：

"谁？"
"我。"

在这个对话中，"谁"和"我"都是自由语素。其中，"谁"借助于疑问句调语素，表示一个疑问句；"我"借助于陈述句调语素，表示一个陈述句。

一般来说，自由语素全是成词语素，但成词语素却不都是自由语素。非永远成词语素中的名素、动素、形素、代素基本上是自由语素，但永远成词语素一般不是自由语素。

2. 黏着语素

黏着语素指的是不能单说，即不能够单独成句的语素。一般来说，不成词语素不能单说，因而属于黏着语素，如"椅""子""饪"等；成词语素中的一些，如"就""也""从""吗"等，也不能单说，因而也属于黏着语素。此外，定位语素全都是黏着语素，不定位语素中有一部分是黏着语素。

(六)以语素的组合能力为标准进行分类

以语素的组合能力为标准,可以将语素分为活性语素与惰性语素两类。

1. 活性语素

所谓活性语素,就是活动能力很强,能和许多语素组合的语素。比如,语素"呢"几乎可以与所有能构成具体名词的语素组合,因此它是一个活性语素。

2. 惰性语素

所谓惰性语素,就是活动能力很弱,能与之组合的语素数量很少的语素。"咳""苹"等都属于惰性语素,其中"苹"只能与一个语素组合,即"苹果"。由此可以知道,"苹"这个语素的活动能力是极弱的。

(七)以语素的语音关系为标准进行分类

以语素的语音关系为标准,可以将语素细分为以下几类。

1. 单音语素

所谓单音语素,就是一个语素只有一个读音的语素。在现代汉语中,绝大多数的语素都是单音语素,如"刀""初""根""耕"等。

2. 多音语素

所谓多音语素,就是一个语素有两个或两个以上读音的语素。之所以会出现多音语素,主要是由于语素在一定语境中引起了音位形式的变化。这一类型的语素有"绿""血""吓""巷""露"等。

3. 同音语素

所谓同音语素,就是几个语素在读音上相同,但在意义上没有联系。在现代汉语中,同音语素是比较常见的,如"明—鸣—名""旗—奇—琪""撵—捻"等。

二、语素的识别

要学好现代汉语,弄清楚什么是现代汉语的语素是十分重要的。为此,必须学会如何识别语素这一级语言单位。在对现代汉语的语素进行

第四章 现代汉语语素研究

识别时,可以借助于以下两个途径。

(一)通过语素与音节、汉字的关系进行识别

语素与音节、汉字之间有着十分复杂的关系,借助于这些关系,可以较为容易地识别语素。

第一,一个汉字有时就是一个语素。在现代汉语中,这种情况是十分常见的,如"电""疹""书""我"等。

第二,同一个汉字,由于音节的不同,可以表示不同的语素。比如,汉字"乐"的读音有两个,在"音乐""乐器"等词中读 [yuè],在"欢乐""乐趣"等词中则读 [lè]。由此可以知道,现代汉语中的"乐"字,其所表示的是两个不同的语素。

第三,音节相同的不同汉字,有时可以表示相同的语素,这就是前面提到的同音语素。比如,"算与蒜""皇与煌""理与厘""番与幡""甘与柑"等。

第四,有的情况下,一个汉字并不表示任何语素,只能以组合形式的方式表示一个语素。比如,"蜈""蚣""馄""饨""苗""条""萝""卜"这些汉字并不是语素,只有合成"蜈蚣""馄饨""苗条""萝卜"才能构成语素,且是双音节语素。

第五,汉语中的儿化音节,如"门儿""坎儿""事儿""个儿"等,读起来的话只有一个音节,但写下来是两个汉字。大部分学者认为,儿化音节所表示的语素是两个,但也有一些学者认为儿化音节只能表示一个语素。

第六,汉语中有不少的合音字,如"甭(不管)""卅(三十)""孬(不好)""仨(三个)""廿(二十)""诸(之乎)""咋(怎么)"等,从形式上来看只有一个音节、一个汉字,但是却具有复合语义。对于合音字,大多数人认为其表示的是两个语素,但也有人坚持认为其只能算一个语素。

(二)通过语素与汉字、音节、词的界限进行识别

1. 通过语素与汉字的界限进行识别

汉字基本上都会具备三个要素,即音、形、义。依据吕叔湘先生的研究,汉字的三个要素之间主要有八种可能的关系,排除完全相同、完全不同这两种情况,其他六种情况详见表4-1。

表 4-1　汉字的音、形、义之间的六种关系

序号	音	义	形	例字	语素数量	字数量
1	同	同	异	学、學	1	2（异体字）
2	同	异	同	会（写）、（开）会	2	1（同音同形字）
3	异	同	同	核（hé）、核（hú）	1	1（多音字）
4	异	异	同	数（shù）、数（shǔ）	2	1（多音多义字）
5	异	同	异	看、瞅	2	2（同义字）
6	同	异	异	世、示	2	2（同音异形字）

一个汉字出现在不同的语境中，往往意思也会有所差异。对于汉字的不同意思，依据吕叔湘先生的观点，这几个意思若是有联系，便可以判定其是一个语素；这几个意思若是没有联系，则有几个意思便是几个语素。

在这里，还有一种值得关注的情况，就是同一个汉字在不同的用法里，有时是语素，有时只是一个音节。以"犹"有"如同"等意义，如"过犹不及"等，"豫"有"欢喜、快乐"等意义，如"不豫之色"等，这些情况下的"犹"和"豫"是语素。但是，当"犹"和"豫"出现在"犹豫"这个词中时，其不再表示两个语素，而是一个语素。这是因为，"犹豫"这个词的意义是"拿不定主意"，如果分解为"犹"和"豫"，尽管各自都有音，但是都没有与"拿不定主意"相关的意义，因此它们不是音义结合体，故而也就不是语素。类似的汉字如下：

克（kè）：克食（"克"是语素）克朗（"克"是音节）

马（mǎ）：马匹（"马"是语素）马达（"马"是音节）

巴（bā）：巴士（"巴"是语素）巴黎公社（"巴"是音节）

沙（shā）：沙子（"沙"是语素）沙发（"沙"是音节）

2.通过语素与音节的界限进行识别

借助于语素与音节的界限来识别语素，主要涉及以下几种情况。

第一，连绵词古往今来都被当作一个最小的音义结合体，但也有一些学者在研究中发现，一些连绵词中的非语素音节已经开始"语素化"了。例如，连绵词"蝴蝶"的"蝶"字已出现"语素化"倾向，可以与其他的语素相结合，组成"彩蝶""粉蝶"等。又如，"的士"的"的"，可以与其他的语素相结合，组成"的哥""的姐"等。类似的还有"蜘蛛"的"蛛"、"涤纶"的"涤"等。

第二，对于重叠词的语素，大部分的分析都没有什么争论。一般来说，

第四章　现代汉语语素研究

"哥哥""人人""爸爸""看看"等重叠词的基式有意义,重叠式增加新的意义,因而属于语素的重叠,即是两个语素;而"猩猩""饽饽""孜孜"等重叠词的基式无意义,重叠式才有意义,因而是音节的重叠,整体才是一个语素;"学习学习"等重叠词中的"学"和"习"都有意义,因而整个词有四个语素;"怂恿怂恿"等重叠词中的"怂"和"恿"各自无意义,合起来才有意义,因而整个词是两个语素等。总之,要判断重叠词有几个语素,首先要明确所重叠的字是否具有意义,若有意义则是语素,否则便是音节。

第三,对于拟声词来说,有些学者认为,拟声词不管有几个音节,一般都看作一个语素。但是,也有一些学者对此持不同的看法,如周一农认为,除了"萧萧""笑笑""喈喈""喃喃"等少数结合力与稳固性都很强的古汉语拟声词可以作为一个语素,其他的都应该将一个音节视为一个语素。也就是说,"哗""丁"是一个语素,"丁当""乒乓"是两个语素,"滴滴答""轰隆隆"是三个语素,"稀里哗啦""噼里啪啦"是四个语素。

第四,在形容词中,有些词的后面几个音节是为了描写生动而从形容词后派生出来的,可以称为衍生语素。这几个音节脱离了前面的形容词没有意义,只能合在一起才能给形容词的表意以程度上的加强,才成为形容词的后缀语素。因此,要将这几个音节连成一起作一个语素处理。这一类形容词有"白不呲咧""黑不溜秋""傻不楞登""黑咕隆咚"等。

第五,对于音译词来说,若其是纯音译词,只是单纯的表音,则应作为一个语素,如"雷达""坦克""扑克""尼龙""拷贝"等;若其以译意为基础,同时也尽量考虑在声音上接近原形,以做到音义双关、形神兼备,则应该将一个音节(字形)作为一个语素,如"基因""可口可乐""俱乐部""乌托邦"等;若其是音译加类属义注的,后面具备单独的称代作用和组合能力的字可以看作一个单独的语素,前面的纯音译也可以看作一个语素,如"卡车""啤酒"等;若其是一半音译一半意译的,如"空中巴士""苏打饼干"等,译意部分都是具有称代作用,可以根据组合情况确定语素的数目,音译部分也是一个语素。

3.通过语素与词的界限进行识别

词与语素的关系并不是十分单纯的,词是由语素构成的,而且有些语素可以独立成词。例如:

　　笔　车　灯　纸　包
　　好　黑　甜　低　近
　　跑　吃　讲　吸　挂

虽然说很多语素都可以独立成词,但也有一些是不能单独成词的,只能与其他的语素一起共同构成一个词,如"参"要与其他语素一起才能构成一个可以独立运用的词,包括"参与""参观"等。在语素中,黏着语素也是不能独立成词的。

在这里还需要特别指出的一种情况是,有时两个能独立成词的语素在一起所组成的结构体并不是词,而是比词高一级的结构体——短语,如"新书""擦亮"等。那么,由两个(或以上)能独立成词的语素所组成的结合体,该如何判断其是词还是短语呢?一般说来,词的内部结构具有相当的凝固性,词的意义具有整体性。所谓"凝固性"是指,在保持词的意义不变的情况下,组成词的语素与语素之间不能插入相关的虚词,如"的""了"等,它们之间的位置也不能掉换,即从 AB 变为 BA。所谓意义的"整体性"是指,词的意义不是由组成它的语素意义的简单相加得出的,而是有其独特的意义。比如,"火车"是由两个能独立成词的语素"火"和"车"组成的,但它们之间不能插入"的"或"和"等虚词,说成"火的车""火和车",也不能掉换位置而成"车火"。此外,"火车"的意义也不是"火"和"车"的意义的简单相加,而是"一种重要的交通运输工具"。据此,可以判定"火车"是一个词。又如,"肉汤"是由两个能独立成词的语素"肉"和"汤"组成的,但它们之间能插入"的",说成"肉的汤","肉汤"的意义也是"肉的汤",因而可以判定它是一个短语。

以上判断两个(或以上)能独立成词的语素所组成的结构体是词还是短语时所运用的方法是"扩展法"。运用扩展法时,只能在其中插入虚词,不能插入实词,如"马车"不能扩展成"马拉的车"。但是,有时运用这种方法来判断两个(或以上)能独立成词的语素所组成的结构体是词还是短语并非那么简单。比如,"鸡蛋"的意义是"鸡下的蛋",而将"鸡蛋"扩展成"鸡的蛋"后,并不能确切表示"鸡蛋"的意义,因此可以说"鸡蛋"是一个词。而"鸡毛"可以扩展成"鸡的毛",而且并没有改变意义,看上去似乎是短语,可是从语感上又看不出"鸡毛"和"鸡蛋"有什么不同。可见,判断两个独立成词语素构成是词还是短语并不是一件容易的事情。

此外,汉语的词和语素之间没有一个绝对的界限。现代汉语是一个从古到今逐渐演变的连续体,也是各地方言、各种语体、各种风格语言的混合体,如果把它看作绝对纯化的东西,反而会使人感到困惑。因此在确定语素还是词的问题上,应该采取较为弹性的处理方法,即根据语境来判定某个语素在某种特定的条件下是词还是词的一个组成部分。

第三节 汉语词缀化倾向研究

汉语词缀是伴随着汉语的历时发展自然出现的,但人们从理论上予以关注与认识却不到一百年的历史。学者们曾经认为,汉语的词缀系统是封闭的,没有活力的。可是,自 20 世纪 80 年代以来,学者们逐渐发现汉语的词缀系统发生了重要改变,即变得越来越有活力和生机,这其中既有传统词缀的重新活跃,也有新词缀的不断产生。与此同时,学者们在研究中开始注意到汉语的"词缀化"倾向问题,并获得了一些有益的成果。

一、现代汉语词缀化倾向的产生原因

现代汉语词缀化倾向的产生是多方面因素共同作用的结果,其中较为重要的因素有以下几个。

(一)社会因素

语言与社会有着十分密切的关系。自改革开放以来,我国的政治、经济、文化等发生了前所未有的新变化,与此同时社会生活中涌现出很多的新现象、新事物,因此作为反映社会生活内容的语言必然要用相应的词语来对社会生活中出现的新变化进行记录。也就是说,随着社会生活的发展与变化,需要不断地创造新词语。

在对新词语进行创造时,可以借助于不同的构造方式。比如,汉语中新词语最主要的构造方式的复合构词,除此之外还有派生造词、翻译或直接"拿来"形式的外来词等。引进外来词虽然直接、便捷、简单,但由于是不同语言系统中的语言成分,绝大多数并不适应汉语系统,因此在今天汉语中真正能算作外来词的新词尤其是在汉语系统中稳定积淀下来的非常少。比较有生命力的外源词主要是意译词,但现在人们一般不认为它是外来词。派生法不是汉语最主要的造词方式,并且在可以预见的未来很长一段时期也不会改变,但由于它具有词法规则明晰、周遍的特点,能够迅速大量地创造新词而被越来越多地使用。当一个词素位置固定且大量创造新词并频繁使用而逐渐发生语义内容弱化的时候,类词缀便诞生了。随着说类词缀并不会在社会一发生变化时就产生,但不能否认的一点是,在类词缀的产生过程中,社会因素无疑起着重要的作用。

(二)语言因素

推动现代汉语产生词缀化倾向的语言因素,主要表现在以下两个方面。

1. 语言的类推机制

在所有的语言中,都存在一种类推机制,从而使人们能够借助有限的语言规则去表达无限的语义内容,或是迅速理解新的语言形式。所谓语言的类推,就是在语言的某种语法规则的影响下,其他规则向这种规则趋同的演变,也就是表示同一语法意义的几种不同的语法形式由于其中的一种形式的影响而统一起来的过程。

语言的类推机制,既在句法构造方面有鲜明的表现,也突出地表现在构词法方面。构词法中的派生法便是语言类推规则的一个典型表现。事实上,只要一个语素大量构造新词语且该语素表现出语义虚化的特点,这个语素就很容易地词缀化,一旦频繁地使用类推机制(既有共时的也有历时的),这个词缀化进程就加剧了。

2. 不同语言间的接触

汉语在与其他语言的接触中逐渐发现外来语形态的功能、作用等诸多优点之后,受到这种影响汉语通过自己的调节机制创造出了一部分准形态成分,类词缀是其中的一种表现。

外来语的词缀形态对汉语产生了启发作用,但是,汉语中真正借自于外来语的词缀很少。绝大多数学者认为,汉语外来词缀都是汉语形态自身发展的产物,即外来语仅仅是加速了汉语词缀化的过程。这一观点,应该说是比较正确的。在现代汉语的类词缀中,目前真正能算得上是借自外来成分的是"门",其他的或者是汉语自身自然发展演化而来,或者是在服从汉语基本词法语义规则的前提下受外来构词形态的影响催生,如"准""零"等。

总之,不同语言之间的接触,不仅促使现代汉语的词缀有所增加,而且进一步推动了现代汉语词缀化的进程。

(三)经济因素

这里所说的经济因素,指的是语言在发展过程中,出于经济或省力的考虑,往往会采用短小的表述形式。也就是说,对于语言表达来说,最理想的效果是在保证准确无误的前提下,用最经济的手段达到理想的交际

第四章 现代汉语语素研究

目的。在语言记录概念这个问题上,短语结构形式可以,词也可以。一个简单的概念需要一个简单的词语就可以了,而相对复杂的概念仅用一个词语来表达就有一定的困难。派生词在信息含量方面比复合词更具优势,因为类词缀都有语义的类化作用,且能使复杂的短语结构词汇化,因此由类词缀构成的派生词的优点逐渐被语言使用者所发现,与此相应地其使用频率也就逐渐提高了。当由类词缀构成的派生词的使用越来越频繁时,语素的词缀化倾向也越来越明显。

二、现代汉语词缀化倾向的表现

在当前,现代汉语词缀化的倾向日益明显,最重要的一个表现便是出现了越来越多的新词缀,并且在新词语的构造中显示出了空前的活力。

现代汉语的新词缀,有着自身鲜明的特点。具体而言,现代汉语新词缀的特点主要有以下几个。

第一,原本不定位的语素,在词缀化后变得位置固定。具体来说,在词缀化之前,在复合词中运用语素时,不论是运用成词实素还是运用不成词实素,都较为随意,不受位置的限制。而词缀化之后,语素的位置变得相对固定,要么只充当前缀,要么只充当后缀。

第二,原本具有一定意义的语素,在词缀化后意义有了一定程度的虚化。这既是判断一个语素是否是词缀的重要标准,也是区分词缀语素与词根语素的一个重要依据。

第三,具有词汇意义的语素,在词缀化后仍会在一定程度上保留其原本的词汇意义。这一事实,使得新词缀具有了较强的类化能力,在绝大多数情况下可以构造语义相关的词群。比如,"人"这一语素原本具有词汇意义,其在词缀化之后仍保留了其意义,因而可以构成"商人""音乐人""电影人""剧中人""传承人""同龄人""主婚人""责任人"等语义相关的词群。

第四,音节模式突破了双音模式的制约,以三音节为主。比如,"高风险""软科学""房地产热""微气象学""民族自豪感"等。

第五,结合能力更为强大,而且在构成新词时很少会受到音节、结构的限制。也就是说,新词缀所构成的新词,往往有着不等的音节和复杂的结构,如"软件""控股人""大数据热"等。这一事实,使得现代汉语词的结构类型得到了大大丰富,构词手段也有了大大发展。

第六,具有一定的不稳定性,即一些新词缀还处于形成与变化之中。现代汉语新词缀的这一特点,既表明汉语的构词方式是不断发展的,又表明新词缀的产生已成为汉语发展变化的生长点之一。

　　总的来说,汉语的词缀系统还处于发展之中,不够稳定,而且所产生的新词缀是否具有较强的构词能力,还需要时间的验证。因此,对现代汉语词缀化倾向的研究,还需进一步深入。

第五章　现代汉语词研究

词是句子的建筑材料,是组织句子的基本单位。在现代汉语语法研究中,词研究无疑是极为重要的一项内容,尤其是词类的研究。以词法为重点,以词类为基础来描写语法现象在现代汉语语法研究中也不少出现。第一部有系统的汉语语法著作《马氏文通》就是这种词本位的语法体系的研究代表。当然,它是以文言为研究对象,下面我们以现代汉语为对象,通过对现代汉语词的相关探讨来体察现代汉语语法特点。

第一节　词的分类与依据

一、词的分类

在现代汉语语法研究中,词类是一个经常提到的概念。那么词类是什么？词类就是按照一定标准而分出来的类别。划分词类是全面认识词语语法特点的需要,是语法研究的基础工作;同时它也有利于进一步揭示由词构成的更高级语言单位(如短语和句子)的内部结构特点。

从当前现代汉语学术界对词的分类来看,主要是将词分为实词与虚词两大类。实词能充当句子成分,一般具有实在的词汇意义。实词下又可以分为名词(包括时间词、处所词)、动词、形容词、数词、量词、代词六类。虚词一般不能单独充当句子成分,主要是表达各种语法意义或语气、感情。虚词之下又可以分为介词、连词、副词、助词、象声词、叹词六类。以下分别举一些例子来说明:

　　　实词　①名词:勺子　书本　科学　昨天　上边　外面
　　　　　　②动词:跑　打　厌恶　是　醒　玩耍　应该
　　　　　　③形容词:紫　美丽　瘦　错　愉快　公平
　　　　　　④数词:一　九　十　百　千　万　亿
　　　　　　⑤量词:条　件　个　双　副　次　遍

⑥代词：你　我们　每　这　那　怎么样
虚词　①介词：在　从　自　向　由　于　给
　　　②连词：和　与　因为　虽然　因此　即使
　　　③副词：很　又　都　永远　逐渐　亲自
　　　④助词：的　等　所　了　着　过　啊　呢　吧
　　　⑤象声词：砰　咚咚　哗哗
　　　⑥叹词：唉　哼

需要说明的是，在汉语中，词的兼类现象较多。例如，"锁"既具有名词的语法功能，又具有动词的语法功能，"锁"就兼名词、动词两类；"端正"既具有形容词的语法功能，又具有动词的语法功能，"端正"兼属形容词、动词两类。

二、词的分类依据

分类是人类认识客观世界的一种最基本的方法。人类最初对事物的命名就是一种分类活动。人类所要认识、研究的事物往往是纷繁复杂的，群体中的各个个体从外形到属性，千差万别，各不相同。因此，要研究、认识事物，就必须对所研究的事物进行分类。回到现汉汉语的词上也是如此。词是句子的建筑材料，是造句的基本单位。而语言中的词有千千万万，要想根据一定的规则组合成句，就必须对那千千万万个词进行适当的分类。如果不进行分类，就没有办法总结概括出语法规则来。对于词的分类问题，一直是比较难的一个问题，汉语学术界在20世纪曾经就汉语词类问题有过三次大的讨论，一次是在30年代，一次是在50年代，还有一次是在80年代。通过三次讨论和20世纪80年代以来对汉语词类的深入研究，在"什么是划分汉语词类的最佳依据""怎样按照现有的认识来对汉语的词进行分类"这样一些问题上，取得了比较好的认识。最后，大家达成了一个共识，即词类是词的语法分类，是按词所具有的不同的语法功能所划分出来的类别。

前人提出过三种划分词类的依据：词的形态、词的意义和词的语法功能。从理论上来说，这三种依据中的任何一种，都可以成为我们划分词类的依据。但就划分汉语词类来说，最佳的依据是词的语法功能。以下对这三种依据进行说明。

（一）词的形态

汉语的词没有鲜明的形态标记和形态变化，词类跟句子成分也不是

第五章　现代汉语词研究

一一对应的。在汉语里,词类跟句子的成分基本上是一对多的对应,一个词往往既能做主宾语,又能作谓语、定语或状语等等。这使相关学者在汉语词类划分上非常艰难。所以,对于汉语词的分类来说,词的形态这一依据不成立。

（二）词的意义

早期讲汉语语法的书,表面说是根据各个词能作什么样的句法成分来给词分类的,实际上是按照词的意义来给词分类的。例如,在解释"劳动光荣""劳动人民"里的"劳动"的词性时,说前一个"劳动"由动词转成名词了,后一个"劳动"由动词转成形容词。那么动词"劳动"是依据什么来定的呢？有人回答是因为"劳动"能作谓语,所以是动词。但有的人就提出,既然"劳动"既能作谓语,又能作主语,又能作定语,那为什么不说作谓语的"劳动"是由名词"劳动",或者说是由形容词"劳动"转成动词的呢,而要说作主语的"劳动"、作定语的"劳动"分别是由动词"劳动"转成名词或形容词的呢？其实,人们之所以把"劳动"首先判为动词,是因为"劳动"表示行为动作。这就一下子点出了这个词划分类型的依据,即意义。

词的意义既有概念意义,也有语法意义。例如,"农民"一词,在《现代汉语词典》上的解释是:"在农村从事农业生产的劳动者。"这是"农民"的概念意义。而"农民"还有其语法意义,即"表示事物"。再如,"写"一词,在《现代汉语词典》上的解释是:"用笔在纸上或其他东西上做字。"这是"写"的概念意义。而"写"还有"表示行为动作"这一语法意义。有人就根据词的概念意义给词分类,比如根据"打仗"和"战争"这两个词的概念意义将它们划分为动词。其实,从语法功能上来看,"打仗"确实是动词；而"战争"是个名词,并不是动词。再如,"突然"和"忽然",有不少人都把它们归入副词,也是依据它们的意义来划分的,一方面认为这两个词都能作状语,另一方面也觉得它们的概念意义是一样的。不过,根据词的概念意义划分词类很快就遭到了否定。人们开始倾向于根据词的语法意义划分词类。

从理论上来说,根据词的语法意义进行词的语法分类,这是可行的。因为既然名词的语法意义是表示事物,动词的语法意义是表示行为动作,形容词的语法意义是表示事物的性状,那么似乎理所当然地可以倒过来说,表示事物的是名词,表示行为动作的是动词,表示性状的是形容词。然而,事实是,由于语法意义极为复杂,尤其是语法意义的层面太多,因此具体划分起来难以操作。举例来说,表示事物的真的都是名词吗？固然,名词的语法意义是表示事物,但是在人们的心目中,汉语里的"什么"是用来问事物的,与之相对的"怎么样"是来问非事物的。如果观察现实生活中的日常交际,就会发现,用来回答"什么"的,既可能是名词性词语,也可能是动词性词语。例如:

问:你在看什么?
答:a. 我在看老舍的《骆驼祥子》。
　　b. 我在看打排球。

显然,在 a 句中,用来回答"什么"的是名词性词语"老舍的《骆驼祥子》";在 b 句中,用来回答"什么"的则是动词性词语"打排球"。"什么"所问的事物,其外延要大于名词所表示的事物。

其实,不只是作为语法意义的事物这样,作为语法意义的"行为动作"和"事物的性状"也是这样,语法意义的层面太多。可见,面对如此复杂的语法意义,如果仅仅依据词的语法意义来给词分类,必然难以操作。也就是说,从理论上说似乎可以根据词的语法意义来划分词类,但实际上是很难做到的。

(三)词的语法功能

所谓语法功能,就是词在造句中所起的作用。根据词的语法功能进行汉语词的分类,是现在最为科学的认知,也是大家经过长久探索得出的较为正确的结论。

早在 20 世纪 50 年代初期,吕叔湘先生就讲过这么一句话:"区分词类,是为了讲语法的方便。"后来他在研究中又一再重申这个观点。陈望道先生也曾指出,划分词类就是"为了研究语文的组织,为了把文法体系化,为了找出语文组织跟词类的经常而确切的联系来"。这两位先生的观点显然是很客观的一种说法,非常具有说服力。因为,在语言学界,划分词类确实就是为了研究语法、讲解语法。语言里的种种句法格式表面看都是许多具体词的序列,实质上都是词类的序列。例如,"小王吃苹果"体现了"名词+动词+名词"这样一种句法格式,这样一种词类序列。通过"名词+动词+名词"这种词类序列,我们可以代入无数的词,造出无数的句子来。鉴于此,从划分词类的目的来看,根据词的语法功能划分词类是非常合理的。

从词的二维关系(组合关系和聚合关系)来看,词的分类以语法功能为依据也合情合理。任何语言里的词和词之间总存在着二维关系——词的组合关系和词的聚合关系(图 5-1)。

第五章　现代汉语词研究

	组　合　关　系					
	a	b	c	d	e	f
聚合关系	弟弟	把	杯子	打	破	了
	姐姐	把	衣服	洗	干净	了
	爸爸	把	自行车	修	好	了
	妈妈	把	饭	煮	煳	了
	春风	把	池水	吹	皱	了
	雷声	把	耳朵	震	聋	了
	……………					
	名词	介词"把"	名词	动词	形容词	助词"了"

图 5-1　组合关系与聚合关系

图 5-1 是现代汉语里的"把"字句所呈现的词与词之间的二维关系。横向呈现的是组合关系,纵向呈现的是聚合关系。组合关系是词和词按一定句法规则构成句法结构(如图中"弟弟把杯子打破了"等句所代表的"把"字句结构)。句法结构就是词的组合关系的产物,是词的组合物。聚合关系是将同一种组合关系里处于相同语法地位的词归为一类(如图中所归出的 a、b、c、d、e、f 各类)。词类就是词的聚合关系的产物。具有相同语法功能的词总是聚合成类,方便组合;而词的聚合关系又总是以词的组合关系为前提。从词与词之间所存在的二维关系里不难看出,词类确实是按照词在句法结构中起的作用所分出来的类。所以,词的语法功能是划分词类的重要依据。

此外,从某种程度上来说,依据词的形态分类,实质上是依据词的语法功能分类。况且对于汉语来说,几乎没有形态变化,所以,更不用考虑词的形态这一分类依据了。

当然,如果以全局观和系统论来看的话,词的形态、词的语法意义、词的语法功能这三者是互相关联的,不是互相排斥的。词的语法功能是词的语法意义的一种外在表现,而词的形态又是词的语法功能的外在表现形式。在给词具体分类的过程中,其分类根据可以从上面这三方面去提取。这三个方面具体是指:(1)词充当句法成分的功能,如作主语、谓语等;(2)词跟词结合的功能,如前加"不""很"或后带"了""着"等;(3)词所具有的表示类别作用的功能,实际就是词的语法意义,如计数功能、指代功能、连接功能等。

第二节　构词法与造词法、构形法

一、构词法

构词法就是语素构成词的方法、规律,所以它属于语法学的词法范畴。它是汉语语法研究的一个重要方面。

潘文国等在《汉语构词法研究的先驱薛祥绥》中认为,最早提出汉语构词法体系的应推薛祥绥,他的《中国言语文字说略》是非常具有研究价值的一篇文章。首先,它在汉语研究史上第一个提出了词根和词缀(他叫作语根和语系)的概念;其次,它第一次提出了构词成分单用和不单用问题(他叫作"能析立成字"和"不能析立成字");再次,它最早将构词法和造句法结合起来进行考虑;最后,它第一次提出了一个比较完整的构词法体系。

黎锦熙可以说是对汉语构词法进行全面分析并最早建立起构词类型系统的人物。当时,他为了推行拼音方案,专门研究"词类连书"(即"词儿连写"),在《词类连书条例》以及稍后的《复音词构成方式简谱》中已作了细致的分析。他把复音词分为三大类:一类是分体的(双声、叠韵等);一类是并行的(双字同义、双字对待、双字重叠);一类是相属的(向心结构、动宾结构、主谓结构、词尾、词头、词嵌)。后来,经过不断研究,他与刘世儒合写的《汉语语法教材》把汉语构词法分为了如下三类。

第一,句法构词法。这分为以下四种类型:联合式(并立格),如"弟兄""建设";附加式(偏正格)(又向心、主从),如"夜班""鲜红";支配式(动宾格),如"动员""出版";述说式(主谓格、子句),如"民主""自治"。

第二,形态构词法。这分为以下三种类型:黏附式(词尾、词头)如"阿Q""老虎""桌子""人们";镶嵌式,如"吃得消""了不起"等;重叠式(即重叠格),如"人人""时时"。

第三,语音构词法。这分为以下六种类型:双声式,如"蜘蛛""枇杷""吩咐";叠韵式,如"骆驼""蜻蜓""哆嗦";连绵式,如"蝴蝶""胭脂""疙瘩";衍音式,如"胡同""骨碌""什么";叠音式,如"奶奶""往往""纷纷";标音式,如"苏维埃""葡萄""马达"。

赵元任在《国语入门》中把构词法分为两大类:第一类又分为单音节的和双音节的,第二类分为字的重叠和变读、附加成分和复合词三种。后来他在《汉语口语语法》中作了更为详细的分析。他把第一类归为形态类型,包括重叠、前缀、后缀、中缀;把第二类归为句法类型,包括主谓复合词、并列复合词、主从复合词、动宾复合词和动补复合词。

20世纪50年代中期,对于汉语构词法的研究又多了起来。陆志韦等人的研究就比较出色。他们的《汉语构词法》在分析北京口语材料四万多条后建立起了下面这样一个新的构词法类型体系。

（1）多音的根词,如"玻璃""凡士林""噼里啪啦"等。
（2）并立,如"弟兄""工农兵""横七竖八"等。
（3）重叠,如"哥哥""明明儿""想想""清理清理"等。
（4）向心(修辞),如"羊肉""飞船""通红""快走"等。
（5）后补,如"船只""红透""书本""天上""来不及"等。
（6）动宾,如"写字""失明""示威"等。
（7）主谓,如"心焦""眼花""肉麻""地震"等。
（8）前置成分,如"老鹰""老师""阿姨""第一"等。
（9）后置成分,如"领子""活儿""石头""科学家"等。

除上述人物外,在构词法方面有比较深入研究的还有张寿康,其著有《关于汉语构词法》和《略论汉语构词法》。后来他又写了《构词法和构形法》一书,对这一问题进行了比较全面的阐述。

汉语的构词法,即使是复合词的内部结构关系同短语的结构关系仍有许多不同之处,换句话来说,构词法有不少特殊性。刘叔新《复合词结构的词汇属性》便指出了好几种特殊的构词类型:一是同义逆序词:如"火柴/柴火""猫熊/熊猫""卷烟/烟卷""脚注/注脚";二是逆修饰词:如"石墨""饼干""肉松";三是动宾倒序词:如"石刻""麦收""理解";四是量在名后词:如"人口""车辆""马匹"。陆俭明、傅力、邢公畹等语言学家也在研究中提到了一些构词法的特殊之处。这里不一一说明,但从他们的研究可以看出,汉语构词法既有同句法结构相同的规律,也存在着其特殊的规律。

这里需要特别提一下简略词,即由短语缩减、凝结而成的词,如"邮政编码→邮编""高等院校→高校"。它也是汉语构词法中的一种特殊类型。吕叔湘在《汉语语法分析问题》中认为:"从意义方面看,简称代表全称,是短语性质,可是从形式方面看,简称不同于全称,更像一个词。实际上简称是一种过渡形式。"对于这一点,陈建民、濮侃、蔚群、马庆株等也有过研究。

二、构词法与造词法的区别

在语法学界,有人也将"构词法"称之为"造词法",两者并没有严格的区分。事实上,二者是有区别的。孙常叙《汉语词汇》第一次把这两者进行了区分。他认为:"造词的素材和方法可以决定词的结构,可是词的结构却不能完全反映造词方法,因为不同的造词方法是可以产生相同的结构关系和形式的。例如:'白茶'和'木马'在结构上都是主从关系构成的,但是,单从这种关系不能理解为什么'白茶'是'茶'而'木马'并不是'马'。"[1] 他先将造词法分为语音造词法、语义造词法、结构造词法三种,后又分为词根造词法、非词根造词法、音变造词法、附缀造词法。

任学良吸取并发展了孙叙常的观点,撰写了有关造词法的第一部专著《汉语造词法》。他在本书中表达了三个重要观点:第一,造词法主要是研究用什么原料和方法创造新词,构词法则是研究词的内部结构形式,两者是"纲"和"目"的关系,也就是说,构词法要在造词法的统属下起作用。第二,词法学、句法学构成的词,既存在造词法问题又存在构词法问题,而语音学、修辞学造成的词只存在造词法的问题,不存在构词法问题,因为这两类词不具备语法学的性质。第三,造词法要研究"造词意图",即造一个词到底想要表示什么意思。

任学良的造词法体系包含以下五种方法,每一种方法下又细分为几类。

第一,词法学造词法。这类造词法又分为附加法、重叠式和音变式三类。附加法又分为加词头、加词尾、多重词尾、加量词、加词嵌五种;重叠式又分为全部重叠式和部分重叠式两种;音变式又分为变调、改变音节结构和转类式三种。

第二,句法学造词法。这类造词法又分为主谓式、谓宾式、补充式、并立式、主从式,以及其他的格式,如承接式、兼语式、代替式、"以……为"式、变叙式。

第三,修辞学造词法。这类造词法又分为比喻式、借代式、夸张式、敬称式、谦称式、婉言式、对比式和仿词式。

第四,语音学造词法。这类造词法又分为取声命名式、取声表情式、单纯拟声式、双声式、叠韵式、合音式和音译式。

第五,综合式造词法。这类造词法又分为词法内部综合式、句法内部综合式、词法—句法综合式、语音—句法综合式、修辞—句法综合式。

---

[1] 孙常叙.汉语词汇[M].北京:中国社会科学出版社,1956.

第五章　现代汉语词研究

任学良的造词法体系在汉语言学界虽然也遭到了一些质疑,但总体上产生了较大的影响。在任学良之后,葛本仪对造词和构词进行过研究。他在《汉语的造词与构词》中认为,造词是词的创制说,是解决一个词从无到有的问题,而构词是词的结构规律说,所以,造词法相同的词,构词法并不完全相同;相反,构词法相同的词,造词法也不一定相同。关于造词法,葛本仪提出了八种类型。

第一,音义任意结合法,如"人""手""鸟""车""大"等。

第二,摹声法,如"啪""嗖""叮当""哈哈""猫""咖啡"等。

第三,音变法,如"扣(kòu 扣上的扣,动词)——扣(kòur 扣子的扣,名词)""盖(gài 盖住的盖,动词)——盖(gàir 瓶盖的盖,名词)""尖(jiān 尖细的尖,形容词)——尖(jiānr 针尖的尖,名词)"等。

第四,说明法,如"举重""理想""菊花""书桌""三角""哑巴""豆芽""白茫茫"等。

第五,比拟法,如"雀斑""龙眼""木耳""垮台""蜂拥""纸老虎"等。

第六,引申法,如"是非""领袖""岁月""江湖""矛盾""网络"等。

第七,双音法,如"姐姐""往往""老鼠""道路""富裕"等。

第八,简缩法,如"高校""政协""邮编""工农业"等。

对于造词法和构词法,谭达人认为,构词法在一定程度上反映着造词法的某种差别,因此,语言中所有的词都有造词法的问题,也都有构词法的问题(《造词法和构词法的两个问题》)。刘景丽认为,造词法所研究的是历时语言现象,指创造新词,重在创造,而构词法所研究的是共时的语言现象,指词的内部结构形式,重在结构(《谈造词与构词》)。可以说,造词法和构词法两者既存在对立关系,又存在一致关系。

造词法和构词法区分开来对待,有助于词的词汇属性与语法属性的深入研究。一般来说,造词法着眼于词的历史形成,偏重于词义分析以及造词目的与词义组合;构词法则偏重于词的结构形式以及语素之间的结构关系,偏重于形式分析。所以,从原则上讲,一个词既有造词法问题,又有构词法问题,两者形成纵横交叉关系。当然,与一些热门内容的研究相比,造词法与构词法的研究还是相对比较少,局限性也大。

三、构词法与构形法的区别

构形法,即词的形态变化的方法。一个词的词形变化往往表示不同的语法意义。在汉语语法学界,关于构词法和构形法历来有两种截然对立的看法。一种认为构词法包括了构形法,因此没有必要单列构形学,至于"们""了""着""过"等都可看作虚词;另一种认为构词法应与构形法分开,应单独研究构形学。汉语虽然没有严格意义的形态,但还是有特殊形态的。

陆宗达、俞敏在《现代汉语语法(上)》中对汉语形态的研究比较多。受当时苏联语言学家观点的影响,他们以北京口语为调查材料,列举了许多所谓的"形态",包括重音、重叠、词头、词尾、词嵌等,其范围极宽泛,如动词的词尾除"了""着""过"之外,把"见""成""死""给""到""开""下""住"等都划了进来。高名凯认为,词的变化或词的形态是词本身之内的变形而表达某种语法意义的,并分为内部形态变化和外部形态变化(《汉语语法论》)。

在构词法和构形法研究中,问题往往集中在词缀到底是属于构词法还是构形法,以及对重叠方式的性质如何认识上面。高名凯、石安石主编的《语言学概论》认为,在通用的语言学术语中,把位于词根词素后的只包含语法意义的词素和位于词根之后的其他附加词素区分开,前者叫词尾,后者叫后缀。后来,高名凯在《语言论》中更明确地区分了"作为限定性结构成分的词缀"和"作为单纯的语法成分的词尾"。换言之,词根后面的附加语素有两类,一类是词的语法成分,另一类是词的结构成分。

构词法研究的是词的结构方式,构形法研究的是词的形态变化,两者既有联系又有区别,有交叉但并不相等。构词法中的派生词和重叠词与形态变化有密切关系,因而也是构形法研究的对象,而构形法还要研究同一个词的不同词形变化,即一个词附加某些成分后并不构成新词却具有某种语法意义,显然这不属于构词法范畴,而复合词的结构情况只属于构词法却同构形法无关。因此,既属于构形法又属于构词法的附加语素,可以称之为词缀,包括词头、词尾、词嵌;而只属于构形法不属于构词法的附加成分,可以称之为语缀,包括前缀、后缀、中缀。很显然,在构词法和构形法研究中,"词缀"和"语缀"是不同的。以下对二者的区别进行一定分析。

(1)词缀和词根的组合是封闭的,而语缀与词的组合则是开放的。前者组合成词,可以一一列举,词典有收录;后者并不构成新词,也无法列举,故词典一律不予收录。还有一种说法就是能产和不能产的区别,词缀往往不能产生新词,如"初""老""子""然"等,一般与之组合的词根比较固定;而语缀是活的,能产生新词的,如"第"可以加在任何数字前边,者、们、性、化等都可以随意用来构造新词。

(2)跟词缀组合的是词根,属于构词法范畴,部分词根是黏着的,无法单独成词,如"桌子""木头",这反过来证明词缀的构词作用。而跟语

第五章　现代汉语词研究

缀组合的是词,而且基本上是实词,都具有自由活动的能力,属于词法范畴。有时,跟语缀组合的还可能是短语,如"老师和同学们""讨论并通过了"。

(3)语缀同词的组合因为是属句法组合,所以要受到句式条件的制约,它的活动不那么自由。比如,虚语素"头":

头:浇头　对头　念头　盼头　赚头

头:浇头儿　看头儿　吃头儿　来头儿

"头"组成的词,词典上都收录了,而且是有限的;而"头"组成的结构,表示一种价值观念,并且只能出现在有限的句式中。例如:"什么(一点)看头也没有""有什么看头""没有什么看头""有看头""没有看头"。"们""的""第""似的""的话""了""着""过""起来""下去""(试试)看""(吃)头""(理解)法"都应属于语缀,而非词缀,当然也都只属于构形法。

同理,重叠结构实际上有三种情况:一是音节重叠,不是语素重叠,其中每个音节单独都没有意义,如"蛐蛐""蝈蝈""猩猩""饽饽",这只能说是重叠式语素。二是语素重叠,如"爸爸""妈妈""哥哥""舅舅"等亲属称呼和"娃娃""宝宝""星星"等少数名词以及"偏偏""刚刚"等副词,还有一些"花花绿绿""歪歪扭扭"等形容词("花绿""歪扭"都不成词),这些属于构词形态重叠。三是词的重叠,它不产生新词,而表示某种附加的语法意义,如量词重叠("个个""张张""句句"),表示周遍性"每"的含义;动词重叠("看看""走走""打扫打扫""休息休息"),表示动作的时量短或动量小;形容词重叠("小小儿的""干干净净""冰冷冰冷""古里古怪")表示的语法意义比较复杂。

关于语缀中的中缀,在汉语里一直是个有争议的问题。赵元任举了"糊里糊涂""酸不溜溜"中的"里""不"以及"看得见""看不见"中的"得""不"。任学良举了"黑不溜秋""叽里咕噜"等中的"不""里"。其实,出现在某个语法结构中的附加成分也有两种。一种是词嵌,如"巴不得""恨不得""了不得",以及"对得起/对不起""看得起/看不起""对得住/对不住""靠得住/靠不住""合得来/合不来"中处于中间的"得"与"不"。抽掉"得"或"不",便不成词,也不成结构。二是中缀,如"看得见/看不见"中的"得"与"不",这种组合是开放性的,抽掉"得"或"不",还可以成词。

词根和词缀的问题受到很多语言学家的研究,但至今也还是存在一些模糊的问题。比如,陆志韦等《汉语的构词法》列举了八个后置成分:"儿""子""头""们""的""着""了""过",三个前置成分:"第""老""小"。

除此以外，又另设了十个类于后置成分的成分："读者""作家""软化""不价""昨（儿个）""扒拉""折腾""锅巴""后来""天然""近乎"。这就表明，在他看来，词缀和词根之间还存在着一些过渡状态的语素。吕叔湘在《汉语语法分析问题》中正式提出了"类前缀"和"类后缀"。他认为，有一些语素勉强可以算是前缀或后缀，但又不完全是，它们在语义上还没有完全虚化，有时还以词根的面貌出现，所以可称它们为类前缀和类后缀。类前缀有"可""好""难""准""类""亚""次""超""半""多""不""无""非""反""自""前""代"等；类后缀有"员""人""民""界""物""品""具""件""子""种""类""别""度""率""法""学""体""质""力""气""性""化"等。赵元任也在《汉语口语语法》中提到了这一点，认为应当区分开"严格意义的"前缀、后缀，以及"复合词中结合面宽的"第一语素、末了语素。任学良也有词头、准词头和词尾之说。他在《汉语造词法》中列的词缀范围是极其宽泛的。

根据诸多语言学家的认识，这里认为词缀应该具备以下几个条件：一是不能单独运用；二是语义虚化；三是能产性比较强；四是构词位置固定。需要注意，随着现代社会生活节奏的加快，一些语素的能产性特别强，并有词缀化倾向，如"多渠道""旅游热""专业户""紧迫感""排坛"等中的"道""户""感""坛"就已词缀化了。

第三节　不同词类的语法功能

词类主要是根据词的语法功能来划分的。前面已经讲到的词的类型，就是根据词的语法功能划分出来的，主要有实词六类，虚词六类，共十二类。以下则对这些不同词类的语法功能进行简要阐述。

一、不同实词的语法功能

（一）名词的语法功能

名词一般都是记录、反映人、事物、现象的名称的词。它又可以分为四个小类：普通名词，如"手""书""学生""空气"等；专有名词，如"中国""长城""欧洲""鲁迅"等；集体名词，如"人类""车辆""河流""树木"等；抽象名词，如"概念""原则""意识""道德"等。名词大部分可受数量短语修饰；一般不受副词修饰；可以受代词、形容词、动词和各种短语的修饰，一般也可以直接受另一个名词的修饰；没有"数"的语法范畴，不论单数、复数，形式上一样；少数名词可以重叠，表示与量词重叠相同的意思。

名词最主要的语法功能是在句子中作主语、宾语，其次是作定语，有一小部分名词还能作谓语。名词一般很少作状语，但时间词、处所词比较特殊，可以作状语。例如：

①西安是陕西的省会城市。（作主语）
②我给朋友写了一封信。（作宾语）
③我们常去工人俱乐部跳舞。（作定语）
④李老师上海人。（作谓语）
⑤我昨天下午不在家。（作状语）

需要注意，一般名词作状语，后面要加"地"，如"实现祖国四个现代化的任务历史地落在我们这一代人的肩上"。一般名词很少单独作状语，但数量词加名词构成的名词短语可以作状语，如"她几句话就把妹妹说服了"。作状语的主要是表示时间、处所的名词（短语），主要修饰动词或动词短语，如"下星期我就离开美国了"。名词中的方位词也比较特殊，语法功能与一般名词也有区别。

（二）动词的语法功能

动词一般都是表示行为、动作或变化等意义的词。动词又可以分为动作、变化动词，如"走""来""运输""命令""消失"等；心理动词，如"想念""喜爱""憎恨""讨厌"等；判断动词，如"是"；能愿动词，如"应（该）""能（够）""肯""可以""愿（意）"等；类比动词，如"像""似""如""仿佛"等；称述动词，如"姓""称""认为"等；形式动词，如"予以""加以""给以"等。

在现代汉语中，不同类的动词往往具有不同的语法特征，而动词和形容词又有一些重要的共同语法特征，因此适合于所有的动词而又只属于动词的语法特征是很难被概括出来的。这里对多数动词的语法功能进行分析。动词在句子里主要作谓语，部分动词还可以作结果补语、趋向补语和情态补语。动词有时可以作定语、主语（可用的谓语动词有限）、宾语（前面只能用谓宾动词），少数动词可充任状语。动词一般都可以用"不"来否定，多数动词还可以用"没"来否定。多数动词后可以用动态助词"了""着""过"。多数动词可以带宾语。例如：

①我喜欢牡丹花。(作谓语)
②房子里突然飞出一只鸟。(作补语)
③这是我积累的经验。(作定语)
④写文章确实不容易。(作主语)
⑤我喜欢游泳。(作宾语)

有些动词能带宾语,称为及物动词;有些则不能带宾语,称为不及物动词。值得注意的是,现代汉语中的不及物动词,一般不能带受事成分(动作支配的对象),但却可以带施事成分(动作发出者),如"台上坐着主席团";有些不及物动词在后附介词性成分的情况下,则可以带处所名词作宾语,如"躺在椅子上"等。此外,行为类动词(含心理动词)可以重叠,如"走走""唱唱""写写""讨论讨论"等。

(三)形容词的语法功能

形容词是用来表示人、事物的属性与状态的。按其表达功能,它可被分为两大类:一类是性质形容词,如"肥""软""酸""勇""美丽"等;一类是状态形容词,如"雪白""漆黑""羞答答""黑不溜秋"等。绝大多数形容词可以受"不""很"等副词修饰,但状态形容词中已含有极至程度意味的词不可以受程度副词修饰,如"雪白""乌黑""碧绿"等类词。

形容词在句子中主要作定语、谓语、状语和补语,性质形容词在充任这些句子成分时有一定的条件,状态形容词则在造句时限制要小得多。以下是相关例句:
①她是一位伟大的历史人物。(作定语)
②这件衣服短,那件衣服长。(作谓语)
③你再仔细看看,还有没有遗漏的东西。(作状语)
④衣服晾干了。(作补语)

状态形容词作定语时,一般要后附助词"的",如"高兴的心情""雪白的墙壁""碧绿的菠菜"等,但性质形容词作定语时,不必借助于助词"的",如"伟大(的)祖国""友好(的)国家"等。正因为状态形容词与性质形容词之间有不少区别,有人主张将前者独立出来成为一类,叫状态词。

形容词也可以作主语、宾语。例如,"勤劳是一种美德""工作着是魅力的"。

(四)数词的语法功能

数词是用来表示数目或顺次的词。根据其内部不同,数词又可分为基数词和序数词。用来表示数目的多少的数词属于基数词,如"零""一""两""十二""三百""五千""六万"等。用来表示先后次序的数词属于序数词,大多是在基数词之前加"第""初"构成,如"第一""第二""初三""初四"等。

数词通常与量词组成数量短语后充当某一种结构成分。在"一束花"里,由数词"一"和量词"束"组成的数量短语充当定语;在"走了两个"中,由数词"两"和量词"个"组成的数量短语充当宾语;在"去过一次"中,由数词"一"和量词"次"组成的数量短语充当补语;在"三天完工"里,由数词"三"和量词"天"组成的数量短语充当状语。

有时候,基数词并不表示确定的数目,应仔细辨别。比如,"百孔千疮""三思而行"中的"百""千""三"表示"多"的意思;"一知半解""三言两语"中的"一""半""三""两"表示"少"的意思;"七嘴八舌""七拼八凑"中的"七""八"表示"乱"的意思。

(五)量词的语法功能

量词是用来计量事物或动作单位的词。它又可以分为名量词和动量词两类。名量词用来表示人或物的计算单位,如"位""名""些""本""尺""元""角""条""吨""点""群""个""把""套"等。动量词用来表示动作行为的计算单位,如"下""回""趟""遍""顿""番""阵""次"等。除了上述专用量词外,一些表范围的名词和行为动词还可以成为临时量词,如"一桌子菜""一汽车乘客""一挑柴禾"中的"桌子""汽车""挑"等。现代汉语中量词丰富且具有独特的功能和很强的运用价值,是汉语一个比较显著的特色。

一般情况下,量词是数词与名词组合时必须要有的中介成分,而且在语义上量词与名词存在关联性,如"树""棍子""竹子"等长条形事物名词,量词是"根";薄平的物体名词,量词用"面"或"片";"位"与"个"相比,前者更具有褒赞色彩,如可说"一位先生(小姐、同志)",但"小偷"却只能说"一个"等。量词一般不单独充当句子成分。名量词与数词组成数量短语,可以作定语。例如,"我上街买了本书"。这种省略了数词"一"的量词只能出现在宾语前,不能出现在主语前。

量词最突出的语法特征是,同数词组成数量短语后作定语、状语、宾语、补语等结构成分,可参见"数词"部分。

(六)代词的语法功能

代词是用来起称代、指示或问询作用的词语。根据指称关系,代词分为人称代词、指示代词和疑问代词三类。人称代词用来代称人,如"我(们)""你(们)""他(们)""俺(们)""它(它们)""大家""咱们""大伙儿""自己""别人"等。指示代词用来指示、区别人或者事物,如"这(个)""那(个)""本""各""某""另""其余(他)"等。疑问代词主要用于询问,如"谁""什么""哪儿""哪里""怎样""几(时)""多少"等。

代词的语法功能与它所代替的词语一致。代替名词或名词短语时,可以作主语、宾语、定语;代替动词、动词短语或某些形容词时,可以作谓语;代替形容词、数词时,可以作定语和补语。例如:

① "小红,你别难过。"小红的朋友说。(作主语)
② 怎么能让您来替我承担责任呢?(作宾语)
③ 你写错了几个字?——我写错了八个。(作定语)
④ 你身体怎么样啦?(作谓语)
⑤ 大家各说一句话。(作状语)
⑥ 文章写得如何?(作补语)

代词在具体语句中有两种指称类型:实指和虚指。代词有确定的指称对象,就是代词的实指用法,如"王平去北京了,他明天回来"中的"他";"你看见什么啦?快告诉我"中的"什么"等代词。代词没有确定的对象,而是指一定范围中的某个对象或所有对象,就是代词的虚指用法,如"班上同学,你出一点,我出一点,钱就够了"中的"你""我"和"你说什么,我也不能给你"中的"什么"等词。

二、不同虚词的语法功能

(一)介词的语法功能

介词是依附在实词前,用以引入时间、处所、方式、工具、对象等的词。根据其依附的成分类型,介词分为以下几种。

(1)表示时间的介词,如"自""打""从""于""在""当""由""随着"等。

(2)表示处所、方向的介词,如"朝""向""往""沿(着)""顺(着)""从"等。

(3)表示对象、范围的介词,如"对""关于""与""同""跟""和""把""被""叫""连""除了"等。

(4)表示方式、手段的介词,如"按""以""用""经(过)""通过""依照""根据"等。

(5)表示原因、目的的介词,如"因(为)""由于""为(了)""为着"等。

绝大多数介词能放在体词性成分前,构成介词短语,作状语或定语

(后加"的")。例如：

①我的一个老乡从安徽来了。(作状语)

②这些沿街的小商亭都是为了方便群众而设立的。(作定语)

也有少数介词可以放在动词前，表示方式、手段。例如：

①通过商量，他们就这份协议达成了一致。

②经过不断的努力，他们终于获得了可喜的研究成果。

大多数介词是从古汉语的动词演变过来的，因此，它们常常兼有动词的属性。例如：

①门朝南面。

②会议通过了一项决议。

介词短语也可以作补语、宾语和主语。例如：

①鲁迅生于1881年。(作补语)

②他这次来是为了你。(作宾语)

③村子从南到北有一条河。(作主语)

（二）连词的语法功能

连词用来连接词、短语或句子的词。按照连词所连接的单位类型，连词可被分为两类：一类是主要连接词、短语的连词，如"和""同""跟""与""及""并(且)""或""而(且)"等；一类是主要连接句子的连词，如"然而""但是""不仅""即使""如果""那么""虽然""但是""因为""既然""纵然"等。

连接词或短语的连词一般处于两个或多个成分之间，起中介作用。如果连接的成分之间属于并列关系，前后成分可以互换位置。例如：

哥哥和姐姐去邻居家了。

但如果连接成分有主次、先后、承接关系，前后成分就不能互换位置了。例如：

①告诉了张处长、王科长及其他相关人员。(主次)

②讨论并通过了这个方案。(先后)

③我们将聚而歼之。(承接)

连词在连接词或短语时，与不同的词性相关："和""同""跟""与""及"等主要连接体词性成分；"并(且)、而(且)"等主要连接谓词性成分。连接句子的连词，不要求前后都有成分，仅仅置于句首，表示某种逻辑关系。例如：

如果明天天气不好，那爬山只能延期了。

(三)副词的语法功能

副词是用来表示程度、范围、时间等的,对动作或属性进行限制、修饰的词。副词通常又可分为以下几类。

(1)表示程度的副词,如"很""非常""十分""极(其)""格外""略微""更"等。

(2)表示范围的副词,如"都""总共""一起""仅仅""唯独""各自""一概"等。

(3)表示时间的副词,如"刚刚""马上""立刻""曾(经)""已(经)""就""将要""顿时""向来"等。

(4)表示肯定的副词,如"肯定""一定""准""必定""确实""准保""必然"等。

(5)表示否定的副词,如"不""没(有)""别""莫""未(必)""勿""休"等。

(6)表示情态的副词,如"果然""忽然""猛然""仍然""照样""幸亏""百般""渐渐""逐步""互相""特意"等。

(7)表示语气的副词,如"或许""索性""难道""无非""竟然""简直""到底""偏"等。

副词的主要语法功能是充当状语。副词可以修饰动词、形容词或者修饰整个句子。修饰动词的副词主要是表示程度、范围、时间、情态、语气的副词;修饰形容词的副词主要是表示程度、肯定、否定的副词。例如:

①我们都是中国人。(修饰动词)
②这里的景色太好了。(修饰形容词)

绝大多数副词只可以作状语,只有少数几个程度副词还可以作补语,例如,"好得很""热极了""高兴万分""热闹非常"等。还有个别副词可以作定语,如"非常时刻""非常时期"。

副词一般置于主谓结构的谓语前,但也有少量语气副词还可以置于主谓结构前。例如,"难道她就不能来吗"这句中的"难道"就在主谓结构前。有些副词单用或连用时,还可充当关联词,如"她(一)来了,我就走"。副词不互相修饰,但可以连用。不过,此时副词是分层次修饰谓词性中心成分的。

(四)助词的语法功能

助词主要依附于实词或短语后边,用来表示结构关系或动态语法意义的词。助词在句中一般念轻声。根据其语法作用,将助词可分为以下几类：一是表示结构的助词，如"的""地""得""所""之"等；二是表示动态的助词，如"着""了""过"等；三是表示比况的助词，如"一般""一样""似的"等；四是表示数量的助词，如"来""把""们"等。

结构助词依附于某个实词或短语，帮助它与另外的成分构成语法结构。动态助词附着于动词后面，表示动作所处的状态。比况助词依附于体词性成分后，构成比况短语，表示类比。可以单用，也可以和动词"像""似""如"等连用。从充当句法成分的能力来看，比况短语可以作定语，也可以作状语，如"他蛇一样地游了过来"，还可以作谓语，如"他心里明镜似的"。数量助词用在数量短语之间，表示一定量的概数，如"他已经招了十来个人呢"。

（五）象声词的语法功能

象声词是指用语音来摹拟事物或自然界的声音以及描写事物情态的词，如"轰""砰""嘀嗒""哗啦""叮咚""轰隆隆""叽叽喳喳"等。

象声词用于描写声音，可以独立成句。例如：

①哗啦！哗啦！哗啦啦！她们在湖面上划着船。
②"砰"！子弹向别处飞去。

象声词可以出现在句中，用于描写某物动作的状态或方式。这时候，象声词可以作状语，但都必须有"地"作标记。例如：

桌上的闹钟嘀嗒嘀嗒地在夜里清脆地响着。

在下面句子中，象声词还可以作定语、谓语等。例如：

①窗外沙沙的声音，让她浑身都紧张起来。（作定语）
②山岭上硝烟弥漫，炮声隆隆。（作谓语）

象声词有时也不与其他成分构成直接语法关系，而充当特殊成分（独立成分）。例如：

一道闪电过后，咔嚓！紧接着是如注的暴雨。

（六）叹词的语法功能

叹词是在句中用以应答或表示某种情绪、语态的词。有表示应答的叹词，如"哎""啊""嗯""噢""哦"等；有表示情绪的叹词，如"唉""咦""啊""哇""哼""呸""哎呀""喔唷"等。

在多数情况下，叹词用在句中，表示话语过程中出现的各种应答、情绪、语态，但不与其他成分产生语法关系。这时候叹词就成了句子中的特殊成分（独立成分）。例如：

·129·

①哎,你还不快点过来?
②呸!什么东西!
③哇,下大雪啦!
④哈哈,怎么样,我没说错吧!

需要注意,现代汉语中,叹词还可以转用,出现在句子中充当谓语或其他成分。这时候,就临时具有了动词或拟声词的功能。例如:

①他不屑地"呸"了一声,头也不抬地走过去了。
②站在泰山顶上,只听他"哇,哇"地叫了几声,惊叹得什么话也说不出来了。

当然,叹词也可以单独成句,独立完成应答。例如:
"喂!你愿意吗""嗯。"

第四节 词 义

一、词义的概念

词,是一种符号,用于表示事物。不管是客观存在的还是想象的事物,不管它是否真实,只要社交需要都可以用词来表示,词义,是词的意义,即词的内容。

二、词义的性质

(一)概括性

词,一般指整类事物或现象。词义是对词所表示的对象的范围的准确表达,词具有对事物的概括性,在社会交际中,在相同的社会文化语境中,当个体说出一个词时,其社交对象应该明确该词所指代的具体或者是抽象的对象。这就表现出了词对事物的高度概括性。

词义的概括性是对所指对象的共同的、本质的特征,一般来说,词指整类的事物或现象。从事物的发展规律来看,世界上的各种事物是处于不断的变化之中的,人们对事物的认识也在不断发生着变化,词是人们对事物的全面认知后的高度概括,不会随着某一时期的人、事物的变化而发生变化,这也正体现出了词义的概括性。

通过个别词以解释举例分析如下。

"改革",是对事物变革的主观思想与行为的概括,包括经济改革、政治改革、文字改革等各种各样的改革。

"桌",是对各种形状、材质与使用性质的上面放置东西的家具的一种统称,包括木桌、方桌、圆桌、书桌、餐桌、八仙桌等,它们具有共同的特点,即"上有平面,下有支柱,可放东西"。

"笔",是各种各样的形状不一,颜色各异,可做标记的工具,包括毛笔、圆珠笔、钢笔、铅笔、蜡笔……它们的共同本质特征为"写字画图的工具"。

"鲁迅",专有名词,特指某人,概括了不同时期(童年、少年、青年、中年、晚年)的鲁迅。

"北京",专有地名,指特定城市,概况了城市及城市文化、特征。

词义所表示的对象都应该具有共同的本质特征,词所不能表示的对象则没有这种特征,这是词义准确地把词同相应的事物联系的重要前提与基础。

(二)客观性

从词与词义的产生和发展来看,人们最早发明字与词语是对现实存在的客观事物的认识与性质、特征概况,如"花、鸟、虫、鱼",之后也有了对人们所想象的人事物的概括,如"神仙""鬼怪"。

人类所赖以生存的世界是客观性的,是物质性的,词义是客观事物在人脑中的反映,词义的基础是客观事物,因此,词义必然具有客观性。例如:

"风"——跟地面大致平行的空气流动现象。

"铅"——金属元素,银白略带蓝色,质软而重,延性弱,展性强,易氧化。

"跑"——两脚交互跃进:跑步。

——快速移动:奔跑。

——逃。跑出笼子。

——漏泄:跑气。

——奔走:跑堂。

"凤凰",古代传说中的百鸟之王,雄称凤,雌称凰,是象征祥瑞。

人们常说的神仙、鬼怪、龙凤、麒麟等,在现实生活中并不存在,但是也是基于人们对客观世界的认识的反映。在早期人类社会,这些词的意义就是当时人们对客观事物的认识,如人们认识到大自然有下雨这一现象,就认为天空中存在人们不能肉眼可见的"龙",龙腾致雨,尽管"龙"这一动物并不存在,但当时的人们觉得它就是客观存在的。

(三)模糊性

词义有精确性和模糊性,词的表义不同。同时,词义的概括性也决定了词义的模糊性,即词义的界限具有一定的不确定性。世界万物以及人们所认知的事物中,很多事物与其他事物之间的联系是非常密切的,并不会有特别清楚和明显的界限,一般的,事物的核心部分一般来说还是比较明确的,但它与邻近事物的差异是逐步缩小的,其间本不存在明确的界限,词义的模糊性就在于很多时候词义所指的事物边界不清。

以时间表达为例,"中午"同"上午""下午"之间便没有一个明确的界限,很难明确地去区分几点几分钟到几点几分钟是中午。但是,这并不会影响人们对于"中午"这一时间区域的理解,"中午"的核心还是明确的,这核心部分是人们注意的重心,对于"中午"的边缘部分,则不被过多关注。

(四)民族性

人类文化具有区域性与民族性,不同地区的人和不同民族的人的文化不同,文化的差异性决定了不同地区与不同民族的语言与字词表达内容与方式的不同。

对于同样的、同类的事物,在不同民族的语言里,可以用可能完全不同类型与形式、形态、含义的一个词或几个词去表示。词义概括的对象或情感范围不同,体现了词义的民族性。

词义的民族性有指代范围和情感意义上的不同,举例分析如下。

汉语中,"哥哥、弟弟、姐姐、妹妹"表示父母的不同年龄大小的子女;英语中,brother 表示哥哥或弟弟,sister 表示姐姐或妹妹。

汉语中,对于"我"的表达有很多种,如鄙、吾、余、孤等,还可以与身份进行结合自称,如朕、贫僧、咱家、为师、为父等;英语中,对"我"的表达为"I""me"。

汉语中,"狗"是专有名词,用在特殊语境中有不同的词义,多含有贬义,如走狗、疯狗、狗腿子、狼心狗肺、人模狗样等;英语中,"dog"的众多语境大都没有贬义,甚至有褒义,如 dogfight(激战)、doggish(泼辣、华丽)、a lucky dog(幸运儿)。

三、词义的分类

词义有概念义和色彩义之分,词义中与概念相联系的核心意义即为概念义,色彩义则是词义概念上的附着意义与引申意义。

(一)概念义

词义的概念义,又称"理性义""主要意义",指词义表达概念有关的意义。在汉语和字词的词典中,对词的解释,主要就是概念义。例如:

花——可供观赏的种子植物的有性繁殖器官。
花茶——用鲜花熏制的绿茶。
复杂——多而杂。
宣布——公开正式告诉(大家)。
阐释——阐述并解释。

对词义的概念义的认识与理解,可以帮助个体通过所给词联系到某一个或者某一类的事物(范围),凡不是该词所指的事物都不包括在内。

(二)色彩义

词义的色彩义,又称"附属义",是词附属于概念义的词义。色彩义附着在词的概念义之上,表达人或语境的特定感受。

1. 感情色彩

褒义词——词义具有褒义色彩,表达赞许、褒扬感情,例如:

英雄　解放　奉献　牺牲
忠诚　慷慨　善良　和气
漂亮　大方　温柔
雄伟　壮丽
健康

贬义词——词义具有贬义色彩,表达厌恶、贬斥感情,例如:

叛徒　走狗　小人
巴结　小气　虚伪
霸道　勾结　沉沦
盗版　丑陋
马虎

中性词——既没有褒义色彩,也没有贬义色彩。例如:
  山岭　河流　风
  羊群　马匹　梧桐树
  个体　集体　士兵
  理由　结论
  手套　桌子
  左　中　东　西　高　低
  跳　跑　来　去

这里需要特别指出的是,一些词在特殊的语境中,词义会发生变化,如可能从中性词变成具有褒义或贬义色彩。例如:

"水平、朋友"是中性词,"有水平、够朋友"有表达令人满意的情感。

"年轻、硬"是中性词,"年轻了点儿""饼干很硬"中的"年轻""硬"有贬义色彩。

  2.语体色彩

语体色彩,又称"文体色彩",在人们所认知的语言用语中,一些词语经常用在某种语体中,便具有了所特有的色彩。有的具有书面语色彩,有的具有口语色彩。

具有书面语色彩的词语,举例如下:
  机遇　信念　心态　凝聚
  反思　珍重　坚毅　腾飞
  神往　汇集　祝愿　眷恋

具有口语色彩的词语,举例如下:
  明儿　脑袋　身子骨
  瞧　聊天儿　纳闷儿
  害臊　使坏　数落

语体色彩的词的使用,与场合有关,也与说话者的文化修养有关,从用词以及词义表达上,能推断出个人的文化素质与文化修养水平,例如:

  她的晚年,据我想,是总算不很辛苦的,享寿也不小了,正无须我来下泪。况且哭的人不是多着么?(鲁迅《孤独者》)

文中带"·"的词有书面语色彩,表现了魏连殳的文化修养。

  就怨我爹连人情世故都不知道,老发昏了。就专凭他们"老畜生""小畜生"摆布;他们会报丧似的急急忙忙钻狗洞,巴结人……(鲁迅《离婚》)

文中带"·"的词有口语色彩,表现了农村媳妇爱姑的文化水平。

第五章　现代汉语词研究

3. 形象色彩

一些词的表达,具有对具体事物形象的描述,给人一种形象感,具有形象色彩的词,它们除了概念义之外,还使人有生动具体的形象感。通过这些词,可使人了解所指代事物的"动态、颜色、声音"等。例如:

　　失足　上钩　钻山豹　碰碰船(动态)
　　云海　玉带桥　喇叭花　鹅卵石(形态)
　　绿洲　碧空　雪豹　墨菊(颜色)
　　知了　布谷鸟　恰恰舞　乒乓球(声音)

词的形象色彩通常会在文学作品中有充分表现。例如:

　　两个黄鹂鸣翠柳,
　　一行白鹭上青天。

这两句诗中对形象色彩的词的运用,为读者勾勒出一幅非常美的春景图,令读者非常有画面感。

四、词义与语境

语境,即语言单位出现的环境,任何词都在语境中出现,解释词义要考虑该词所出现的语境。

对某个词语的词义理解应充分结合上下文语境进行,"上下文"是一个宽泛的概念,一段话或一篇文章中凡出现在某语言单位前的词、语、句都是该语言单位的上文,出现在其后的都是下文。对词义的理解,应优先考虑与所分析的词、语、句最贴近的处于同一个句子的其他的词或短语。尤其是当词义表示不明确时,更需要结合上下文理解,即所谓的"因文定义"。

语境对词义的解释有重要影响,具体表现如下。

(一)语境使词义单一化

在一定的语境中只使用一个义项。例如:

"打":

"打铁"语境中,词义为"锻造"。

"打格子"语境中,词义为"画"。

"打伞"语境中,词义为"撑举"。

文字表述中,如果出现一个多义项的词,在上下文语境中,不能限定单一的义项,则可能导致读者产生歧义。例如:

"老王老了。"这句话中,"老"是一个多义词,单从这句话理解,不知道是老王岁数大了,还是死了。

"祥林嫂老了"(鲁迅《祝福》),这里的"老"是"死"的意思。

(二)语境使词义具体化

词义有概括性,词义可以指整类或者是个体,具体指事物个体还是整类,由语境决定。例如:

忽然来了一个人;年纪不过二十左右,……我便问他,"吃人的事,对么? 他仍然笑着说,"不是荒年,怎么会吃人。"(鲁迅《狂人日记》)

第一个"人"特指当时来的那一个人;第二、第三个"人"泛指被"吃"的一个或一群人。

(三)语境增加词义的临时义

在一定语境中,有些词会出现新的义素。例如:

鱼,不论死活都是鱼。

"观鱼"的"鱼"一定是活鱼,凸显了[＋活]的义素。

"煎鱼"的"鱼"一般是死鱼,增添了[—活]的义素。

(四)语境体现词义的选择性

词语的运用是否合理与贴切,要注重词语的搭配使用,词语搭配是互为语境的,能在什么语境中出现或不能在什么语境中出现,表现了词义的选择性。例如:

"骑马"这一词语中,"骑~"是"马"的语境,"~马"是"骑"的语境。

"骑马"是正确表达,"骑床"是错误表达。

词出现的语境有宽有窄,词语搭配不当,可使得词的意义表达具有相互抵触性。词语的用词搭配越多,越能对词义进行较多的限定,例如:

"~走"的语境中可进行合理搭配的词有很多,如"钟、表","狗、鹅","人、小孩、盲人"等。

在"~走进公园"的语境中,要排除"钟、表"之类。

在"~走进公园赏花"中,要排除"盲人"。

第六章　现代汉语短语研究

短语也叫词组,是由两个或两个以上单词按照一定的语法规则组合而成的没有语调的语言片段。从语法层面来看,现代汉语短语在语义上能逐层贯通,在结构上能逐层搭配起来,它和语素、词一样,是静态的、过渡性的语法单位。在汉语语法研究史上,短语作为汉语语法结构不容忽视的客观存在,不能不引起研究者的关注和分析,并曾经以"词组""仂语""结构"等来指称之。但是,短语被正式确立为介于词和句子之间的汉语语法单位之一,只有约半个世纪的历史,这是汉语语法研究的一次重大的进步。本章立足前人的研究,在分析短语的类型及其在语法中的地位的基础上,研究短语的结构与功能特征,分析短语的语义特点,以求进一步深化认识并提高运用短语的理性水平。

第一节　短语的类型及其在语法中的地位

短语是词的组合,是意义上和语法上能搭配而没有句调的一组词,所以又叫词组。词和词的组合,可以是实词和实词的组合,也可以是实词和虚词各为一方的组合。在汉语里,短语和词的界限有时不是十分清楚。有些语言片段是词还是短语,往往很难划分清楚。常常用来区别词和短语的方法是扩展法。而为了深入认识短语,我们将短语的类型及其在语法中的地位进行分析。

一、短语的类型

短语的类型多样,从不同的角度可以有不同的类型划分。

(一)根据短语是否能充当句子成分划分

根据能否充当句子成分,短语可以分为成分短语和非成分短语(图6-1)。

```
                                    ┌ 主谓短语
                                    │ 动宾短语
                         ┌ 成分配对式 ┤ 定中短语
              ┌ 结构关系类 ┤           │ 状中短语
              │          │           └ 中补短语
              │          │ 依次排队式 ┌ 联合短语
              │          └           └ 同位短语
      ┌ 结构类 ┤
      │      │           ┌ 能愿短语
      │      │           │ "的"字短语
      │      │           │ 介词短语
  ┌ 成分短语 ┤ └ 结构标志类 ┤ 方位短语
  │    │                  │ 趋向短语
  │    │                  │ 比况短语
短语 ┤    │                  └ 数量短语
  │    │
  │    │          ┌ 名词性短语
  │    │          │ 谓词性短语 ┌ 动词性短语
  │    └ 功能类 ┤           └ 形容词性短语
  │               │ 修饰性短语
  │               └ 多功能性短语
  │
  └ 非成分短语
```

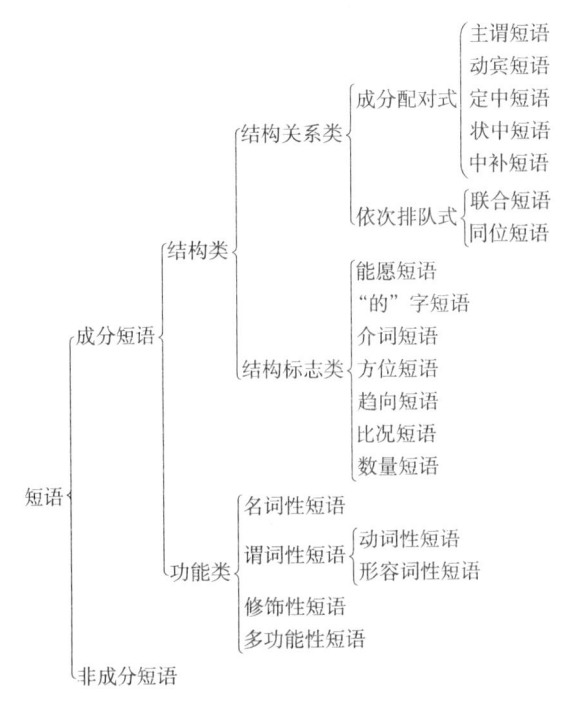

图 6-1 短语的类型

一般的短语都是成分短语。它们一进入句子，便成为这样那样的成分。少数短语是非成分短语。它们通常用来作为句间关系词语，如"换句话说""否则的话"等。非成分短语是一些虚化了的短语，数量不多。作为篇章语法的重要建构因素，其语法作用不可忽视。

(二)根据构成短语的成分是否凝固划分

根据构成短语的成分是否凝固，可以将短语分成固定短语和自由短语。

自由短语即指按照一定的结构规律能自由组合的短语，如"大"可跟其他词构成"很大""非常大""大桌子""大眼睛""房子大""困难大"等，就都是自由短语。自由短语里的词可以用相同功能的词互相替换，例如自由短语"看书"可替换成"看报""看电影""买书""借书"等。

固定短语是指内部词语相对固定而不能随意替换的词语。它具有两个比较突出的特点：一是结构具有凝固性，即各构成成分及其语序是不能随意更改的，如"削足适履"一般不能写成"削足适鞋"或"削脚适履"，"虎踞龙盘"一般不能说成"龙盘虎踞"；二是意义具有完整性，即整个固定短语的意义并不等于各构成成分意义的简单相加，例如，从意义上看，"碰钉子"不等于"碰"和"钉子"之和。现代汉语中的成语和惯用语都是固定短语。从结构形式上看,它们像短语;从语法功能来看,它们则相同于词。

(三)根据短语的层次多少划分

根据短语的层次多少,可将短语划分为简单短语和复杂短语。

只有一个层次的短语叫简单短语。包括所有由两个实词组合而成的短语以及由多个实词平等并列组合而成的联合短语,如"学习外语、非常努力、大家满意""上海、天津、北京和广州""观察、分析和理解"等。有两个或两个以上层次的短语叫复杂短语,复杂短语至少由三个词构成,并且至少有两个组合层次,如"研究解决问题的办法、大家努力学习外语"等。

(四)根据结构成分之间语义关系是否明显划分

根据结构成分之间语义关系是否明显,短语可以分为关系类短语和标志类短语。

关系类短语是结构成分之间有明显语义关系的短语,又可以分为成分配对式和依次排列式两类。前者主要包括主谓短语、动宾短语、定中短语、状中短语和中补短语,后者主要包括联合短语和同位短语。

标志类短语是结构成分之间语义关系比较模糊,只从语表上找出标志的短语。这类短语的命名,有的利用前标志,即利用前面一个结构成分作为标志;有的利用后标志,即利用后面一个结构成分作为标志;有的利用双标志,即同时利用前后两个结构成分作为标志。

(五)根据短语内部成分的关系划分

根据短语内部成分的关系,可将其划分为主谓短语、动宾短语、偏正短语(包括定中短语和状中短语)、中补短语和联合短语等基本结构类型。此外,还有连谓短语、兼语短语、同位短语、方位短语、介词短语、量词短语和助词短语(包括"的"字短语、比况短语和"所"字短语)等特殊结构类型。

(六)根据整个短语的语法功能划分

根据整个短语的语法功能,可将短语分为名词性短语、谓词性短语(包括动词性短语和形容词性短语)、修饰性短语和多功能性短语等类别。

二、短语在语法中的地位

短语是词和句子之间的语法单位,大多数短语加上一定的语调、语气和停顿就可以形成句子。例如,"你走"是个主谓短语,如果在后面加上语气词"吗",加上一个问号和上扬的语调,就成了一个疑问句:"你走吗?"有些短语不能直接形成句子,如介词短语、"所"字短语、比况短语等。可以说,短语在语法中具有很高的地位,研究短语的结构和短语的功能,可以上串下联,使词、短语、句子以至句群互相沟通,形成一个完整的结构系统。

具体来看,短语的结构规律有很大的代表性。语素组成词的结构规律、句子成分组成句子的结构规律,在短语中都能体现出来,因为汉语的构词法、构短语法、构句法是基本一致的。在词法中,合成词中的语素义大都比较模糊,归纳出合成词中语素与语素之间的结构关系也比较困难;在句法中,句子成分之间的语义关系和结构也难于归纳。但是,这些难于归纳的结构关系,放在短语中来进行则难度要小得多,因为词义比较显豁,词的长度又较适中,所以语言单位之间的组合关系规律在短语中最容易归纳出来。如:"新衣服""完全赞成"是偏正关系,"新闻""座谈"也是偏正关系,"多冷的天哪!""快走吧。"也是偏正关系。

此外,短语对于语法研究也十分重要。传统的语法研究,不是以词为本位,便是以句为本位。在分析句子时,都是从词到句,短语没有正式的地位,这明显是受到印欧语法模式的影响。真正深刻认识到汉语语法中短语重要作用的是吕叔湘、朱德熙、郭绍虞等人,尤其是朱氏在短语研究中倾注了大量心血,并取得了丰硕的成果。吕叔湘《汉语语法分析问题》把语言单位分为词和短语两类,并把短语定为词(或者语素)和句子之间的中间站。换句话说,短语连接着两个重要的语法单位词或句子,起着承上启下的重要作用。短语与词有相同的一面,都是语言的备用单位;又有不同的一面,即短语是高一级的语法单位,短语属于句法范畴。句子中采用的组合方式,句子中具有的句法成分、句法关系,短语基本上都有。可以说短语是构成句子的基础。从这一层面来说,短语是构成更为复杂的句子的语法基础,也是进行语法研究的基础。

短语是构成句子的基础,是因为汉语的语法单位到了短语这一级,各种组合方式、组合手段、组合关系都已具备了。例如,"空气"和"清新"这两个词直接组合构成主谓短语"空气清新"。"矮"与"凳子"两个词直接组合构成偏正短语"矮凳子"。"李明"和"书"加上结构助词"的"叫

第六章 现代汉语短语研究

关联组合,构成偏正短语"李明的书"。如上几个短语有的加上语调,可以变成结构关系相同的句子,有的在一定的语境中加上语调,也可以变成结构关系相同的句子。可见短语成分与句子成分基本一致。短语被包含在一个句子里充当一个成分时,或者当短语不带语调时,它是短语。当短语独立带上语调时就是句子,短语的结构层次和结构关系也就变成句子的结构层次和结构关系,短语的组成成分(主语、谓语、动语、宾语、定语、状语、补语、中心语)也就成了句子成分。既然汉语的短语和句子在结构上具有一致性,那么只要把汉语的各种短语的结构搞清楚了,也就把汉语的句子结构搞清楚了;只要掌握了各种短语的结构,也就基本上掌握了句子的结构。

对于词组在语法中的重要性予以阐述的,除了吕叔湘之外,就是朱德熙和郭绍虞。其中,朱德熙在《语法讲义》中,以六大词组结构(偏正、动宾、述补、主谓、联合、连谓)为基本骨架,讲述了词组在语法中的重要性,为语法研究"词组本位"研究的提出奠定了基础。根据他的观点,词、词组和句子的关系如图 6-2 所示。

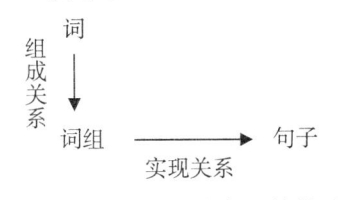

图 6-2 词、词组和句子的关系

根据朱德熙的观点,句子是独立的词组,对句子精心分析,可以以词组为基点。朱德熙将汉语同印欧语作比较,发现印欧语里句子的构造跟词组构造不同,以英语为例,sentence 的谓语部分必须有一个由限定式动词充任主要动词,而 phrase 则不允许有限定式动词,它只能是不定形式或分词形式,而句子里的分句 clause 则跟独立的句子一样,也由限定动词任谓语,可见这里是两套构造。而汉语则不然,动词和动词结构不管在哪里出现,形式完全一样,特别是主谓结构,也是一种词组,跟其他类型的词组地位完全平等。因此,汉语句子的构造原则跟词组的构造原则基本上是一致的,词组带上表述性就可以成为句子。而且词组内部的结构关系又与复合词的结构关系基本一致,因此,以词组为基点的语法体系,可以与构词法、造句法联系起来,达到内部一致,这样使语法体系显得十分简明。

郭绍虞在《汉语词组对汉语语法研究的重要性》中,提出汉语的构词法和造句法基本一致,因此词组能在词与句子的连接中起到桥梁作用,认为研究词组是汉语语法研究的关键。只不过,郭绍虞的研究出发点还只限于从"词、词组、句子"结构形式基本一致以证明汉语语法具有"简易性",并着重说明"汉语语法必须结合修辞"的论点,因而未能从理论上透彻地分析短语研究的重要性,而且实际上也没有进行短语的具体研究。

这些学者的研究虽然侧重点有所差异,但都承认了短语在语法中的重要地位,也说明了短语是现代汉语语法研究必须重视的一环。

第二节 短语结构特征与功能特征

凡是由两个成分构成的语言单位,语法上的分类都有两方面的标准。一个是着眼于"内部结构",另一个是立足于"外部功能"。着眼于内部结构,也就是分析两个构成成分之间的结构关系;立足于外部功能,是考察它和其他语言单位在组合中所表现出来的特点。下面主要对短语的结构特征和功能特征进行分析。

一、短语的结构特征

短语是由两个以上的词组合而成的,现代汉语不同类型的成分组合而成的短语,其间的内部关系和整体功能都有不同的特点,因此,本节将从下面两个角度来分析短语的结构关系。由实词和实词为主要成分构成的短语,其间可以归纳出多种结构关系,其中最为常见的就是"实词+实词"型和"实词+虚词"型。

(一)"实词+实词"型短语

在现代汉语中,由"实词+实词"构成的短语一般为复合短语,在这类短语中,实词都能作句法成分,几个实词结合起来形成一定的句法结构关系。根据句法结构关系,复合短语可分为主谓短语、动宾短语、定中短语、状中短语、中补短语、兼语短语、联合短语等。

1. 主谓短语

主谓短语由两部分组成:前一部分是被陈述的对象,叫主语,主语表示陈述的对象,主要回答"谁""什么"的问题;后一部分是对前一部分的陈述,叫谓语,主要回答"怎么样""是什么"的问题。例如,"鲁迅是文学家""国旗飘扬","鲁迅"是陈述的对象,回答"谁"的问题,是主语;"是文学家"回答"是什么"的问题,是陈述的内容,是谓语。"国旗"回答"什么"的问题,是主语;"飘扬"回答"怎么样"的问题,是谓语。

从主谓短语的词语构成上来看,主谓短语中的主语,在大多数情况下由名词、代词或名词短语充当;谓语在大多数情况下由动词、形容词或动词短语、形容词短语充当。例如:

　　年会开始　乌云散去　领导认可　什么也不知道
　　天气凉了　体态优雅　露珠晶莹　老师特别开心
　　气氛热闹　开荒种地已三年　老人八十三岁

2. 动宾短语

动宾短语由两部分组成:前一部分是某种行为,叫述语;后一部分是受这种行为支配的对象,叫宾语。动宾短语表示的是支配关系。在现代汉语中,动宾短语主要是通过词类和语序来表示的。词类指的是充当述语、宾语成分的词类有很大的倾向性,这表现在:述语一般由动词性词语充当,宾语绝大部分由名词性词语充当,述语和宾语之间可以插入动态助词"了、着、过"。语序指的是述语和宾语的位置是固定的:述语一定在宾语的前面,宾语一定在述语的后面。例如:

　　喝水　看电视　写作文　修房子　觉得愉快
　　吃饭　有能力　买两把　重五斤　懂得节约
　　跑步　住酒店　开好车　吹风扇　坚持锻炼
　　挨揍　看医生　抓小偷　打板子　认为有意义

3. 定中短语

定中短语是由定语和中心语两部分组成的偏正短语。定语可以由多种词类和短语充当,可以从不同的角度对中心语进行修饰,中心语一般由名词性成分充当。定语同中心语之间的语义关系是多种多样的。结构助词"的"是定语和定中关系的标志。例如:

　　我妈妈　四川人　陕西省会　毛呢大衣　昨天的事
　　四条腿　橱窗里　他写的信　漂亮姑娘　反抗方式
　　三人哪位圈养动物　买的书　高超的技能

4. 状中短语

状中短语是由状语和中心语两部分构成的偏正短语。状语的作用是对中心语加以修饰或限制;中心成分是谓词性质的,所以状中短语属于谓词性短语。状语和中心语都可以由多种词类的词充当。其中,充当状语的主要有副词、名词、动词、形容词以及各种短语。中心语主要由动词或形容词充当,这从上面列举的例子中可以看到。此外,名词、数词、数量短语、一部分代词也可以充当状中短语的中心语。状语同中心语之间的语义关系也是多种多样的。结构助词"地"是状语和状中关系的标志。例如:

  一直很好 非常果断 慢慢地移动 不怎么样
  非常慈祥 十分失望 已经出发 认真学习
  特别大 迅速发展 嘻嘻地笑 在教室里谈话

5. 中补短语

中补短语由两部分组成:前一部分是被补充的对象,叫述语;后一部分是对前一部分的补充,叫补语。中补短语表示的是补充关系。

述补和动宾都有"述",但"补""宾"不同。从词类看,"谓词+名词"肯定不是述补,例如"听音乐、洗衣服"。从标记看,中间有助词"着、了、过"的一般是动宾,有助词"得"的一定是述补(述补的中间常常有个助词"得"),如"吃了面包"是动宾,"吃得很饱"是述补。从意义看,"宾"表示对象类,"补"表示结果类,即动宾表"×什么",述补表"×得怎么样",如"看","看什么"可以是"看电视、看报纸、看黑板、看表演、看比赛"等都是动宾,"看得怎么样"就可以是"看累了、看清楚了、看错了、看得稀里糊涂、看了三分钟"等都是述补。

中补短语一般有两种类型,一种是动补短语,另一种是形补短语。前者是作补语的是动词或动词性短语,后者是作补语的是副词或形容词。除了以上两种情况外,中补短语中,数量词、代词、个别副词以及介词短语也可以作补语。例如:

  拿走 搬过来 爬上去 恨得直跺脚
  打伤 讲清楚 跑得快 长得又白又胖
  睡着 好极了 差得远 漂亮得很
  急坏 走出去 闷得慌 说得一钱不值

6. 兼语短语

兼语短语的构成较复杂,它是由一个动宾短语与一个主谓短语套在一起,动宾短语的宾语兼作主谓短语的主语,形成"动词1+兼语+动词2"的格式,所以称为兼语短语。例如,"请他去"。这个短语就是由"请他"和"他去"两个谓词性短语加在一起构成的。加起来之后,"他"既作"请"的宾语,又作"他"的主语,一身而兼二职,所以被称为"兼语"。含有"他"这类成分的短语就叫兼语短语。

第六章 现代汉语短语研究

按照当代转换生成语法学派的解释,兼语结构是一种表层结构,在深层它有两个结构,如上例应该是"请他"和"他去",经过转换生成,其中动词的宾语和主谓短语的主语合二为一。于是到表层就成了兼语结构。不过,若要使这两类结构能套在一起,必须满足一个条件,就是"动词,"必须是含有"使令""促成"意义的动词。下面是这类动词构成的兼语式:

　　派他去　指使别人干坏事　动员群众参加活动
　　让我走　命令连队出击　劝大家回去　陪朋友看电影
　　笑他傻　搀老人过马路　禁止村民砍树　通知家长开会

从语义关系上来分析,上述例子中后两部分构成的主谓结构所表达的意思是"动词",所预期产生的结果,如"老人过马路"是"搀"的结果,"大家回去"是"劝"的结果。此外,有些兼语短语"动词"与后面部分有原因关系,如"爱他老实","他老实"是"爱"的原因,"恨他不争气","他不争气"是"恨"的原因。

7. 联合短语

联合短语由两个或两个以上部分组成,各部分没有主次之分。联合短语表示的是并列、选择、递进等关系。我们可以这样理解:联合短语由两个或更多的部分组成,因为各个构成部分在结构关系上是并列的,所以要求它们在语义上同一范畴,在语法上同一类型。例如:

　　文化与制度　茶米油盐　江浙沪　过去、现在、未来
　　讨论并通过　衣食住行　你我他　比天高、比海深
　　辱骂和恐吓　春夏秋冬　老中青　学习、运用并推广
　　个人和集体　又高又大　北上广　高大、年青、面孔英俊

联合短语的各部分之间可以用上连词,也可以不用,若使用连词,大致上有个分工:动词的联合,可以用"并"连接;形容词的联合,可以用"而"连接;名词的联合,一般用"和",也可用"跟""同""与"连接。其中,"和"的使用与联合短语关系较为密切,也较有讲究。有的短语若不用"和"容易引起误解,那就非用不可。比如"学生和家长",省略了"和",会使人误解为"学生的家长",那就成了偏正关系了。有时并列的成分不止两项,习惯上,只用一个"和",这个"和"一般放在末两项之间,如"工人、农民和知识分子""北京、上海和广州"。如果并列的几项可以分组,让"和"与顿号连用来表明分组并列的关系,如"工厂、商店和机关、学校""德和才、素养和能力、声誉和业绩"。此外值得注意的是,"和"通常连接名词,有时也可连接动词或形容词,但是有一定的条件限制。连接动词,一般需要共管一个宾语,或者有共同的状语,如"积极地宣传和贯彻改革开放的政策",连接形容词,一般需有共同的状语,如"十分伟大和深远"。

（二）"实词＋虚词"型短语

一般在汉语短语中,由"实词＋虚词"构成的短语都是派生短语。派生短语组成部分的关系是实词与虚词的关系,虚词跟实词结合或附着在实词上,一个派生短语在句子中的作用一般相当于一个实词。根据所附着的虚词的性质,可将派生短语分为方位短语、量词短语、介词短语和助词短语。

1. 方位短语

方位短语是指方位词附着在词(实词)或短语后面构成的短语。方位词所附着的实词大都是名词,如"屋子里""宴会后""讲台上";也可以是动词,如"考试前"等;构成的方位短语表示时间或处所。名词和方位词组合,大都表示处所,如"屋子里、讲台上",有时也可表示时间,如"宴会后、课前、广播操后"等;动词和方位词组合,大都表示时间,如"考试后、解放前"等。

需要注意的是,用普通名词表示处所时,后面往往要加上方位词。例如：

①屋里在开会。
②他把书放在桌子上了。

但是在国名、地名之后,不能再用方位词"里"。如：

①他在北京学习。
②你在中国留学吗？

2. 量词短语

量词短语是指量词附着于数词、指示代词、疑问代词后边构成的短语。量词短语分为数量短语和指量短语两种,其中指量短语又分为"指＋量""指＋数＋量"两种。例如,"这本""这三本""哪五条"。此外,定词与量词组合而成的定量短语也属于量词短语,所谓"定词",是指如"满""全""许多""好多"一类词。这些词既不同于数词,又不同于指示代词。定量短语不说出准确的数目,只指出相对的数量。例如：

满瓶(水)　全套(设备)　整匹(布)
半张(画)　许多棵(树)　好多种(样式)
好些道(菜)　好几尺(土布)

量词短语的造句功能是相当强的,其中的数量短语、问量短语及定量短语可以充当主语、宾语、补语、谓语、定语和状语,指量短语可以充当主语、宾语和定语。例如：

①三十分钟也可以说成是半个小时。
②我有两个学生,一个现在当中学教师,一个到国外发展去了。
③他有两个儿子。
④你哪次遇见他?
⑤我今年五十岁了。
⑥孩子已经三个月了吧?

上面的例子中,例①、例②中"三十分钟""一个"" 一个"都是作主语,"半个小时"作宾语。在这里需要注意的是,量词短语虽然可以作主语,但要受到两方面的限制:一是量词为量度量词,谓语要对主语加以解释和说明;二是数量短语和指量短语有替代作用,所替代的事物上文或下文出现过或会出现。例③中的"两个"作定语,修饰"儿子",例④中的"哪次"作状语,修饰遇见。例⑤中的"五十岁"和例⑥中的"三个月"都是用来作句子的谓语,这种情况比较少,只有少数表示年龄、时间、量度意义的物量词组成的量词短语才可能作谓语。

3.介词短语

介词直接附着在词或短语前边,构成介词结构。例如:

表时间:从现在(开始)　到目前(为止)
表处所:在书本上(画画)　沿公路(奔跑)
表受事:把工具(收好)　把他们(打一顿)
表施事:被别人(喜欢)　被笼子(罩住)
表方式:按规矩(办事)　根据事实(报道)
表手段:通过锻炼(提高)　由投票(决定)
表目的:为了理想(拼搏)　为教育(投资)
表对象:向家长(汇报)　同他(吵架)
表范围:关于这个问题　对于青少年的教育

介词结构中值得注意的是"在……上""在……中""在……下"几个结构,这几个介词结构原来是用来表示方位、处所或时间的,如"在桌子上""在灯光下""在春节中"。后来意思引申了,要注意它们的用法。"在……上"用来表示某一范围或某一方面,通常加入名词或名词性短语,如"在掌握基本理论的基础上"。中间也可以加入动词,但不能加入动宾短语,如可以说"在生产上",但不能说"在生产农具上"。"在……中"主要表示某一情况正在持续,中间要求加入动词或动词性短语,如"在学习中""在深入调查中"。有时也可用来表示范围,中间加入名词或名词性短语,如"在职工中""在广大青年中"。"在……下"用来表示条件,通常加入的是名词性短语,如"在这种情况下"。中间也可以加入主谓短语,但不能加入"主—谓(动宾)"的结构,如可以说"在大家帮助下",但不能说"在大家帮助我下"。

4. 助词短语

助词短语由助词附着在词语上组成,包括"的"字短语、"所"字短语和比况短语等。

"的"字短语是由结构助词"的"构成的部分定中短语省掉中心部分形成的。例如:

圆圆的桌子 逐渐散开的人群 漂亮的小姑娘
很讨厌的人 有很多来玩的人 红色的小书包
我要漂亮的 参加活动的同学 中国制造的设备

根据上例我们可以看出,一般来说,"的"字短语的构成如图6-3所示。

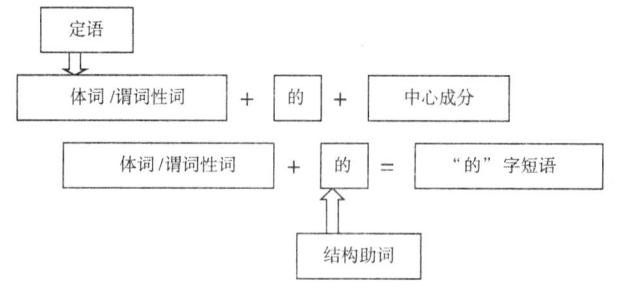

图6-3 "的"字短语的构成示意图

"所"字短语由"所"字加在及物动词前面组成,指称动作所支配或关涉的对象,是名词性短语。它在句子里一般要借助"的"字组成"的"字短语,或者借助"的"字组成偏正短语来修饰名词。例如:

所答非所问。

大家各取所需。

他所想的和你不同。

比况短语由比况助词"似的、一样(般)"附在名词等词语后组成,大多表示比喻,有时也表示推测。比况短语有两个特点:一是可作定语、状语、补语、谓语,属形容词性短语;二是常跟动词"像、好像、貌似"组配,引进比喻的对象。例如:

表示比喻:(雷鸣般)的掌声 (死一般)的寂静 (疯了似的)大笑

表示推测:他俩好像认识似的 这两个人亲兄弟似的

二、短语的功能特征

作为一个结构体,短语可以以一个类似于词的单位进行再组合,如动宾短语"踢球"可以成为主谓短语中的一个成分:他踢球。从这一层面来看,作为结构单位,短语也同样有自己的语法功能。短语的功能也可以从能否独立充当句法成分,以及能否与其他短语或词组合的能力。前者对所有的短语来说都相同,即都能独立充当句法成分,因此,短语的功能区别主要体现在后者,即不同的短语在组合能力上是有差异的。根据短语组合能力的区别,我们可以将短语归纳为体词性短语、谓词性短语、点别词性短语和副词性短语四种类型。

体词性短语就是名词短语,它能作主语、宾语,功能相当于名词,一般不能单独作谓语,不能用副词修饰。在句法功能上,体词性短语可以是以名词或动词、形容词为中心语带有定语的偏正结构,如:

  印度人民 美丽的乡村 哥哥的笑

也可以是以名词为成分的联合短语,或者是同位短语、数(名)量短语、方位短语,如:

  人与狗 大车和小车 做或者不做
  咱们三个 黄继光同志 公园旁边

谓词性短语的语法功能相当于谓词,它经常出现在谓语的位置上,可用副词修饰,出现在主宾语位置上是有条件的。属于谓词性短语的主要有:动宾短语、状中短语、中补短语、兼语短语、顺递短语、并列短语(限于谓词性词语并列构成的)、重叠短语(限于谓词性词语重叠构成的)、"似的"短语。主谓短语的功能性质,语言学界有不同的看法,本书把它看成为谓词性短语。因为它能作谓语,但它是一种较为特殊的谓词性短语。

点别词性短语的语法功能跟点别词(包括指词、数词和区别词,有的语法书称之为"区别词")相当,它经常出现在定语的位置上,一般不能单独作谓语,出现在主宾语位置上是有条件的。属于点别词短语的主要有:量词短语(限于物量短语)和并列短语(限于区别词或量词短语并列构成的)。

与点别词功能相同的短语,便是点别词性短语。点别词性短语主要有点别词短语和量词短语两种。其中,点别词短语是两个或两个以上的点别词联合起来组成的,它具有点别词的功能。例如:

  ①出口到国外的都是最高级的产品。
  ②我们农场有二十辆大型和中型拉货车。

例①的"最高级"和例②的"大型和中型",是点别词短语作定语。

量词短语也具有点别词的功能,常作定语。例如:

①他们住着楼上的两间屋子。
②后面来了一群狗。
③他们今天开的这个会,叫作促进会。
④那件事请你多帮忙。

例①的"两间",例②的"一群"是数量短语作定语;例③的"这个",例④的"那件"是指量短语作定语。由物量词组成的量词短语有时可指代人或事物。当它指代人或事物的时候,可作主语或宾语。

副词性短语的主要功能是作状语,与副词相近。它主要有介词短语、量词短语。其中介词短语和量词短语在上文中已经分析过,这里就不再赘述。

第三节 短语的语义特点

作为一级语法单位,短语既有前面所讨论的种种结构和功能特点,也有深层的语义特点。短语的语义就是指构成短语的结构成分之间所具有的深层逻辑关系意义和制约组合的逻辑特点,它主要体现在短语的语义关系、语义指向两个层面。

一、短语的语义关系

与句子所不同的是,短语属于一种静态语法单位,内部的词与词之间存在着复杂而稳定的语义关系。所谓语义关系就是指构成动词性句法结构的动词与其关联项之间所具有的由它们的语义范畴所建立起来的深层逻辑关系。例如,"踢",在完成一个有效组合时,一般要求有一个动作的发出者,有时还需要一个动作的接受者,前者叫施事,后者叫受事,如:

  动施关系:坐着客人 跑进老鼠
  动受关系:展览书画 维修房屋
  施动关系:北风呼啸 万马奔腾

语义关系没有一定的外在标志,在现代汉语短语中,常见的语义关系除了前面的施受关系外,还包括存在并列、限定、补充、评议、判断、同一、描写等关系。例如:

并列关系：机关学校　阅读欣赏
限定关系：秀丽景色　大胆设想
补充关系：解释清楚　热得淌汗
评议关系：应该参加　能够胜任
判断关系：是大世界　叫王宝强
同一关系：首都北京　班长小李
描写关系：衣着朴素　成就辉煌

二、短语的语义指向

语义指向是指句法结构中的某个句法成分与另一个成分在语义上相联系的情况。例如：

①他们圆圆地排了一个圈。
②老张笑眯眯地跟在我后面。

其中的"圆圆地""笑眯眯地"在句法上虽然都是状语，但在语义上分别与"圈"和"老张"相联系，这时我们就说"圆圆地"在语义上指"圈"，"笑眯眯地"在语义上指向"老张"。

短语成分的语义指向从理论上讲存在于每一个结构成分。但就目前研究来看，那些与句法指向关系不完全一致的主要集中于以下几种成分：

定语：他终于吃了顿饱饭。
状语：她高兴地收到了节日礼物。
补语：樵夫一天砍坏了两把刀。
主语：老张没有通知。

和分析语义关系一样，认识和研究语义指向，也有助于深入认识汉语的语法组合关系，有利于解释复杂的语言现象。例如下面这个句子，它们在一定条件下的变化结果并不同步。

他没有做什么，只打了一会游戏。

这个句子可以变成：

他没有做什么，只打了会游戏。
他没有做什么，只打了游戏

但不能变成：

他没有做什么，只打了会。
他没有做什么，只一会。

之所以出现这种情况，原因是其中的副词状语"只"的语义指向不同：前一个例子中，"会"指向的是"游戏"，所以"游戏"不能删除，他相对于"什么"其他东西,而"一"甚至"一会"这些数量成分,就不是必不可少的。另外,语义指向还能有效地解释一些多义短语结构,如:

小明最喜欢看动画片。

例句中,状语"最"可以指向"小明",也可以指向"动画片",如果指向"小明",可以理解为:与其他孩子相比,小明最喜欢看的是动画片;如果指向"动画片",可以理解为:与其他节目相比,小明最喜欢看的节目是动画片。可见,在多义短语中,语义特征的不同会造成多义,如:

她倒了一杯茶。

这个句子可以表示"她为自己或别人倒了一杯茶",也可以表示"她倒掉了一杯茶(可能是茶凉了,也可能是不想喝了)"。造成这种现象的原因就是,"倒"兼含两个不同的搭配限制特征:＋获得/＋去掉。

第七章 现代汉语句子研究

现代汉语句子指的是由和短语构成的具有独立表述意义的语法单位,其不仅表示句子、短语、词三个语法单位之间的层递包含关系,而且句子具有完整的表述意义,这是与词和短语不同的。句子是汉语语法中最大的单位,也是语言交际中最基本的单位,句子所具备的语法特性不仅体现了现代汉语的语法特点,而且决定了其在现代汉语语法研究中占据重要地位。本章将对现代汉语句子进行系统的研究。

第一节 句型、句类与句式

一、句型

句型就是对句子结构关系类型进行分析归纳所得到的类型。因此,句型分析应该分两步进行:首先是细致而准确地解析句子成分之间的句法关系;其次,对分析得到的句法关系进行格式或类型的概括。将形式多样、功能各异的句子归纳成若干个结构类型,以便深入地认识汉语语法结构规律。

对表达单位来说,根据其基本成分,即句子的多少,可以将表达单位划为两个大的类型:单句和复句。

单句是由词和短语所构成的,表达一个相对完整的内容,能够完成一个基本表达任务,具有一个特定语调的结构体。从形式上来看,单句的表现是复杂多样的,可以分为主谓句和非主谓句两种,主谓句由完整的陈述与被陈述部分组成,例如:"天又下雨了。"非主谓句直接由体词或谓语性成分来表达一个相对完整的意思。例如:"哇!多么好的天气啊!"

复句是指由两个以上的分句构成,包含两个以上命题的复合类型,关于复句的类型分析将在本章第三节详细研究。

二、句类

根据语气特征和表达功能的不同对句子的分类称为句类,可以将句子分为陈述句、祈使句、感叹句和疑问句四种类型。

(一)陈述句

用平直的语调、陈述的语气叙述或说明一件事、一个道理的句子叫陈述句。例如:

①我是独生子。
②我们是明天放假。

陈述句可以不带语气词,也可以带语气词。常带的语气词有"了、的、嘛、罢了、啊、呢"等,不同的语气词表示的语气意义是有差异的。

陈述句有肯定形式与否定形式两种。肯定形式往往是无标志的,如果要显示强调,则常常用动词或副词"是"。例如"他昨天到城里买了一本书"这个句子属于无标志的肯定形式,如果要强调其中某个成分,就可以把"是"分别安插在这个成分之前。

否定的陈述句是由肯定式加上否定词构成,例如:

①我今天没去上课。
②他不知道那件事情。

否定词还可以出现在述补短语中。例如:"你这句话说得不太好"。否定词通常是副词,例如"不""未""别",但是"没有"是动词和副词的兼类。否定动词,用副词"没有";否定名词,用动词"没有"。

如果是双重否定,则表示肯定的意思,例如:"我们不能不做出这样的决定。"

(二)祈使句

祈使句指的是用急促沉重的语调发出指令性内容的句子,一般有表示命令、指示、劝阻、祈求的意思,例如:

①你快起床。(表命令)
②这里禁止游泳。(表指示)
③你不要从那条路上走。(表劝阻)
④愿老天保佑你。(表祈求)

祈使句有肯定和否定两种形式,表示肯定的如"你给我滚出去!",表示否定的如"不许随地吐痰!",表示命令时语气比较强烈,表示请求时语气比较委婉。

(三)感叹句

感叹句是表示赞美、惊讶、愤怒或恐惧等强烈感情的句子。感叹句大体上可以分为四种。

第一种,直接用叹词构成。例如:
① 哎呀!
② 哼!

第二种,结构与陈述句相同的感叹句。在口语中,语调先升后降,音量加大;在书面语中,句末用叹号表示强烈的语气。例如:
① 我们赢了!
② 爸爸回来了!

第三种,句中有明显标志的,用副词"好、多么、多、太、真"或语气词"啊"加强感叹的语气。例如:
① 今天天气多好啊!
② 小明家的房子真大!
③ 你真是太可爱了!

第四种,表示强烈感情的各种标语、口号等。例如:
① 祖国万岁!
② 祝您寿比南山!

(四)疑问句

用上扬的语调对事实或行为提出询问或怀疑等内容的句子叫疑问句。疑问句从询问的真值性质上可以分为有疑而问和无疑而问两种情况,有疑而问有以下几类。

第一,是非问。提出一个问题,要求做出肯定或否定回答的句子。一般是在陈述句后面加上疑问语调或兼用语气词"吗、吧、啦"等(不能用"呢")。这种句子可以用"是、不是、有、没有"或点头、摇头来回答。例如:
① 你吃饭了吗?
② 他真的生你气啦?
③ 是小红告诉你的吧?

第二,特指问。对特定的对象进行询问,需要具体对疑问点进行解释或说明。例如:

①是谁在那里？
②为什么会发生这种事情呢？

第三，选择问。提出两种或两种以上的看法，希望对方选择一种做出回答。选择问句一般用复句的形式表示疑问，分句之间用"是、还是"连接，常用语气词"呢"。例如：
①昨天出现的是你还是你姐姐？
②明天用不用交作业呢？

第四，正反问句是用肯定/否定并列的方式提问的句子。句末可以不用语气词，也可以用语气词"呢、啊"。例如：
①我们能不能按时回家？
②你是不是昨天来的呢？

无疑而问也称反问句，提问者已经有了答案，或者虽然提出问题并不需要回答，多用以反问、质问，语气词常用"吗、呢"，例如：
①你怎么能这样说话呢？
②这怎么是你的东西呢？

三、句式

根据句子局部特点划分出来的句子类型成为句式，句式不同于句型，它比较集中地体现了现代汉语句子在句法和语义上的特点。现代汉语句式的数量比较多，如主谓谓语句、"把"字句、"被"字句、"是"字句、"连"字句、连动句、兼语句、双宾语句、存现句、可逆句等。这里主要介绍一些常用的句式。

（一）主谓谓语句

主谓谓语句是主谓短语作谓语的句子，主谓短语作谓语是汉语语法的显著特点。全句主语叫"大主语"，作谓语的主谓短语中的主语称为"小主语"，主谓短语中的谓语称为"小谓语"。例如：
　　这部电影‖我看过。（大主语）‖（小主语）（小谓语）
主谓谓语句可以分为以下几种。
第一种，全句主语（又称"大主语"）与作谓语的主谓短语中的主语（又称"小主语"）有广义的领属关系。例如：
①我‖肚子疼。
②小明‖胆子本来就很小。

第七章　现代汉语句子研究

第二种,主语与谓语中的某一词具有复指关系。例如:
①这盆水,‖你把它倒了。
②我们的部队,我们的战士,‖我觉得他们是最可爱的人。

例句中,"这盆水"和"它"构成复指关系,"部队""战士"和"他们"构成复指关系。

第三种,大主语与小主语具有逻辑上的主谓关系,小主语一般是表动作行为的词。例如:
①小萌‖学习很用功。
②爷爷‖待人极亲切。

第四种,大主语是施事,小主语是受事。例如:"他‖什么问题都考虑过了。"这类句子把受事放在动词前面,表示受事带有普遍性,具有强调或夸张的意味。

第五种,大主语是受事,小主语是施事,有时也可以是工具或与事。例如:"这种怪事‖我从来没有听说过。"(受事)

(二)双宾句

有的动词既涉及人,又涉及物,因而可以带两个宾语,这种一个述语同时带两个宾语的句子叫双宾句。指人的宾语通常靠近动词,称近宾语,也称间接宾语;指物的宾语一般离动词稍远,称远宾语,也称为直接宾语。例如:
①我想‖请教│你│一个问题。
②这件事‖给了│我│莫大的鼓励。

(三)兼语句

兼语句是由兼语短语作谓语的句子。根据兼语前面动词的性质,兼语句可以分为下面几类。

第一类,前面的动词具有使令意义,如"使、叫、让、派、催、命令、动员、禁止、要求、鼓励、号召、组织"等。例如:
①妈妈‖一大早就催促我动身。
②我们‖请赵教授来作报告。

第二类,前面的动词具有促成、褒贬意义,如"选、推选、推举、劝、鼓励、埋怨、称赞、表扬、骂、嫌"等。例如:
①同学们‖选李华当班长。
②我‖劝他别生孩子的气。

第三类,前面的动词是非动作动词,如"有、没有、是"等。例如:
①他 ‖ 有个弟弟在上海读书。
②是爸爸把电脑修好了。

(四)存现句

存现句是表示什么地方存在、出现或消失了什么人或物的句子,其基本格式是"NP$_1$+VP+NP$_2$",NP$_1$指处所,NP$_2$指人或事物。存现句可以分为存在句和隐现句两类。

存在句表示什么地方存在某个人或者某种事物。例如:"门前有一棵大槐树。"存在句的谓语中心可以是动作动词,也可以是非动作动词。

隐现句表示什么地方出现或消失了某人或某物。例如:"他家门口聚拢过来一群人。"

(五)"把"字句

"把"字句是谓语带介词"把"构成的介词短语作状语的句子。"把"字句一般表示一种处置作用,即谓语中心动词所表示的动作对"把"介引的对象施加影响,使它产生某种变化,或处于某种状态。例如:"小宝把花瓶打破了。"其语义关系是"小宝打花瓶+花瓶破了",例子中"把"字介引的对象是受事,与谓语中心有逻辑上的述宾关系。这是最常见的一种。

"把"字句是汉语中很有特点的一种句型,其特点主要表现在以下几个方面:首先,"把"字句有"处置"的意思,谓语中心一般是能够对"把"字介引对象起积极作用的动词,能愿动词、判断动词、趋向动词和"有、没有"等非动作动词不能用来构成"把"字句。构成"把"字句的动作动词通常是及物动词。其次,"把"字介引的对象或受事主语常常是确指的,前面常有"这、那"之类的修饰语。但这一条件并不严格,有的情况下并不表确指。最后,现代汉语里的"把"字句的谓语中心不能是一个单个动词,尤其不能是单音节动词,前后总要有别的词配合使用,可以带上相关的成分,如宾语、状语、补语、动态助词,或者动词重叠,才能满足"把"字句体现处置结果的要求。例如可以说"把病治好""把病治了",但不能说"把病治"。

(六)"被"字句

"被"字句是由介词"被"构成的介词短语作状语的句子。"被"字句属于被动句。例如:"这个秘密 ‖【后来】【被敌人】发现了。"

第七章　现代汉语句子研究

"被"字可以与助词"所、给"配合使用。"被……所"的格式经常用在书面语里,"叫(让)……给"通常出现于口语中。例如:"他们‖【被错误的假象】所迷惑。""新买的自行车‖【叫李军】给丢了。"

一般的"被"字句只有一个受事成分作主语,有的"被"字句有两个受事成分,一个作受事主语,一个作受事宾语,主宾语之间有整体与部分的关系。例如:"敌人被我们消灭了三个团。""这座寺庙被战火焚毁了一大部分。"

"被"字句与"把"字句在语义上有对应的转换关系,如"猫把老鼠抓住了"→"老鼠被猫抓住了"。"把"字句的主语是施事,但是"被"字句的主语是受事,"把"字句的主语在"被"字句中成了介词宾语。

第二节　单句的句子成分及其常见语法错误分析

单句是同复句相对的概念,是不同于复句格局的简单的句子,分析单句,只能分析句子成分,而不能分析出分句,下面将对单句的句子成分及其常见语法错误进行分析。

一、单句的句子成分

主、谓、宾、定、状、补是单句的六大基本成分,除此之外还存在独立语和外位语这两种特殊成分。汉语的句子结构中,这六种基本成分不是一字排开的,而是具有层次性的,下面将对这几种句子成分进行详细分析。

(一)主语和谓语

主语和谓语是彼此相对的两个成分。主语表示陈述的对象,能回答"谁"或"什么"之类的问题;谓语表示陈述的内容,能回答"怎么样""是什么"之类的问题。句子的主语和谓语是句子的第一个层次,主语一般在谓语的前面。

根据主语和谓语的配对之后的具体情况,主语的语义类型一般可以分成三种。

第一种,对谓语来说,主语是"施事",指动作的施行者,例如:"他理了理额前的碎发。""他"是施事主语。这是最常见的主谓关系。

第二种,对谓语来说,主语是"受事",指动作的承受者,例如:"敌人消失了。""敌人"是受事主语。受事主语一般都含有被动关系,含有某种强调的意思。

第三种,对谓语来说,主语是中性的,跟施、受无关,例如:"我是一名教师。"

作主语的一般是名词、代词及名词性短语,但动词、形容词及动词短语、形容词短语也可作主语。例如:

①游泳是一种很好的运动。
②学外语需要勤奋。
③整洁是十分重要的。
④虚心使人进步。

例句①②是动词或动词短语作主语,例句③④是形容词或形容词短语作主语。

谓语是对主语所作的陈述。除了量词、副词、介词、连词、助词等一般不单独充当谓语以外,名词、动词、形容词、数词、代词、叹词、拟声词及各种短语均可作谓语,但以动词、形容词及动词短语、形容词短语最为常见。例如:

①我们去爬山了。(动词)
②他身体很好。(形容词)
③这人迷迷糊糊的。(状态词)
④他写了两首诗。(动词性短语)
⑤窗外粼粼碧水,丝丝垂柳。(形容词性短语)

一般来说,由于谓语要对主语进行描述、说明,单个词往往难以完成,所以作谓语的大多是短语。

(二)宾语

宾语是动词性成分后边表示人物、事件的成分,能够回答"谁""什么"之类的问题。宾语跟动词性成分相对。各种实词和大多数短语均可作宾语,但以名词、代词及名词性短语为多。

根据动语和宾语间的语义关系的不同,宾语有以下三种基本的语义类型。

第一种,受事宾语。宾语所表示的人、事、物是动语所表示的动作的承受者或涉及物,包括对象宾语和目标宾语两类。例如:

①我买自行车。(对象宾语)
②他每天最多能钓三条鱼。(目标宾语)

第七章 现代汉语句子研究

对象宾语的特点是动作发生时,宾语所表示的事物已经存在,动词所表示的动作直接施加在它的上面。目标宾语中的宾语所表示的事物倒是已经存在了,但它只是通过相关动作才得以出现,也只是动作获取的目标。

第二种,施事宾语。宾语所表示的人物是动语所表示的动作的施行者。例如:"天空飞过大雁。"

第三种,关系宾语。宾语所表示的是既非施事也非受事的人或事物。例如:"仙岩有三个瀑布。"

宾语主要是受事,施事宾语主要出现在一部分存现句中,数量很少。

(三)定语

定语是名词性成分前边起修饰或限定作用的成分,表示"谁(的)""什么样(的)""多少"等意思,常带"的"。定语跟名词性成分相对。受定语修饰的名词性成分叫中心语,最典型的是名词。一般实词和短语都可以作定语。

根据具体的修饰功用上的区别,定语的语义类型可以分为限定和描写两种。

第一种,限定性定语。定语对中心语的意义范围起着限制和区别作用,涉及领属、时地、指别、行为、断定、同位复指等不同的细类。例如:

①我们当地的习俗。(表领属)
②我永远忘不了那情景。(表指别)
③戴着礼帽的商人也加入了斗争的行列。(表行为)
④他是一个编外人员。(表断定)
⑤科学发展观的思想很重要。(表同位复指)

第二种,描写性定语。定语对中心语加以形容和描绘,一般由形容词性的词充当。例如:"她穿着一条红得耀眼的裙子。"

有的时候会出现几个定语连在一起使用的情况,多项定语排列的基本原则有:越能鲜明、具体地描述中心语特性,与中心语关系越密切的越靠近中心语;不引起歧义,合乎表达习惯;需要强调的修饰语可以适当放到前面。

(四)状语

状语是动词性词语前边起修饰作用的成分,表示"怎么样(地)""几时""哪里""多么"等意思,或者表示肯定或否定,也常带"的"(书面上可以写作"地")。状语跟动词性词语相对待。受状语修饰的动词性词语也叫中心语,最典型的是动词或形容词。

根据具体的修饰功用的不同,状语的语义类型也可以分成两大类:限定和描写。

限定性状语。状语从频率、范围、程度、否定、因由、对象、语气、时间、处所等方面对中心语有所限制规定,定语和中心语之间有的带"地",有的不带。例如:

　　①她的意识由于恐怖而变得混乱。(表因由)
　　②我从北京到徐州打算跟父亲奔丧回家。(表地点)

描写性状语。状语对中心语的性质、状态、情势进行描写。中心语一般是动词,偶尔也可是形容词;状语一般是形容词或形容词性的短语,有时也可以是动词或动词性短语。状语和中心语之间通常要用"地"。例如:

　　①我轻轻地扣着板门。(形容词重叠作状语)
　　②身手如猎豹一般地矫健。(形容词作中心语)

句子中,不同语义类型的状语常常会同时出现,此时它们的排列次序大致上是:因由—时间/方所—语气—范围/频率—否定—关涉—描写—数量。当然,很难遇见各种状语一块儿全出现的情况。

(五)补语

补语是动词性词语后边起补充作用的成分,表示"怎么样""多久""多少次"等意思,或者表示程度,常常由"得"引出。补语跟动词性词语相对待。带补语的动词性词语也叫中心语,一般是动词或形容词。补语一般由谓词性词语充当,介宾短语、表时量、动量等的数量短语,少数程度副词等也都能充当补语。

在非主谓句,只包含中心语和补语。例如:"痛得他直打滚。"

在主谓句里,谓语有时又包含中心语和补语。这时,作为中心语的动词或形容词处于"谓语中心"的地位。例如:"母亲去世三十七年了。"

补语有时用在宾语后边,实际上起着补充前边整个动宾短语的作用,但在具体关系上,还是跟动词最直接、最密切。例如:"老板打量了他一眼。""一眼"补充整个"打量了他",但跟"打量"的关系最密切。

根据补语和中心语之间的语义关系,补语的语义类型大致可以分为六类。

结果补语。补语表示中心语的行为性状所导致的状态与结果。充当补语的可以是动词和形容词,也可以是动词性形容词性短语。动形性短语作补语时要带"得"。例如:"鸡蛋煮熟了。"

趋向补语。补语表示中心语的行为性状移动变化的趋向或趋势,由趋向动词充当。例如:"我的泪很快地流下来了。"

可能补语。补语表示中心语的行为性状可不可能有某种发展变化,有肯定和否定两种表现。例如:"我听得懂。/我听不懂。"

程度补语。补语表示中心语行为性状达到的程度。例如:"他后悔极了。"

时地补语。补语表示中心语行为发生的时间位置和方所位置,常由介宾短语充当。例如:"朱自清的《背影》写于1925年。"

数量补语。补语表示中心语行为性状的动量、时量和差量,一般由数量短语充当。例如:"那部电影她看了两遍。"

二、单句常见语法错误分析

(一)成分残缺

句子里缺少了必不可少的部分,就是成分残缺。成分残缺会影响句子意思的表达,一般来说,成分残缺有主语残缺、谓语残缺、宾语残缺三种。

1. 主语残缺

主语残缺是写作中常见的语法错误。例如:

①经过周密调查,终于使我们明白了事实真相。

②从对该企业的调查中表明,管理不善造成的能源浪费占百分之四十。

例①前半句是介词词组,不能作主语,后半句用了使令动词,致使"我们"也不能作主语了。应将"使"去掉,把"我们"提到"终于"前面作主语。例②滥用介词"从",介词词组"从……中"不能作主语,造成主语残缺。应去掉"从""中",让"调查"作主语,或把"该企业"提到句首作主语,去掉"对""的"。

2. 谓语残缺

谓语残缺的错误虽然没有主语残缺的错误多,但是也是存在的。例如:

①我们应当把学习科学技术当作重要问题,并一直坚持下去。

②我们自从听了劳模的先进事迹介绍以后,我们这个班的面貌迅速改变了。

①前后两半截衔接不上,"坚持下去"的显然不是"把……当作重要

问题",而是一种持续的行为,句子缺少了谓语,应在逗号前增加"来抓"。②有了两个主语:"我们""我们这个班的面貌","我们"后谓语残缺,应删掉第一个主语"我们"。

3. 宾语残缺

汉语里的及物动词大部分要求带名词性宾语。可是,常常见到该带名词性宾语的动词后面却带上了非名词性宾语,这种错误大多数表现为残缺宾语中心。例如:

①由于上述种种原因,不少售货员不安心本职工作,更谈不上树立全心全意为人民服务了。

②由于长期以来中小学教师受到不公正的待遇,所以一些在职教师产生了"当教师倒霉,没出息"。

例①需在"……为人民服务"之后加"的思想"三个字,例②句末要加上"的思想"或"的想法"。

(二)搭配不当

句子中相关的成分,在意义上要能配合。如"意志坚定""团结同志""崇高的理想"等,就是搭配得当的。因为"意志"确有"坚定""软弱"之分,"理想"也有"崇高""渺小"之别,"同志"可以是团结的对象,它们在意义上是相配的。如果句子中相关的成分,在意义上不能配合,或者彼此照应不周,或者配合起来不符合语言习惯,这种语病就叫搭配不当。常见的是主语和谓语、主语和宾语、谓语和宾语、修饰语和中心语搭配不当。下面分别叙述。

1. 主谓搭配不当

主语与谓语是相对待相依存的成分,主语被谓语陈述说明,谓语陈述说明主语,也就是说两个词或词组之间必须有上述的关系才能是主语和谓语的关系,如若不然或不能正确陈述,都会搭配不当。例如:

①内容正确是衡量文章好坏的首要标准。

②社会主义现实主义文学的视野、道路、内容、风格多么广阔、多么丰富。

例①主谓两部分意义上搭配不当,应在"内容正确"之后加上"与否"。例②主谓均为联合词组,造成顾此失彼,搭配不当,应改为"社会主义现实主义文学的视野和道路广阔,内容丰富,风格多样化"。

2. 主宾搭配不当

主语与宾语在结构上原本没有关系,因为它们并不处于同一层次,主语对谓语而言,宾语对动词而言,但由于动词的联系,在动宾词组作谓语的句子中,主语和宾语就发生了语义上的联系,自然也就产生了搭配的问题。

例如:"我的思想开阔了眼界。"主语是"我的思想",它是谈不到"眼界"什么的,这句话很可能是两个意思都想说出来,却没能安排好,弄得主语与宾语在语义上不能很好地搭配。改为"我的思想开阔了"或"我开阔了眼界"就明确了。

3. 谓宾搭配不当

动词本身个性的复杂、宾语的词性的多样,宾语与动词间的施受关系的复杂等都使动词与宾语的搭配极易出错,事实上,这也是数量最大的句子致病之因。例如:

他能密切联系和关心群众的痛痒,把群众的困难当作自己的困难。

"密切联系"与"痛痒",动宾搭配不当,应为"他能密切联系群众,关心群众的痛痒"。

4. 修饰语与中心语搭配不当

在一个单句中,主语由偏正词组,或者谓语由偏正词组或补充词组充当,如果它们的修饰补充成分不能与中心词正确搭配,也会使句子出错,而这种现象在语言的运用中并不少见。例如:

①无产阶级革命领袖都有非常渊博的知识和经验。
②我们把房间打扫得整整齐齐了。
③只要稍微深思熟虑一下,这个道理是不难领会。

例①中心词"知识和经验"是联合词组,造成定语修饰不当,应在"经验"前加上"丰富的"。例②打扫的结果并不是"整整齐齐",而是"干干净净"。例③状语"稍微"与补语"一下"都与中心词"深思熟虑"搭配不当,而且意思重复,应把"深思熟虑"改为"思考",并删去"稍微"或"一下"。

(三)语序不当

语序指的是句子成分或词的排列顺序,汉语语序虽然比较灵活,但是不等于说没有限制。语序安排要为语义表达服务,要遵守句法规则和语言习惯,要符合逻辑和事理。下面通过几个例子来分析。

①这次会议对于节约原料问题,交换了广泛的意见。
②他叙述了一个未成年工人的女儿误入歧途的故事。
③他整整齐齐的穿衣服,准备参加师生联欢会。

例①状语误作定语,语序不当,应把"广泛的"移到"交换"前,并将"的"改为"地"。例②定语未紧扣中心词,词不达意,应将"未成年的"移到"女儿"前。例③补语误作状语,语序不当,应为"他把衣服穿得整整齐齐的,准备参加师生联欢会"。

(四)句式杂糅

杂糅是把多种表达形式混杂在一起,或者把多个句子糅合在一起,结果造成句子结构混乱、表意不清。修改时首先要分析清楚,是哪些表达形式或者句子混在一起了,然后或者选择留用其中一种表达形式,或者拆分成几句话来表达。下面通过几个例子来分析。

①听了中央文件精神的传达报告,对我启发教育很大。
②他是把事件的结局先写出来,然后再按时间的顺序叙述事情发生、发展的经过叫倒叙。

例①应将"听了"删去,或将"对……大"改为"我受到很大的启发教育"。例②应删去"叫倒叙",或改为"倒叙是把事件的结局先写出来,然后再按时间的顺序叙述事情发生、发展的经过"。

第三节 复句的类型及其常见语法错误分析

复句是包含两个或两个以上分句的句子,关系词是复句关系的形式标志,可以用来联结分句与分句,标明分句与分句之间的关系。本节将对复句的类型及其常见语法错误进行分析。

一、复句的类型

复句的分类是以分句间的关系为基础,以关系词为标志来进行的。根据分句与分句之间的语法关系,复句可以分成联合复句与偏正复句两大类。

（一）联合复句

如果复句的各个分句之间在语法上是平等的、不互相修饰或说明，这种复句就是联合复句。按分句之间的意义关系，联合复句又可分以下几类：并列、承接、解说、选择、递进。

1. 并列复句

并列复句是表示平列、对照、解注等关系的复句，可以分为三个小类。
（1）平列式（既A，又B）。例如："袁隆平既不争，也不辩。"
（2）对照式。例如："由俭入奢易，由奢返俭难。"
（3）解注式。例如："你不能和他比，换句话说，你们的起点不一样。"

2. 承接复句

承接复句是表示动作行为或事物之间有先后相继的关系的复句。分句间有时有关系词"接着、然后、继而、于是"或"就、又、才"等作标志，很多时候也不用关系词，但常常可以增加进去。例如："他先去洗了手，接着去洗了衣服。"

3. 解说复句

分句间有解释或说明、总分的关系。解说关系一般不用关联词，也有少数在后一分句单用"即、就是说"等关联词。有后面分句解释前面分句的。例如："柳树有一个特点，那就是树枝特别具有柔韧性。"

4. 选择复句

选择复句是指分句间具有选择关系的复句，可以分为三个小类。
（1）任选式。分句表示的是一种"或此或彼"的选择关系，典型格式是"或者……或者……"和"是……还是……"。例如："是你一个人走呢，还是你们全家一块儿走？"
（2）限定式。分句表示的是"非此即彼"的选择关系，典型格式是"不是……就是……"和"要么……要么……"，强调在限定的选项中做选择。例如："不是你死，就是我亡。"
（3）优选式。分句表示一种"舍此即彼"的选择关系，典型格式是"与其……不如……"和"宁可……也不……"。例如："他宁可勒紧腰带过日子，也不愿意给人家添麻烦。"

5. 递进复句

递进复句是表示事物之间有更进一层关系的复句，一般由多到少，由小到大,由轻到重,由浅到深,由易到难,反过来也可以。可以分为两类。

(1)顺向递进。前一分句以一层意思为起点,向后一分句的另一层意思顺向推进。典型格式是"不但……而且……"。例如:"他不仅是一个好丈夫,而且是一个好爸爸。"

(2)反转递进。前一分句以一个否定的意思为基点向一个肯定的意思反转推进。典型格式是"不但不(没)……反而……"。例如:"雨不但没停,反而越下越大了。"

(二)偏正复句

复句中的分句如果在表达意义上有主要的,有次要的,而不是平等的,这样的复句就是偏正复句。偏正复句中表达主要意思的分句是正句,另一个分句是偏句,按偏句与正句的意义关系,偏正复句可分为以下几类:条件、假设、目的、因果、转折。

1. 条件复句

条件复句是指一种以条件为依据推断出某种结果的复句,可以分为三个小类。

(1)必备条件式。必备条件的特征在于对某种结果来说,它是一种不可缺少的条件。必备条件式的典型格式是"只有……才……"。例如:"只有努力学习,才能获得好成绩。"

(2)足够条件式。足够条件的特征在于对某种结果来说,它是一种有了就足够的条件。足够条件式的典型格式是"只要……就……"。"一……就……"有时也有表示足够条件的意味。例如:"一看到父亲拉下脸来,我们兄弟几个就马上会变得乖。"

(3)无条件式。无条件式的特征是在任何条件下,都有同样的结果。无条件式的典型格式是"无论……都……"。例如:"无论你将来怎么样,我都会爱你。"

2. 假设复句

假设复句是指分句间具有一种假设为依据推断某种结果的关系的复句,可以分为两类。

(1)一般假设式。前后分句是纯粹的假设关系,典型格式是"如果(那么)……就……",例如:"如果天气暖和的话,他就会穿上自己心爱的衬衫出来散步。"

(2)让步假设式。前一个分句先退让一步,假设存在或出现某种情况,后一分句在意思上有一个转折,说出一个与假设关系不相应的结果,常常还可以加进去"但/却"一类的转折词。它的典型格式是"即使(再)……也……"。例如:"即使站在十里外的山头上,也能看到那飞练的白光。"

3. 目的复句

目的复句的从句说明要达到的目的,主句说明为了达到这一目的所采取的行动,典型格式是"为了……",例如:"为了方便顾客,商场延长了营业时间。"

4. 因果复句

因果复句是指分句间具有原因和结果的关系的复句,可以分为两类。

(1)说明式。前后分句用来说明两事之间的因果关系。典型格式是"因为……所以……",例如:"几房的本家大约已经搬走了,所以很寂静。"

(2)推断式。前后分句以事实为依据推断事物间的关系。典型格式是"既然……就……"。例如:"菜既然做好了,那我们就不客气了。"

5. 转折复句

转折复句是指分句间具有转折关系的复句。所谓转折,是指后一分句不顺着前一分句的意思往下说,而是转到一个相反、相对或部分相对的意思上去了。可以分为三类。

(1)重转式。前一分句承认事实,后一分句转到与前一分句意思明显对立的方面。典型格式是"虽然……但是……",例如:"虽然他离开了我们,但是不时会寄信回来。"

(2)轻转式。前一分句叙说事实,后一分句的意思和前一分句不一致,但并不明显对立,或者有意淡化可能存在的对立。常用的关系词有"不过、只是、可惜、不料"等。例如:"我并不是有心栽蒲公英的,只不过任它繁殖罢了。"

(3)假言转折式。这是一种分句间具有假言否定性转折关系的复句。前一分句先说出一种情况,接着指出如果不是这样的话,就会转化成后一分句所说的另一种情况。典型格式是"……否则……","否则"的同类说法有"不然、要不然"等。例如:"必须在今天就把这些菜吃完,否则明天就坏了。"

二、复句常见语法错误分析

(一)关联错乱

关联错乱指复句中关联词的使用错乱造成的语法错误。具体有以下几种情况。

1. 误用关联词

误用关联词就是指关联词与分句之间的关系意义不合,就分句和分句的语义来看,结构关系是相应的,但是关联词用错了,不足以揭示分句之间的关系意义。例如:

①只要生产发展了,就能提高人民的生活水平。

②如果离开了显示生活的基础,或者受真人真事的局限,也难以达到典型地反映生活本质的目的。

"只要……就……"和"只有……才……"都是条件复句的关联词,但二者有区别。"只要"所表示的条件可得出后一分句的结果,但不排除其他条件也可以得出这样的结果。"只有……才……"表示必要的条件,没有这个条件,就不能得出后一分句的结果。例①中"生产发展"是"提高生活水平"的必需条件,因此只能用"只有……才",而不该用"只要……就……"。例②中"如果……就……"是假设复句的关联词,所以应把"也难以……"改为"就难以……"。

2. 滥用关联词

不该用关联词的复句中使用关联词就是滥用,滥用关联词会造成句子臃肿的后果。例如:

①因为电冰箱已经运到,所以我们明天赶去提货。

②因为我们法律保护公民的人身自由,因此严厉禁止非法拘禁他人。

例①、例②都是因果复句,关系很明确。如果去掉关联词,句子会显得明快简洁,滥用关联词,反而使句子显得臃肿。

3. 关联词搭配错误

关联词一般都有固定的搭配,搭配错误会使句子的意思表达混乱。例如:

①这不但是工作方法问题,而是思想水平问题。

②因为货币能和一切商品交换,是因为它是一般等价物。

"不但……而且……"是表示递进的关联词,"不是……而是……"是表示并列关系的。例①是递进复句,应将后一句的"而是"改为"而且"。"之所以……是因为……"是表示因果关系的一种固定格式,先推出结果,再分析原因。例②应把句首的"因为"去掉,在"货币"之后加上"之所以"。

4. 关联词残缺

关联词在复句中有连接分句、表明意义关系的作用,在一些复句中是必不可少的,关联词残缺会导致分句之间缺乏密切联系。例如:

①他提出问题后自己不发表意见,要我们发表意见。

②老师自己吃苦,不让学生受累。

例①一、二分句之间为转折关系,应在第二分句前加上表示转折的"却"字。例②一、二分句之间是选择关系,应在第一分句的主语"老师"之后加上"宁可"二字。

5. 关联词序错误

有些关联词的位置和顺序是固定的,顺序颠倒容易引发语病。例如:

①不但我同意他去旅游,而且还帮助他作外出的准备。

②他如果不能实事求是,事业就会受到损失。

例①、例②"不但""如果"的位置错了。前后分句主语相同时,"不但""如果"应在主语之后,前后分句主语不同时,"不但""如果"应放在主语之前。

(二)层次错乱

复句分为联合复句和偏正复句两大类。联合复句中包括并列、承接、递进、选择、解说五种关系;偏正复句中包括转折、假设、条件、因果、目的五种关系。原因和结果、条件和结果、假设和结果以及取和舍等关系总是两两处在同一结构层次上,如果违反了同一层次上两两组合的规律,就会造成层次混乱,夹杂不清的语病。例如:

①要学外语,②就必须坚持听和读的训练,③就能很快掌握外语知识。

例句中,①②构成假设关系,②和③又构成条件关系,两种结构关系夹杂,同一层次上出现两种结构关系,应改为"如果坚持听和读的训练,就能很快掌握外语知识,学好外语"。

(三)复句结构残缺

复句是由两个或两个以上意义密切相关的单句构成的,如果缺少必要的分句,复句的意义自然就得不到正确的表达。例如:

我喜欢去香山爬"鬼见愁"(香炉峰)。不仅因为在山巅能远眺京城壮观景象。而且还能锻炼意志和体魄。

这个复句本来意思很清楚,第一层次是因果关系,第二层次是递进关系,但每一个分句都被句号锁住了,结果那密切相联的句意也就被截断了。"因"假如没有果,"果"找不到"因",递进就失去了基础。

(四)分句间逻辑关系混乱

分句间逻辑关系混乱也是复句常见的语法错误,主要包括以下两种情况。

1. 分句间没有必然联系

在一些复句里,分句和分句之间没有必然的联系,而强行把两句话连接起来,就容易造成语病。例如:

> 他理科很吃力,所以他学文科一定没问题。

这个复句前后两个分句之间没有必然的因果关系,理科主要需要逻辑思维的能力,文科当然要有形象思维的能力,但也和学习理科一样需要逻辑思维的能力,如果不具备这根本的能力,文科照样学不好。

2. 分句次序颠倒

分句和分句之间是存在一定逻辑关系的,如果分句次序颠倒,容易出现语病。例如:

> 这种神经衰弱现象的出现,而人们的精神状态未能随着时代的发展变化而引起的不能适应是重要原因,是由于社会的急速发展。

这个复句的两个分句位置放颠倒了,首先应是社会的急速发展,然后才是人们的不适应。二者使得一些人患上了神经衰弱的病症。

第八章 现代汉语语义研究

在现实世界中,各种事物所代表的概念的含义,以及这些概念之间的关系,可以被认为是语义。现实中的事物是用某种符号来表示,当符号被赋予某种具体含义时,符号数据就转换为信息。从语言学角度来看,语义是语言的意义,是语言形式所表达的内容,是现实现象在人头脑中的反映,即人们对现实现象的认识。对于某种高级语言来说,不仅要定义出它的词法规则、语法规则,而且要定义它的单词符号和语法成分要完成的操作,即实际意义,这就是语义问题。句法结构二重性理论告诉我们,语法结构和语义结构是两种性质完全不同的结构,但二者之间又存在着复杂的"一对多"和"多对一"的对应关系。因此,要想取得对句法结构的完整的认识,就必须对句法结构进行语义分析。本章就现代汉语的语义特征、语义格、语义指向展开论述。

第一节 现代汉语的语义特征分析

在现代汉语里,词类是一个系统,具有层级性。不仅整个词类系统具有层级性,每一类词(如名词、动词、形容词等)也具有层级性。每一类词的内部可以根据更具体的语法功能,分为不同的层级和小类,由之还可以根据不同的语法、语义关系分为更小的类。次类分得越细,小类的语义性质就越明显。词语的功能是一种派生出来的功能,是"形式+语义"所产生的功能。因此,词语的功能必然受形式、语义的制约。既然词语的功能受语义的制约,句法结构又是由词语构成的,那么,各个小类的词的语义中就一定存在着影响、制约句法结构语义的语义因素。这时,我们就需要对语义特征进行分析。

一、语义特征与语义特征分析

一组或一类词共有的、同特定的句法结构的语义具有语义兼容关系的语义成分叫语义特征。根据词语的语义和句法结构的语义,通过变换、设置句法框架等手段,概括出对句法结构的语义具有关键作用的一类或一组词的共有的语义成分,借此来确定该语义成分同句法结构的语义兼容关系,并以此来解释同构歧义、同构异义等现象,或对成立的变换关系给出语义上的解释。这种分析叫语义特征分析。

语义特征分析具有以下几个方面的作用。

(1)解释作用。语义特征分析可以解释为什么狭义同构的句法结构可以表达不同的语义,也可以解释因语义关系不同而造成的狭义同构的歧义结构。

(2)划类作用。通过语义特征的提取,我们可以对动词以及相关的词类作更细的分类,这是语法规则精密化的必要条件。目前通过语义特征的提取,已经得出不少动词的小类,如自主动词和非自主动词、持续动词和非持续动词、附着动词、位移动词、转移动词、目的动词、原因动词、加工动词、制作动词、结果动词、存现动词、致使动词、心理动词,等等。通过对动词的小类的划分,我们可以进一步对名词的小类进行划分,以得到更精密的动—名组合的规则。

(3)可以揭示某些词语的比较隐蔽的语义特征。例如,"写""擝""舀""留"等动词本身并不包含"给予"的意义。但当说到"写信""擝菜""舀汤""留座位"的时候,就有可能取得"给予"的意义。这时,它们可以跟"卖""送""递""让"等本身包含"给予"意义的动词一样,可以出现在"V + NP(受)+ 给 + NP(与)"或"V + 给 + NP(与)+ NP(受)"格式中。例如:

①写一封信给老王→写给老王一封信
②擝一筷子菜给小王→擝给小王一筷子菜
③舀一瓢水给小张(喝)→舀给小张一瓢水(喝)
④留一个座位给老大爷→留给老大爷一个座位

"写""擝""舀""留"等的这种特性使它们有别于其他行为动词,如"看""读""撞""拉"等。

(4)可以揭示某些句式能否成立的语义依据。例如,根据袁毓林学者的观点,具有【+褒扬】特征的形容词可以后接"一点儿"构成祈使句,而【+贬抑】特征的形容词则不可以。试比较:

第八章 现代汉语语义研究

①虚心点儿！积极点儿！坚强点儿！
②粗一点儿！近一点儿！高一点儿！
③＊骄傲点儿！＊悲观点儿！＊啰嗦点儿！
④＊胆小点儿！＊嘈杂点儿！＊蛮横点儿！

以上四组格式中的形容词的语义特征可以用矩阵图区别如下：

形①：【＋褒义，－贬义，＋可控】 形②：【－褒义，－贬义，＋可控】
形③：【－褒义，＋贬义，±可控】 形④：【＋褒义，－贬义，－可控】

可见，只有同时具备【－贬义】和【＋可控】两项语义特征的形容词才能够进入以上格式。具有[＋贬抑]特征形容词还可以前加"别"构成否定义祈使句，而【＋褒扬】特征形容词则不可以。例如：

①别骄傲　别懈怠　别虚伪
②＊别积极　＊别努力　＊别诚实

"别积极""别努力""别用功"等都可以说，其实均表示"别那么积极""别那么努力""别太用功"的意思，在说话人的心目中，"别"后的形容词仍带有【＋贬抑】的特征。

（5）可以使语法研究的形式研究同语义研究互相渗透，使我们对形式—语法意义的对应关系看得更清楚，对结构语义和成分语义之间的兼容关系看得更清楚。

语义特征分析尽管有很多优点，但是也还存在一些问题。第一，语义特征难以提取。第二，有的语义特征我们可以通过句法分析、比较提取出来，但是提取出来以后不好解释。语义特征分析的不足，促使我们寻求更有力的、更具有解释能力的分析方法。因为语义特征分析是从词语的语义成分同句法结构的整体语义（句式意义）的兼容关系对相关的现象给出解释，不过这种解释是部分的，句式意义的研究目前还很薄弱，这也影响了语义特征分析的发展。

二、语义特征的类型

目前，语义特征可分为自然性的语义特征、附属性的语义特征、聚合性的语义特征、组合性的语义特征。

（一）自然性的语义特征

自然性的语义特征，是从基本的概念、逻辑意义分解出来的。词语的自然性语义特征在很大程度上制约了其组合分布情况，比如具有【＋互相】特征的动词，如"结婚""吵架""竞赛"等不能带宾语。又比如【±极

大量】、【±极小量】对副词的使用有很大的影响:
   ①绝不能回头看　★绝能回头看
　　毫不心软　★毫心软
   ②千万不要耽误了行程　★千万要耽误行程
　　万万不可作弊　★万万要作弊

例①组左行的否定句可以成立,右行肯定句就不能成立。例②组左行的否定式祈使句可以成立,右边肯定式祈使句就不成立。

(二)附属性的语义特征

附属性的语义特征,是指语义中那些非自然性的、主观的部分,包括语义的感情色彩、词语的语体色彩和形象色彩。从词语组合的角度,附属性的语义特征与自然性语义特征一样重要。比如,在量词搭配规律中,形象色彩对与名词与量词的搭配与否就起着很大的作用。例如:

   ①片:【+薄】【+平】【+面积较小】→纸　云　饼干　树叶　花瓣
   ②面:【+扁】【+平】【+面积略大】→锣　鼓　旗子　墙壁
   ③幅:【+薄】【+平】【+软】【+面积较大】→画　布　绸缎　刺绣

例①中,"纸""云""饼干""树叶""花瓣"的量词都可以用"片",因为它们都具有"薄""平""面积较小"的形象特征。例③中的"锣""鼓""旗子""墙壁"虽然也具有"平"的特征。但是"扁"的,而且"面积较大",所以它们的量词用"面"。例③中的"画""布""绸缎""刺绣"除了具有"薄""平"的特征,还具有"软""面积较大"的特征,所以用"幅"量词。

有时感情色彩也会影响量词和名词的搭配,如表8-1所示。

表8-1　感情色彩影响量词和名词的搭配

	【+中性】旅客/学生	【+褒义】教授/领导	【+贬义】强盗/歹徒
个【+中性】	+	+	+
位【+褒义】	+	+	−
伙【+贬义】	−	−	+

(三)聚合性的语义特征

聚合性的语义特征,是从聚合的角度来划分出来的,即脱离了句子而从词语与词语之间的关联性来分出一小类。比如具有【+顺序】或【+推移】语义特征的词语,其中的单独的一个词无所谓顺序,只有一系列词语聚合起来才能组成一个"顺序语义场"。顺序语义场内部的义位之间存在某种关系,或者大小关系,或者先后关系,或者等级关系,所以义位之间必须按一定的次序排列。例如:

星期:星期一、星期二、星期三、星期四、星期五、星期六、星期日

职称:助教、讲师、副教授、教授

季节:春、夏、秋、冬

有[＋顺序]特征的各组名词中,除表起点的,其他都可以在"NP 了"格式中出现。例如:

小孩子—青年—中年—老年→小孩子了 青年了 中年了 老年了

如果该顺序场是可以周而复始,即具有[＋循环]特征,也可以进入"NP 了"格式,还可以进入"又 NP 了"格式。例如,

一月—二月—三月……十二月→(又)一月了 (又)二月了 (又)三月了……(又)十二月了

(四)组合性的语义特征

组合性的语义特征是从组合的角度来划分出来的,即影响到某个词语跟句中有联系的词语搭配的语义特征。自然性语义特征是可独立于句子而仍然存在,但组合性的语义特征是在与其他词语相组合以后才出现的。比如【±支配】、【±施动】、【±领属】等,没有其他的对象,就无所谓"支配"或者"施予"。当同一个名词与同一个动词组合时,会因其组合位置的前后不同而显示出不同的组合性特征,不同的名词所显示出的组合性特征又是不同的。

三、语义特征的提取方法

我国语言学界最常见、最常用的概括、提取语义特征的方法有两种:变换法和设框法。这两种方法都是依据句法结构对句法成分的语义选择性和句法结构的交叉定位功能而运用的。

(一)变换法

运用变换法提取语义特征就是对一类狭义同构的句法结构进行变

换,分化其语义结构,并对句法结构中的某一位置的句法成分进行分类,然后对分化出的句法成分小类进行语义分析,概括其语义特征。例如:

A组

他送了一本散文集给张华。

他卖了一把韭菜给老张。

他还了一部手机给钱大爷。

他交了二百元给公安局。

B组

他偷了一把钥匙给老大。

他要了一个马扎给小丽。

他抓了一把瓜子给小妞。

他取了三副中药给钟大妈。

C组

他拍了一张照片给小赵。

他写了一张纸条给小孙。

他煎了一个鸡蛋饼给妞妞。

她织了一条围脖给张妈。

我们首先把A、B、C三组的实例码化为"$N_1 + V + 了 + N_2 + 给 + N_3$"形式。

(1) A组的句法结构有变换式"$N_1 + V给 + N_3 + N_2$"(A_2),即

$N_1 + V + 了 + N_2 + 给 + N_3 \rightarrow N_1 + V给 + N_3 + N_2$

例如:

他送了一本散文集给张华。→他送给张华一本散文集。

他交了二百元给公安局。→他交给公安局二百元。

B、C两组的句法结构都没有这一变换式,或者说不能这样变换。

(2) B组的句法结构有变换式"$N_1 + 给 + N_3 + V + 了 + N_2$"($B_2$),即

$N_1 + V + 了 + N_2 + 给 + N_3 \rightarrow N_1 + 给 + N_3 + V + 了 + N_2$

例如:

他偷了一把钥匙给老大。→他给老大偷了一把钥匙。

他取了三副中药给钟大妈。→他给钟大妈买了三副中药。

B组还有另一变换式"$N_1 + 从 + N_4 + V + 了 + N_2 + 给 + N_3$"($B_3$),即

$N_1 + V + 了 + N_2 + 给 + N_3 \rightarrow N_1 + 从 + N_4 + V + 了 + N_2 + 给 + N_3$

例如：

　　他偷了一把钥匙给老大。→他从厨房偷了一把钥匙给老大。
　　他取了三副中药给钟大妈。→他从中药店取了三副中药给钟大妈。

（3）C组的句法结构也有变换式"$N_1+给+N_3+V+了+N_2$"（C_2），即

$N_1+V+了+N_2+给+N_3 \to N_1+给+N_3+V+了+N_2$

例如：

　　他拍了一张照片给小赵。→他给小赵拍了一张照片。
　　她织了一条围脖给张妈。→她给张妈织了一条围脖。

C组还有另一变换式"$N_1+用+N_4+V+了+N_2+给+N_3$"（C_3），即

$N_1+V+了+N_2+给+N_3 \to N_1+用+N_4+V+了+N_2+给+N_3$

例如：

　　他拍了一张照片给小赵。→他用相机拍了一张照片给小赵。
　　她织了一条围脖给张妈。→她用毛线给张妈织了一条围脖。

从上面的变换我们可以看出：A、B、C三组的变换式中，A_2、B_3、C_3是区别性的。观察分析变换式A_2、B_3、C_3，我们可以发现：A_2中的动词具有"给予"意义；B_3中的动词具有"取得"意义；C_3中的动词具有"加工"意义。根据上述变换的情况，以及句中动词各自的特点，我们把A、B、C三式中的动词分别用语义特征标记如下：

　　Va【+给予】【-取得】【-加工】
　　Vb【-给予】【+取得】【-加工】
　　Vc【-给予】【-取得】【+加工】

而A组例子、B组例子和C组例子所体现的这三种狭义同构的句法结构也应分别标记如下：

　　【A】Va 了+NP_1+给+NP_2（单一转移句式）
　　【B】Vb 了+NP_1+给+NP_2（双重转移句式）
　　【C】Vc 了+NP_1+给+NP_2（加工转移句式）

以上是通过变换和语义分析概括语义特征的例子。

（二）设框法

设框法一般是根据某一假设，设置一定的句法框架，也叫替换框架、句法槽，根据句法结构的语义对句法成分的语义的选择性，对相关的成分依次进行测试，然后根据测试的结果对句法成分进行分类，再对分出的类

别进行语义分析,概括其语义特征。

学者马庆株对汉语动词的时间属性进行了研究。从时间上看,有的动作行为是可以持续的,如"看"这个动作;有的则是非持续的,如"到(到达)"这个动作。由此看来,动词在时间上也应该有持续和非持续的区别。为了证明这一假设,马庆株设置了如下框架(含有空位的句法结构):

C_1: V + T 看三天

C_2: V + 了 + T 看了三天

C_3: V +(了)+ T + 了看(了)三天了

C_4: 一着

在上面的框架中,C_1—C_3 是范畴性框架(时量动词范畴),即能够进入 C_1—C_3 的是一类,这类动词为时量动词。不能进入 C_1—C_3 的是非时量动词,如"是""应该"等。这样就排除了没有时量区别的动词,界定了研究的范围。C_1、C_2 是区别性的,不能够进入 C_1、C_2 但能够进入 C_3 的是另一类。因此,可以用"一着"作为区别"持续/非持续"动词的补充区别标准。

根据上述框架,时量动词可以分为两大类:能够进入 C_1—C_3 和"一着"(或能替换"V 着"中的 V)的是一类,这一类叫持续动词;不能进入 C_1—C_2 和"一着"框架,但能够进入 C_3 的是一类,这一类叫非持续动词。

持续动词和非持续动词都可以进入 C_3,但是构成的句法结构表示的语法意义不同。试比较下面的例子:

非持续动词

【A】死了三天了　时量宾语表示动作行为完成后经历的时间

持续动词

【B】等了三天了　时量宾语表示动作行为持续的时间

【C】走了三天了　时量宾语或表示 A,或表示 B

【D】挂了三天了　时量宾语或表示 A,或表示 B,或表示动作造成的状态所持续的时间

上面 A、B、C、D 四式狭义同构,除了其中的 V 不同外毫无区别。其意义有别,关键的原因就在 V 上,亦即 V 的语义特征造成了它们在语义上的区别。根据上面对它们的分析,根据 A—D 四式语法意义上的区别,对上面四式中的动词的语义特征可以作如下标注:

A 式中的 V 的语义特征可以标注为【+完成,-持续】

B 式中的 V 的语义特征可以标注为【-完成,+持续】

C 式中的 V 的语义特征可以标注为【+完成,+持续】

D 式中的 V 的语义特征可以标注为【+完成,+持续,+状态】

这样,出现在 C_1—C_3 中的动词根据其语义特征可以分为如下四个小类:

非持续动词 Va【+完成,—持续,—状态】
"死"类:死　断　丢　完　出现　成立　看见　打倒
持续动词内部又分为三个小类:
强持续动词 Vb【—完成,+持续,—状态】
"等"类:等　盼　站　躺　哭　笑　追　忍　病　寻思
弱持续动词 Vc【+完成,+持续,—状态】
"看"类:看　听　说　学　扫　擦　浇　修　商量　研究
弱持续动词 Vd【+完成,+持续,+状态】
"挂"类:挂　插　贴　装　盖　穿　戴　披　掩

这里需要说明的是,Va—Vd 四个小类中的 V 的语义特征并非就是【完成】【持续】【状态】三个,如 Vd 动词还有【附着】语义特征。实际上,我们很难把每一个小类的词的全部语义特征都列举出来。为了区别上面 Va—Vd 这四个小类的动词,【完成】【持续】【状态】这三个语义特征就已经足够了。

第二节　现代汉语的语义格分析

对句法结构进行语义分析,也像对句法结构进行层次分析一样,需要一定的分析系统。用于句法结构语义分析的语义系统有语义格系统、语义属性系统、语义指向系统等。下面重点说的是语义格系统。

一、格和格语法

传统语言学中的格指的是某些屈折语中的名词和代词的形态变化,表示这些词在句子中同其他词之间的关系。例如,俄语有 6 个格:主格、属格、与格、宾格、工具格、前置格;德语有 4 个格:主格、宾格、与格、所有格。英语的代词也有主格、宾格、所有格。这种格一般称为"句法格",是某些屈折语特有的句法现象。

格语法理论是由美国语言学家菲尔墨创立的。格语法理论中的"格"与传统语言学中的格的含义不同。格语法中的"格"指的是句子中的名词(包括代名词)同谓语动词之间的及物性关系,这种及物性关系是以谓词为中心确定的,各种关系的形式标志是介词或语序。格语法的基本观点是"谓词中心论"。所谓"谓词中心论"包含两个方面的意思:从构成上说,句子是以谓语动词为中心构成的;对句子的语义构成进行分析时,也是以句子中的谓语动词为中心,根据句子中的其他成分同谓语动词的关系来确定它们的语义性质。

二、汉语语义分析的格系统

目前汉语用于语义分析的比较通行的格系统主要是由学者鲁川、林杏光研制而成的。该格系统如图 8-1 所示。

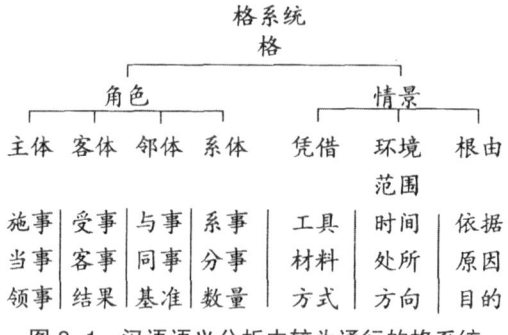

```
                     格系统
                       格
         ┌─────────────┴─────────────┐
         角色                         情景
   ┌───┬───┬───┐              ┌─────┬─────┬─────┐
  主体 客体 邻体 系体          凭借  环境   根由
                                    范围
  施事 受事 与事 系事          工具  时间  依据
  当事 客事 同事 分事          材料  处所  原因
  领事 结果 基准 数量          方式  方向  目的
```

图 8-1　汉语语义分析中较为通行的格系统

这个格系统有三个层次:第一个层次是角色和情景。格关系是动词和名词的语义组合关系,既有动作行为,又有人和事物,这就构成了事件。第二个层次是围绕着述语动词这一核心的七个要素:主体、客体、邻体、系体、凭借、环境、根由。要理解这七个要素如何构成事件,可以把这七个要素同"六何"联系起来。所谓"六何"即何人、何物、何时、何地、何故、如何。第三个层次是七要素的进一步分类,除了"环境"分四个格,其他都分三个格,共有 22 个格。

三、格的分析

格的定义是在句子中确定的。一个句子所表示的语义我们称为一个"事件",述语动词、形容词所表示的语义我们称为"动作行为"和"状态"。名词的格性质主要就是根据它所表示的人和事物在事件中同动作行为、状态的关系来确定的。

下面对以上格系统中的 22 个格分别进行解释说明。

第八章 现代汉语语义研究

(一) 主体的三个格:施事、当事、领事

1. 施事

施事即事件中自发动作行为或状态的主体。施事主要同受事相对应,此外还有一部分同与事、系事相对应。施事有下面三种类型。

(1) 与人、动物有关的施事。这一类施事的生命度最高,是最典型的施事。例如:

① 【他】瞥了老张一眼。
② 【老赵】演警察。
③ 【小猫】溜了。

(2) 与自然力、动力、机器有关的施事。这一类施事的生命度较低,但是具有自动性。例如:

① 衣服【被风】刮跑了。
② 【红旗】升起来了。
③ 【开水】烫到了人。

(3) 与有影响力的事件或消息有关的施事。这一类施事的生命度最低,是最不典型的施事。例如:

① 【第二次世界大战】破坏了千千万万个家庭。
② 【中彩票的消息】把老王乐坏了。

在汉语中,主语位置同施事有较大的一致性(不是等同)。当施事处于主语位置上的时候,往往不带格标[①];当施事出现在其他位置上的时候,常常带上格标。常见的施事的格标有"被""由""让""给""归"等。

在汉语中,施事成分也可以出现在述语动词的后面,充当施事宾语。施事宾语大部分都可以移位到述语动词之前。例如:

那边跑来了【一头牛】。→【一头牛】从那边跑来了。
屋里开着【空调】。→【空调】在屋里开着。
水面漂着【花瓣】。→【花瓣】漂在水面上。

2. 当事

当事即事件中非自发动作行为和状态的主体。当事分别与客事和系事相对应。当事可分为以下两种类型。

(1) 与非自发动作行为形容词和动词相联系的人或事物。这种当事

[①] 句子中的语义成分有的是独立地进入句子,有时要用介词引进。在格语法分析中,介词被称为语义格的标记,简称为格标。

同客事相对应。

形容词表示的属性、变化都是非自发的。常见的表示非自发动作行为的动词有"碰见""牺牲""丢""知道""懂得""塌""在""死""病""晕""醉"等。

（2）与系属动词（或称联系动词）"是""姓""叫""等于"相联系的人或事物。这种当事同系事相对应。例如：

①【我】是演员。

②【他】叫王二小。

③【我奶奶】姓莫。

④【一厘米】等于十毫米。

当事与施事的区别主要看联系的动作行为是自发的还是非自发的。在句法形式上，施事可以带"被"类格标，进入被动句；而当事一般不带格标，也不能进入被动句。

3. 领事

领事即事件中有领属关系的主体。根据领事同客体成分的对应关系，领事可以分为以下两类。

（1）事物的领有者、拥有者。这类领事同客事相对应，二者之间是领有和被领有的关系。例如：

①【我】有一辆自行车。

②【任何人】不得非法占有别人的财产。

（2）人或事物的整体。这类领事同分事相对应，二者之间是整体和部分的关系。例如：

①【蛤蟆】有四条腿。

②【她】长着一头乌黑的卷发。

③【这张纸】只写了两个大字。

④【小张】穿着牛仔裤。

（二）客体的三个格：受事、客事、结果

1. 受事

事件中自发动作行为所涉及的已存在的直接客体。受事与施事相对应。受事也分以下三类。

（1）与人、动物的动作行为相关的典型的客体。例如：

①【衣服】给他弄脏了。

②处长同意【这个方案】。

③小猫捉住了【老鼠】。

（2）自然力、动力、机器所涉及的客体。例如：

①洪水冲垮了【桥梁】。
②行人踩死了【小草】。
③大风【把衣服】刮跑了。

在汉语中，宾语位置同受事有较大的一致性(不是等同)；受事主语句式是汉语中一种常见的句式。当受事处于宾语位置和受事主语句式中的主语位置上的时候，往往不带格标；当受事出现在其他位置上的时候，常常带上格标。常见的受事的格标有"把""将""对"等。

2. 客事

客事即事件中非自发动作行为所涉及的已存在的直接客体。客事一般同当事相对应。客事可分为以下两类。一类是非自发动作行为动词（如"收到""碰到""撞见""丢""病""死""知道""得到"等）所联系的直接客体。另一类是表示领有、拥有的动词"有"所涉及的客体。

受事和客事的区别主要看联系的动词表示的动作行为是自发的还是非自发的。

3. 结果

结果即事件中自发动作行为所产生、引起或达成的结局。结果格的格标有"把""将"。例如：

①他【把饭】做好了。
②警察【将小偷】绑起来了。

结果格和受事格有共同的格标"把""将"，在形式上有许多相同之处。但是，二者还是有以下两大方面的区别。

（1）在语义上，动作行为发出时，受事已经存在，而结果则是从无到有，是动作行为的效果积累而成。

（2）在句法形式上，述语动词带结果格作宾语时，后面可以加上"成""出""起来"等表示产生、完成意义的成分构成动结式复合动词。例如：

①他写出／成了【一本书】。
②他做出了【突出的成绩】。
③【写字楼】盖起来了。

而述语动词带受事格作宾语时，后面不能加上表示产生、完成意义的成分表示动作—结果意义。例如：

①＊他吃成了【一个苹果】。
②＊我军消灭起来了【敌人】。

③*小王三打出了小李。

(三)邻体的三个格:与事、同事、基准

1. 与事

与事即事件中有利害关系的间接客体,与事主要同施事相对应。

与事从语义上看,主要有以下两种类型。一种是被给予者或被取得者。例如:

①朋友送【我】一本书。
②公司奖励【他】一部手机。
③工人【给厂长】提了很多意见。
④王老师教【我们】语文。
⑤爷爷借了【老王家】一把锄头。

一种是帮助、服务的对象。例如:

①奶奶【为爸爸】熬雪梨汤。
②我【给老师】搬课本。
③他【帮我们】推车。

与事的格标有"给""向""替""跟""为"等。

2. 同事

同事即事件中所伴随或排除的间接客体。同事的格标有"跟""和""同""连""除了"。例如:

①你【跟他】好好聊天。
②他刚才【和你】争抢什么?
③他们小组【除了小李】都来了。
④这个菜他【连汤】都吃了。

3. 基准

基准即事件中进行比较、测量所参照的间接客体。基准格的格标是介词"比"。例如:

①他【比我】吃得多。
②我说不过【他】。
③他一个人抵得上【两个人】。
④他高【我】五厘米。
⑤北京离【天津】九十公里。

(四)系体的三个格：系事、分事、数量

1. 系事

系事即事件中主体的类别、身份或角色。根据系事同其他语义成分的对应关系，系事可以分为两类：

（1）同当事相对应的系事。例如：
　　①我是【工人】。
　　②语言是【交际工具】。
　　③他成了【小王的姐夫】。
　　④作为【经理】，你应该以身作则。

（2）同施事相对应的系事。例如：
　　①小张扮演【周扒皮】。
　　②小王当【守门员】。
　　③他跑【第一棒】。

在施事同系事相对应的句法结构中，充当谓语动词的往往是充任动词小类。

2. 分事

分事即事件中领事的组成部分。例如：
　　①水牛有【两只大弯角】。
　　②自行车有【两个轱辘】。
　　③她穿着【一件红棉袄】。

注意区分表示领属关系的"有"和领有、拥有关系的"有"。前者联系分事，后者联系客事。

3. 数量

数量即事件中相关的数量或频度。数量分为三种：名量(或物量)、动量、距离。分别举例：
　　①饭才吃了【一碗】。
　　②他挨了【一拳】
　　③北京离天津【九十公里】。

（五）凭借的三个格：工具、材料、方式

1. 工具

工具即事件中所用的器具。工具格的格标有"用""拿"。

"动作行为动词＋工具"形式可以变换为"用＋工具＋动作行为动词"形式。例如：

① 铺沙子→用沙子铺
② 写毛笔→用毛笔写
③ 炖砂锅→用砂锅炖

2. 材料

材料即事件中所用的材料或耗费的物资。例如：

① 【这块布料】做衣服。
② 我【用奖金】买了一辆自行车。
③ 他【把钱】都存进银行了。
④ 他一顿饭吃掉【一万元】。

材料格的格标有"用""拿""由""把"。

【工具】和【材料】这两个格的区别是：在事件中保持不变的是工具，转化的或耗费掉的是材料。

3. 方式

方式即事件中所采用的方法或形式，是抽象形式的凭借。方式格的格标是"用""以"。例如：

① 他【用手势语言形式】跟对方交流。
② 我们要【以长远的眼光】看待这件事情。

有的方式格用比喻式描述人或事物存在、动作的形态。例如：

① 这孩子【像大人似的】摆摆手。
② 那个男孩【像风一样】飞跑了。

有些表示动作行为所显现的形式的方式格可以直接跟在动作行为后面作宾语。例如：

① 队伍走【正步】。
② 他写【隶书】。
③ 队伍排【一字排】。

第八章　现代汉语语义研究

(六)环境的四个格:范围、时间、处所、方向

1. 范围

范围即事件中所关涉的领域、范围以及所伴随的状况。例如:
　①【关于这个问题】我们要认真研究一下。
　②我【就这个问题】谈谈我的看法。
范围格的格标有"关于""就",或处于一定的格式之中,如"在……方面""在……上""在……下""在……中"等。例如:
　①【在跑步方面】我不如小张。
　②【在工作上】我们要注意细节。
一些表示范围的名词可以作主语或动作行为动词的宾语,这一点同英语等西方语言也不相同。

2. 时间

时间即事件发生的时点或持续的时段。时间格分为时点、时段。时间格的格标有"在""从""到""趁""于""打"。例如:
　①【趁年轻时】多去旅行。
　②【从六岁起】我就开始干家务了。
　③他们一直聊【到凌晨】。
　④【打那天起】我们就再没联系。
　⑤小张毕业【于2010年】。

3. 处所

处所即事件发生的场所、境况或经过的途径。处所格的格标有"在""从""沿着""顺着""于""自""(V)到""当着……的面"。例如:
　①你【在车里】等一会儿。
　②我们【沿着小溪】前进。
　③我们【顺着藤蔓】摸到了瓜。
　④这种玉产【于新疆】。
　⑤我来【自中国】。
　⑥【从城东】【到城西】他都跑遍了。
　⑦【当着大家的面】你把钱还清了。
汉语中表示处所的成分可以同动作行为动词直接组合,不需要介词的引介。汉语中的附着动词、位移动词、移物动词都可以直接带上处所成分作宾语。这些动词和处所成分组成的述宾结构一般都可以变换为"介词＋处所＋动词"或"动词＋介词＋处所"的形式。例如：

①吃【食堂】→【在食堂里】吃

②走【大路】→【从大路】走

③去【图书馆】→【到图书馆】去

4. 方向

方向即事件中的时空趋向。方向格的格标有"朝""向""往"。例如：

①奶奶【朝我】点了点头。

②我【向妈妈的方向】跑去。

③这趟火车【往南】走。

汉语中表示方向的成分也可以不借助于介词的引介同动词直接组合为述宾结构。这种述宾结构一般也可以变换为"介词＋方向＋动词"形式。例如：

①俯瞰【大地】→【向大地】俯瞰

②仰望【星空】→【向星空】仰望

(七)根由的三个格：依据、原因、目的

1. 依据

依据即事件中所遵照或依靠的根据。依据格常见的格标有"根据""据""遵照""按""按照""照""依据""依""据""凭""靠""论"。例如：

①【根据科学家的研究】，成年人一天的正常睡眠时间是七八个小时。

②【遵照上级的指示】，我们部门对操场、办公室等场所开展了大扫除工作。

③我们要【按手上的号码牌】排队买化肥。

④【依你看】这辆车要不要卖掉？

2. 原因

原因即引起事件的缘由。原因格的格标有"因为""因""为"。例如：

①他【因为盗窃】触犯了刑律。

②小王【为这事】得罪了主任。

③小张【因身体情况】请假三天。

汉语中的原因成分可以作主语，含有使动的意味。例如：

【这味道】把他熏坏了。

汉语中的原因成分还可以同动词直接组合为述宾结构。这种述宾结构一般都可以变换为"格标＋原因＋动词"形式。例如：

后悔【没好好看书】→【因为没好好看书】而后悔

3. 目的

目的即事件所要达到的目标。目的格的格标有"为""为了"。例如：

①我【为了赶时间】红灯都闯了。

②全家人都在【为过年】而打扫卫生。

汉语中的目的成分可以作主语。例如：

①【这辆车】买到手了。

②【作业本】给老师抱来了。

③【污水】排走了。

汉语中的目的成分还可以同动词直接组合为述宾结构。这种述宾结构一般都可以变换为"格标＋原因＋动词"形式。例如：

①筹备【会议】→【为会议】而筹备

②排【门票】→【为门球票】而排队

有一点需要说明：原因格、目的格仅限于单句内部的成分，复句中分句的原因、目的关系不属于格系统。

四、动词的格分类

根据动词同名词性成分之间的格关系，可以对动词进行再分类。看动词联系的客体，可以把动词分为两类：带客体的是及物动词，不带客体的是不及物动词。看动词联系的主体，也可以把动词分为两类：连接施事主体的是自主动词，连接当事主体的是非自主动词。根据动词连接主体、客体的情况，把动词可以分为四类：自主而又及物的是他动词，如"踢""吃""研究"；自主而不及物的是自动词，如"跑""蹲""飞"；非自主而又及物的是外动词，如"听见""看见""知道"；非自主而又不及物的是内动词，如"病""死"。

动词所能联系的格根据同动词之间联系的紧密程度、构句的需要程度可分为两类：必需格和可选格。足以描述某个动词的格关系特征必不可少的格叫作必需格。必需格在构句时必不可少，而可选格缺少了也不影响句子语义的自足性。

必需格和动词联系起来就构成了格框架。汉语常用的2000多个动词的格框架共3大类、9中类、53小类。3大类包括一价格框架、二价格框架、三价格框架，9中类包括一价自动词格框架、一价内动词格框架、二价他动词格框架、二价自动词格框架、二价外动词格框架、二价内动词格框架、二价领属动词格框架、二价系属动词格框架、三价他动词格框架。限于篇幅,53小类不再具体列举。

格框架中的动词和名词组成的典型句式是基本式。在汉语中,一个动作所联系的主体、客体,乃至邻体,在表层句子中,可以有多个位置,因此构成了各种句子格式。一个基本句型有很多变换式。无客式、带客式、一客一邻式是三种最基本的句型。动词联系必需格构成句型的基本式,如果在基本式中再增加可选格,就构成了扩展式。变换式是基本式的变化,扩展式则是基本式和变换式的复杂化。变换式和扩展式丰富了动词的基本式(格框架)。

第三节 现代汉语的语义指向分析

语义结构是隐藏在句法结构背后的句法成分之间在逻辑语义上的结构,语义指向就为建立这一语义结构提供了有效的工具和方法。语义指向分析是对结构主义句法分析局限的一个突破,语义格分析再加上语义联系的方向的分析要比单纯的语义格分析全面。因此,要全面充分地描写、分析和解释句法结构的语义结构,就要进行语义指向的分析。本节主要对现代汉语的语义指向进行分析研究。

一、语义指向的定义

客观世界是丰富多彩的,而言语单位的组织却是线形的、一维的。因此,一个个不同的简单的表述结构要进入同一个句子,就必须作适当的语序调整。尽管"语义指向"问题自20世纪80年代初开始就受到广泛的关注,但对"语义指向"的定义,至今没有一个统一的认识。学者们虽然对语义指向的表述各不相同,如胡裕树在《汉语语法研究的回顾与展望》中认为语义指向是"词语在句子里在语义平面上支配或说明的方向"、陆俭明在《配价语法理论和对外汉语教学》中提出语义指向是"句中某一成分在语义上跟哪一个成分相关"等,但他们都认为语义指向的基础是成分之间语义上的联系。这种联系建立在成分之间的相容性语义特征之上。但是这些说法都不涉及有语义联系的成分之间,谁是主体,谁是客体,即在语义上谁指向谁的问题。

第八章 现代汉语语义研究

语义指向就是句法成分在语义平面的动态指归性,它体现为由指向成分和被指成分一起构成的语义指向结构体。就人类普遍的认知规律和思维特点而言,认识事物有个起点(语用平面称为话题)问题,思维也有个起点问题。对一个简单的表述结构而言,开头部分往往是表述的话题(即表达的起点),接下来便是对话题加以评述或说明。也就是说,评述部分或说明部分的语义指向话题,一起构成一个语义指向结构体,其中话题是被指成分,评述是指向成分。表述的话题不同,评述部分的语义指向也就不同,从而导致了整个表述结构语义上的差别。例如,"妈妈爱我""我爱妈妈"这两句话的语义是不同的,因为表述者对"妈妈""爱""我"一起构成的表述结构的话题的认识不同。

二、语义指向的结构模式

对于语义指向的结构模式,不同的学者有着不同的观点,其中,税昌锡从不同的角度将语义指向的结构模式概括为八组相互对立的结构模式,本书即采用这一观点。

(一)前指和后指

前指就是在一个语义指向结构体中,指向成分前指被指成分构成的语义指向模式。例如:
①我刚刚在听歌。
②吴总表扬了小林。
在上例中,例①的谓语动词"听歌"前指主语"我"。例②的谓语动词"表扬"也前指主语"吴总"。

后指则是指向成分后指被指成分构成的语义指向模式。例如:
到底什么是孝道?
在上例中,"到底"这个副词后指"孝道"。

通过上述例句可以看出,人们感到最为自然的前指和后指是谓语动词的语义区分前指和后指有助于考察结构相同。但是,其组成成分的语义所指的方向或方式可能不同。以状语为例,作为谓词性结构的修饰语,状语在同一个结构中,其语义可能指向前面的成分,也可能指向后面的成分。例如:
①小红垂头丧气地拿着成绩单。
②小红安安帖帖地收起成绩单。

在上例中,例①的"垂头丧气"前指"小红",而例②的"妥妥帖帖"则后指"成绩单"。

(二)顺指和逆指

顺指是指一个句法成分按照它和别的成分形成的自然的语义指向方式。例如:
①阿甘那箱冰糖橙卖掉了。
②包一次饺子小王吃了一周。
在上例中,例①的"卖掉"顺指"冰糖橙",而例②的"吃"顺指"饺子"。
逆指是指一个句法成分和别的成分的语义指向方式不是按照自然逻辑顺序形成的。例如:
①阿甘卖掉了那箱冰糖橙。
②小王吃了一周饺子。
在上例中,例①的"卖掉"逆指"冰糖橙",而例②的"吃"逆指"饺子"。
要注意的是,前指与后指、顺指与逆指是从不同的角度来考察语义指向的,因此,前指可能是顺指,也可能是逆指;后指可能是逆指,也可能是顺指。

(三)邻指与隔指

邻指就是指向成分与被指成分直接构成语义指向结构体,其间不插入别的与该语义指向结构无关的成分。例如:
①小罗有一个新书包很好看。
②大魔术师们个个技艺高超。
在上例中,例①的"好看"邻指"书包",而例②的"个个"邻指"大魔术师们"。
隔指则是指向成分和被指成分之间插进了别的成分,从而造成指向成分和被指成分不在同一个直接层次上,致使指向成分在语义上间接地指向被指成分。例如:
①小罗有一个新书包很高兴。
②祝大家过个快乐的春节。
在上例中,例①的"高兴"隔指"小罗",而例②的"快乐"隔指"大家"。

(四)专指与兼指

专指就是在一定的言语环境中某个指向成分只跟一个被指成分发生

语义关系。例如：

①我叫醒了同桌。

②老师打哭了周扬。

在上例中，例①的"叫"专指"同桌"，而例②的"哭"则专指"周扬"。

有的指向成分可以同时跟两个或两个以上的被指成分发生语义关系，这种一个指向成分同时可以指向多个被指成分，从而同时构成多个语义指向结构体的指向方式叫作语义兼指，简称兼指。例如：

①瑶瑶在公司看书。

②宝宝偷吃了糖果。

在上例中，例①的"在公司"兼指"瑶瑶"和"书"，而例②的"吃"兼指"宝宝"和"糖果"。

（五）单指与多指

单指是指一个指向成分只跟一个被指成分组成语义指向结构体的指向模式。例如：

①犯人只给馒头吃。

②老人很可怜，没人管，渴了唯有喝雨水，饿了只能讨饭吃。

在上例中，例①的"只"单指"馒头"；而例②的"唯"单指"雨水"，"只"则指向"讨饭"。

多指是指一个指向成分可能跟多个被指成分组成语义指向结构体的指向模式。例如：

①我的朋友也是警察。

②哥哥只借我一件外套。

在上例中，例①的"也"表示类同事物的加合，不仅前指"我的朋友"，也可以后指"警察"。而例②的"只"可以指向"借"，也可以指向"我""一件"以及"外套"，意思是没有借给别人，是借给了"我"；没借太多，只借了一件；没借给我毛衣、裤子、鞋子等，只借了外套。

（六）强指与弱指

强指是指向成分与若干被指成分中的某一个被指成分形成直接的、现实的语义指向关系。弱指是除了强指以外，指向成分仍与若干被指成分保持着间接的或潜在的语义指向关系。例如：

离开了妈妈的肖华哭了。

在上例中，"妈妈"是"离开"的强指受事，"肖华"是"离开"的弱指受事,又是"哭"的强指施事。

(七)显指与潜指

显指是指本来跟指向成分没有直接语义联系,但通过句法调整使其直接充当被指成分构成的语义指向模式。潜指则是指在这种情况下,使真正的被指成分处于潜隐状态的语义指向关系。例如:

①秋天来了,北京三里屯银杏大道变身黄金大道。
②我今天买的水果都很便宜。

在上例中,例①的"黄金大道"显指"银杏大道",潜指"银杏叶的颜色变黄了",因为银杏叶黄了,所以银杏大道变成了黄金大道;而例②的"便宜"显指"水果",潜指"价格",便宜的是水果的价格。

(八)内指与外指

内指是指一个语义指向结构体的指向成分和被指成分同现于一个句子中而构成的语义指向模式。例如:

那个小男孩把桔子吃光了。

在上例中,"吃"在语义上指向其施事"那个小男孩",补语"光"在语义上指向"吃"的受事"桔子",所指都在句内。

外指是指在一定的上下文或者交际场景中,被指成分不在句中出现,而隐含于上下文或交际场景的语义指向模式。例如:

①剩下的排骨随随便便炖了个排骨萝卜汤。
②他被打得头破血流。

在上例中,例①的"随随便便"在语义上是指向"炖"的施事,而这个施事没有在句中出现。例②的"打"说的是谁,究竟是谁把他"打"了,而且"打得头破血流"。以上这些语义成分,句中都没有明确交代,或者无法作具体的交代。

三、从句子成分的角度观察语义指向

句子成分之间的语义联系,除了格语法所研究的动词谓语同主语、宾语、介词宾语之间的语义联系之外,状语、补语、定语同其他句子成分之间也存在各种语义联系。这里主要从状语、补语、定语三个角度来分析语义指向。

第八章　现代汉语语义研究

（一）状语的语义指向

状语的语义指向的研究最早还要追溯到 20 世纪 50 至 60 年代的"定语移位说"。"定语移位说"是一种根据语义联系定句子成分的观点。

在句法平面，从形式分析角度来看，状语对述语部分进行修饰，构成状中结构，也就是说，状语只同述语部分发生联系；但是，从语义平面来看，问题要复杂得多。在句子中，状语不但可以同述语发生语义联系，而且可以和主语、宾语等成分发生语义联系。例如：

①小刘笑眯眯地拿着红包回了家。
②老王呆呆地看着手里的工资单。

上面例子中的状语成分"笑眯眯""呆呆地"都是由表示神情、心理、情态的状态词充当的，这一小类状态词具有【＋述人】的语义特征。状语成分"笑眯眯""呆呆地"分别同句中表示人的主语成分"小刘"和"老王"相联系，亦即指向主语成分。

由于这类状态词具有【＋述人】的语义特征，所以这类状态词可以叫作"述人状态词"。这一小类状态词作状语时语义一般都指向表人的成分，而不管表人的成分是主语还是宾语。

又如：

①李阿姨淡淡地描了描眉。
②赵大妈脆脆地炸了一盘虾片。

上面例子中作状语的状态词"淡淡地""脆脆地"都是表示事物的形状、色彩等方面特征，据有【＋述物】的语义特征。这种语义上的特点决定了它们在语义上只能同表示事物的成分相联系。在上面的例句中，它们都同句中表示事物的宾语成分"眉"和"虾片"相联系。由于这类状态词具有【＋述物】的语义特征，所以这类状态词可以叫作"述物状态词"。这一小类状态词作状语时语义一般都指向表示事物的成分，而不管表示事物的成分是主语还是宾语。

再如：

①老支书紧紧地握住了首长的手。
②小娟悄悄地溜进教室。

上面例句中作状语的状态词"紧紧地""悄悄地"都是表示动作行为的状态、程度的，具有【＋述动】的语义特征。这种语义上的特点决定了它们在语义上只能同表示动作行为的成分"握""溜"相联系。由于这类状态词具有【＋述动】的语义特征，所以这类状态词可以叫作"述动状态词"。这一小类状态词作状语时语义一般都指向表示动作行为的成分。

成分在语义上的【+述人】、【+述物】、【+述动】这些语义特征直接决定了成分的语义指向的目标和方向。

(二)补语的语义指向

从语义结构的角度来看,补语的语义指向也是复杂多样的,补语不仅可以同述语发生语义上的联系,而且可以同主语、宾语、介词宾语等成分发生语义上的联系。这里主要分析以下三种情况。

第一,如果补语是简单补语,由于形容词述语一般不带宾语,那么这种情况下,补语一般从程度上对形容词述语进行补充。这时,补语的语义指向述语。例如:
　　①迎春花开遍了。
　　②我要忙死了。

第二,如果补语是复杂补语(一般要用结构助词"得"引进),这时补语不但表示程度,而且有描述性,即对一定的对象进行描述,这种情况下,补语的语义指向它所描述的对象。例如:
　　①迎春花开得黄灿灿的。
　　②我忙得像个陀螺。

第三,如果形容词述语带有一定的使动性,这时使动的对象往往用介词"把"引进,此时描述性的补语的语义一般指向"把"的宾语。例如:
　　①她的故事把大家感动得热泪盈眶。
　　②他把女朋友逗得哈哈大笑。

(三)定语的语义指向

在句子平面,定语的语义指向也是比较复杂的。一般情况下,定语的语义是指向它所修饰的中心语。但在复杂的定语结构中,如果修饰成分不止一个,那么在语义联系上就会有不同的情况,具体如下。

第一,几个修饰成分的语义合并起来,都指向中心语,如"勤劳、勇敢的中国人民"。

第二,几个修饰成分的语义分别从不同位置,聚焦式地指向中心语,如"一台老式黑白黄河电视机"。

第三,几个修饰语的语义按照前后的语序,由前向后依次指向其后的成分,亦即修饰语1的语义指向修饰语2,修饰语2的语义指向修饰语3……如"这是我七舅老爷的哥哥的嫂子的姐姐的姑姑的儿子"。

总之,词语的词汇语义是词语充当的句法成分的语义指向的基础。而对句子语义进行分解,就可以清晰地看出句法成分的语义指向。

第九章　现代汉语修辞研究

修辞是语言运用的规律。一个人的语言能力如何,除了其对词语、句式、语法等基本规律的把握外,还关键看其对修辞的应用。因此,修辞也是现代汉语研究中的一个重要内容。

第一节　修辞的内涵

一、修辞的含义

修辞在语言运用中主要是指为了达到一定的目的或适应特定的语境,采取恰当的语言手段,获得具有明显的交际影响或表达审美效果的言语行为及其规则。

二、修辞的基本要素

修辞交际过程中所关涉的因素就是修辞要素。它主要包括以下几个。

（一）修辞者

修辞者,即修辞交际双方。在所有的修辞要素中,修辞者是最重要的。因为没有了言语交际行为的双方,那么也就无所谓修辞了。这就意味着修辞不只是一个说或写的问题,而且也与听读即话语理解密切相关。如果修辞利用的是其他符号比如图像、体态等,那么修辞关涉的就是其他符号的建构者和解构者。传统的修辞研究只把修辞定位在"意""辞"或内容和形式层次,忽略了修辞交际的主体,因此陷入了就事论事的窠臼。在这里,我们注重修辞行为与修辞者的联系,注重话语的建构和解构与修辞者之间的共变关系,因为只有这样才能更好地认识修辞和运用修辞。

(二)修辞手段

修辞所需要的材料就是修辞手段,包括所有的语言要素、文字、图像、体态、动作以及其他符号或媒介。在言语交际或者说语言传播中,语言要素是最为重要的修辞手段。书面语修辞中多使用文字,口语修辞还利用一些辅助性言语手段,如面部表情、眼神、手势、体式、姿态等。而在多媒体修辞中,除了语言文字之外,人们还利用图像以及其他符号,如网络中就使用了一些表示情态的符号。

(三)修辞方法

修辞过程中,修辞者要把修辞手段组织起来,构成话语或其他媒介文本,这就需要一定的方法,即修辞方法。例如下面这段话:

> 有句俗话:"老婆是人家的好,文章是自己的好。"大概是喜新厌旧之心,人皆有之。喜新厌旧,本非什么缺点,只是因为有了此心,才有科学上的不断发明创造,文学艺术上的不断推陈出新;可是把喜新厌旧之心放到老婆身上,那就糟了,怎么人家的老婆出落得如此年轻貌美,体态轻盈,咱家里的婆娘就这么的发福臃肿,腰粗如熊?人家的老婆怎么出落得面如桃花,灼灼艳丽,还有那临去秋波有意无意的一转,只让人三天过后依旧心旌摇荡,咱老婆怎么倒成了黄脸婆,连往昔甜甜的媚眼也早已消失到了爪哇国。(洪丕谟《老婆和文章》)

作者组织上面这段话,正是通过运用一些修辞方法而完成的。例如,"科学上的不断发明创造"和"文学艺术上的不断推陈出新","如此年轻貌美,体态轻盈"与"这么的发福臃肿,腰粗如熊",都采用了对称的手法。"爪哇国"是南太平洋上的一个国家,此处代指遥远的地方。"消失到了爪哇国",意即消失得很远,无影无踪。这可以说是一种借代的手法。此外,"腰粗如熊""面如桃花"用的则是比喻的手法。

(四)修辞动机和目的

在修辞过程中,修辞者要围绕一个中心,那就是修辞动机和目的。只有在一定的修辞动机和目的之下,才能更好地使用修辞手段和修辞方法。比如在上述洪丕谟的《老婆和文章》中,作者之所以采用一系列修辞方法,之所以用"老婆""婆娘"而不用"妻子""夫人",而且间隔使用,目的就是为了使话语富于变化,更活泼、生动、诙谐、幽默。这就是作者的修辞动机和目的。正是因为人们有各种各样的修辞动机和目的,才有了各种各样的话语。

（五）言语环境

言语环境(简称语境),是人们运用语言来表达思想、进行交际活动的特定的言语环境。它包括上下文语境和情景语境两种。上下文语境一般是作品内的,情景语境是作品外的。语境是修辞的基础,离开了语境,就无所谓修辞了。可见,修辞对语境具有很强的依赖性。任何修辞方式只有放在合适的言语环境中,才能显示修辞效果,实现修辞价值。语境在修辞中具有以下几个重要的功能。

1. 语义获取功能

语境具有语义获取的功能。无论是句义还是词义,都可能在语境的作用下发生变化,获得新的意义,即语境意义。语境中的语义变化有反义、转义和言外之意等。

2. 省略功能

由于交际双方共处或共知的语境已经提供了必要的信息,语言表达者在交际时就可以省略某些上文已经提到或交际双方不说自明的内容。这就是语境的省略功能。通常情况下,省主语、省宾语、省谓语、承前省、蒙后省等都是在一定的语境中产生的,脱离了语境,这种省略就很难成立。

3. 补充功能

语境还具有补充功能,即语境中省去的内容,往往可以通过语境分析而逐一补充出来。

4. 制约功能

语境对修辞手段的使用有重要的制约功能。这主要表现在语境对语音形式的选择、词语的选择、句子的选择及辞格的运用等方面。

5. 创设变异表达功能

创设变异表达的功能是指语境常常为修辞的变异创造条件,并使修辞变异在特定的语境中正常化。所谓修辞变异,就是指表达者利用特定的语境,有意地突破语言的常规用法,以达到特定的表达效果。变异一般包括语音变异、语义变异、语法变异、语汇变异、文字变异、方言变异等。这些非常规的表达得以实现,完全是靠语境提供的条件。

(六)修辞规律

从表面看,尽管修辞者千差万别,采用的修辞方式、方法也五彩缤纷,看着凌乱无序,但实际上修辞也具有自身的原则和规律。这不仅是修辞的可能性所在,也是修辞研究的价值所在。修辞过程中,除了遵守汉语的语法结构规则以外,还必须遵守汉语的语义组织规则,以及与言语环境相适应的原则等。这些都是修辞规律。

(七)修辞效果

修辞效果就是听读者在接受了说写者实施的修辞行为后,产生的一定反应或行为。人们往往把修辞效果限定在话语自身,把对话语的感受作为修辞的唯一效果,忽视了修辞行为在社会生活中的交际效果,则不全面。修辞效果既可以通过话语判断,也可以通过交际对象反映,既可以通过说写者来预测,也可以通过听读者来判断和验证。修辞效果既存在于微观的话语层面,也呈现在宏观的社会层面。

三、修辞的原则

根据吕叔湘和王希杰的观点将修辞的基本原则归纳为适应原则和得体原则。

(一)适应原则

适应原则要求表达者在使用修辞时明确目标,看清对象,注意语用时机,适应场合和环境。

首先,不管是口头表达还是文字书写,总是有所为而发,总有一定的表达目的。有时是为了宣传真理,驳斥谬误;有时是为了交流思想,沟通感情;有时是触景生情,抒发胸臆。目的不同,表达方式也就各异,各种修辞手段的运用都要适应这些目的和要求。

其次,对象是交际活动中的一个重要因素。对象有朋友有仇人,有长辈有晚辈,有上级有下级,关系有亲有疏,爱好有同有异。所谓看清对象,一是看清交际的对象(读者或听者),二是看清文章或谈话中所涉及的对象。正如俗话所说:"射箭要看靶子,弹琴要看听众。"

最后,交际中把握好说话的时机也非常重要,什么时候讲话,讲些什么话,都要看准时机。如果时机选择不当,就会适得其反。注意交际场合和交际环境,"看菜吃饭""量体裁衣",这也是适应原则对语用的要求。

(二)得体原则

修辞不但要做到适应,而且要做到得体。在修辞的得体原则中,得体的基本要求是得当、适切;不得当、不适切,就不得体。例如:

  行了几年白话,弄古文的人们讨厌了;做了一点新诗,吟古诗的人们憎恶了;做了几首小诗,做长诗的人们生气了;出了几种定期刊物,连别的出定期刊物的人们也来诅咒了:太多,太坏,只好做将来被淘汰的资料。(鲁迅《并非闲话(二)》)

在上述这段文字中,鲁迅对四种"人们"的嘴脸,表现了鄙夷的态度,由"讨厌"到"憎恶",由"生气"到"诅咒",程度逐步加深,十分得体。再如:

  冬至的祭祖时节,她做得更出力,看四婶装好祭品,和阿牛将桌子抬到堂屋中央,她便坦然的去拿酒杯和筷子。(鲁迅《祝福》)

祥林嫂为什么"坦然",是因为她刚刚为赎罪捐了门槛,认为自己不再是不洁的女人了,所以,"她做得更出力","坦然的"去拿杯筷,这里的"坦然"一词就用得恰切、适当。

从这两个原则可以看出,它们都体现为对语境的适切性。任何修辞手段的运用,只有在特定的语境中才能看出其是否得体、是否适应。

第二节　现代汉语的修辞方式

汉语修辞方式就是汉民族在长期的社会实践中,所总结出的一系列组织话语、提高修辞效果、帮助完成交际任务的方法。现代汉语的修辞方式有很多,不同的修辞方式有不同的特点,以下就对最为常见的几种汉语修辞方式进行阐述。

一、比喻

比喻就是打比方,即用某一事物来说明与其本质不同而又有相似点的另一事物。

被打比方的事物叫"本体",用来打比方的事物叫"喻体",连接二者的词语叫"喻词"。

比喻可以分为明喻、暗喻和借喻三类。

明喻，明喻的构成方式是本体、喻体都出现，中间用"像、如、似、若、仿佛、有如、犹如"一类的喻词来连接，其格式为"甲像乙"。例如：

　　叶子(本体)出水很高，像亭亭的舞女的裙。(朱自清《荷塘月色》)

暗喻，又叫"隐喻"。本体和喻体都出现，中间用"是、变成、成为、等于"等喻词连接，基本格式为"甲是乙"。例如：

　　母亲啊！你是荷叶，我是红莲。(冰心《荷叶母亲》)

借喻，是直接把比喻事物借来代替被比喻事物，本体和喻词都不出现。基本形式是"乙(代甲)"，甲不出现。例如：

　　我似乎打了一个寒噤；我就知道，我们之间已经隔了一层可悲的厚障壁了，我再也说不出话。(鲁迅《故乡》)

比喻的修辞作用主要包括以下三种。

第一，把抽象的事物说得具体形象。

第二，把平淡的事物说得具体生动。

第三，把深奥的道理说得浅显易懂。

二、比拟

在说话或写文章时，为了使描写生动形象，或寄托某种爱憎感情，我们可以把物(事物或动物)当作人来叙述描写，这叫拟人；也可以把人当作物(事物或动物)，或把甲物(事物或动物)当乙物(事物或动物)来叙述描写，这叫拟物。拟人和拟物合起来就叫比拟。其中，本来的人或物叫作本体，被当作的人或物叫作拟体，用来叙述描写本体的词语叫拟词。

在比拟中，本体是必须出现的，拟体一般是不出现的，拟词则是一定要出现的。由于拟词本来只适合于拟体，不适合于本体；因而本体和拟词的组合合成的比拟表达，必然会造成话语中词语之间的超常规搭配。从而带来新鲜活泼、生动形象、情感分明的表达效果。例如：

　　高粱好似一队队的"红领巾"，悄悄地把周围的道路观察；向日葵摇着头微笑着，望不尽太阳起处的红色天涯；矮小而年高的垂柳，用苍绿的叶子抚摸着快熟的庄稼；密集的芦苇，细心地护卫着脚下偷偷开放的野花。(郭小川《团泊洼的秋天》)

比拟的修辞作用是使叙述形象生动，使抽象的道理具体化，能表现出鲜明的感情。

三、排比

排比又称"排叠",是把三个或三个以上结构相同或相似,语气一致的词语或句子排列起来,以增强语势的修辞方式。

根据结构方式,可以将排比分为句子的排比和句法成分的排比。

句子的排比,包括分句与分句、单句与单句、复句与复句的排比。例如:

  他们的品质是那样的清洁和高尚,他们的意志是那样的坚韧和刚强,他们的气质是那样的淳朴和谦逊,他们的胸怀是那样的美丽和宽广。

句法成分的排比,就是句中同一成分或邻近成分的排比,各种句法成分都可以运用排比。例如:

  延安的歌声,它是黑夜的火把,雪天的煤炭,大旱的甘霖。

排比的修辞作用是节奏鲜明,能增强语势,抒发强烈的感情。

四、对偶

对偶又称"对对子",是用一对字数相等、结构相同或相似的两个句子或短语,排列在一起,表示相反、相关或相连意思的修辞方式。

对偶从内容上可以分为正对、反对、串对三种类型。

上下句意思相类似的是正对,意思相反的是反对,意思相关的是串对。串对的上下句之间往往有假设、条件、因果、目的等关系。例如:

  海内存知己,天涯若比邻。《送杜少府之任蜀州》(正对)
  锲而舍之,朽木不折;锲而不舍,金石可镂。《劝学》(反对)
  即从巴峡穿巫峡,便下襄阳向洛阳。《闻官军收河南河北》
(串对)

对偶是汉语修辞方式的特色,千百年来为群众所喜闻乐见。对偶从形式上看,音节整齐匀称,顿挫感强;从内容上看,凝练集中,概括力强,有突出的表现力,节奏感强,便于记忆。

五、借代

借代也叫"换名",是不直说某人或某事物的名称,借和它密切相关的事物名称去代替的修辞方式。被代替的事物叫"本体",用来代替的事物称"借体"。本体和借体之间具有相关性。

借代的类型主要有以下几种:以特征代本体、部分代整体、专名代泛称、产地代本体等。

以特征代本体:这种借代能够使话语变得更具体、形象、生动、有趣味。例如:

老麦为避开这些四个轮子,把自己的两个轮子随手一拐,进了一条小马路。(林斤澜《头像》)

这句话中的"四个轮子"指小汽车、吉普车,"两个轮子"则指自行车。很显然,这是用车的特征来代替车。这样一借代,语言立马变得丰满、有趣味起来。

用部分代整体:在说话和写文过程中,有时人们还会用个体代整体,用具体的东西代指抽象的东西。例如:

我们所依靠的不过是小米加步枪,……但历史最后将证明,这小米加步枪比蒋介石的飞机加坦克还要强些。(毛泽东《和美国记者安娜·路易斯·斯特朗的谈话》)

这段文字中的"小米加步枪"代指的是艰苦的生活条件和落后的武器装备。与直接说相比,运用借代的修辞更具有直观性,容易引起人的联想。

专名代泛称:这是指用历史上或是当代的一些著名人物作为代体。"诸葛亮""花木兰""华佗""雷锋""马大哈"等就经常被用来作为借代。

产地代本体:贵州省怀仁县茅台镇出产的茅台酒叫"茅台",这就是典型的用产地来代具体的商品。

借代具有以下几个修辞效果。

第一,可以突出人或事物的特征。

第二,可以把话说得形象生动,富于变化。

第三,可以使文笔简练,表达委婉含蓄。

六、双关

双关是指在一定的语言环境中,利用语音或语义条件,有意使语句同时兼有明、暗双重含义。

双关分为谐音双关、语义双关和语法双关。

谐音双关是利用音同、音近的条件使词语具有两种不同的意思。例如:

东边日出西边雨,道是无晴却有晴。(刘禹锡《竹枝词》)

上述诗句中,"东边日出"是"有晴","西边雨"是"无晴"。"晴"和"情"谐音,"有晴""无晴"是"有情""无情"的隐语。"东边日出西边雨",表面是"有晴""无晴"的说明,实际上是"有情""无情"的隐语,寓意男女之间绵绵的情意。

语义双关是利用词语或句子的多义性构成的双关。例如:

夜正长,路也正长,我不如忘却,不说的好吧。(鲁迅《为了忘却的记念》)

在上述句子中,"夜"表面是指夜晚,实际上是指黑暗统治,"路"表面上是指道路,实际上是指革命征途,语义双关的使用意在说明黑暗还存在,但革命还是要继续,不能放弃,要继续战斗。

语法双关是指利用语法结构的多种可能性造成的双关。

双关的修辞作用主要包括以下几个。

第一,表达含蓄的语意。

第二,表示幽默和讽刺。

第三,表现在特殊情况下所作的特殊斗争。

七、夸张

出于表情达意的需要,对客观事物故意"言过其实",加以扩大、缩小或超前的描述,这种修辞方法就叫夸张。

夸张可分为扩大夸张、缩小夸张和超前夸张三种类型。

扩大夸张即故意把事物的某种属性加以放大。例如:

蜀道之难,难于上青天。(李白《蜀道难》)

诗人通过夸大的修辞手法表现了通向蜀地的道路是如此艰难,"难于上青天",难得简直超过攀上青天。夸张奇特,又富于真实感,令人读之难忘。

缩小夸张即故意把事物的某种属性加以缩小。例如:

一个浑身黑色的人,站在老栓面前,眼光正像两把刀,刺得老栓缩小了一半。(鲁迅《药》)

人是不可能缩小的,但"老栓缩小了一半",作者通过缩小的修辞手法,生动、形象地表现了老栓的懦弱和胆怯。

超前夸张即在两件事中,故意把后出现的事说成是先出现的,或是同时出现的。例如:

愁肠已断无由醉,酒未到,先成泪。(范仲淹《御街行》)

上述文字所表达的意思是"肠已愁断,酒无由入,虽未到愁肠,已先化泪",将后面发生的事情说成先发生的事物,比起入肠化泪,又添一折,又进一层,愁更深沉,情更凄切。

夸张的修辞作用主要包括以下几种。

第一,可以突出事物的某些特征,或揭示事物的本质,给听读者留下鲜明、深刻的印象。

第二,可以表达说写者强烈的感情,或讽刺,或歌颂,以感染听读者。

八、顶真

顶真是用前一句结尾的词语来做下一句的开头,使前后几个相邻的句子上递下接,首尾相连的修辞方式。其格式为:"甲—乙,乙—丙,丙—丁……"。顶真,又称"顶针""连珠""联珠""蝉联"。例如:

出门看火伴,火伴皆惊忙。《木兰诗》

顶真,不论是在形式上,还是在内容上,都给人以流畅明快的美感。运用顶真,能够使话语更有整体感,结构严密,语气连贯,音律流畅,能反映出事物之间的有机联系,能使说理谨严周密。

九、回环

回环是用上句的末尾做下句的开头,又让下句的末尾回复到上句的开头的修辞方式。其格式为:"甲—乙,乙—甲"。

回环分为严式回环和宽式回环两类。

严式回环,前后语句用词完全相同,结构一致,只是词语的顺序不同。例如:

火云凝汗挥珠颗,颗珠挥汗凝云火。

琼暖碧纱轻,轻纱碧暖琼。

晕腮嫌枕印,印枕嫌腮晕。

闲照晚妆残,残妆晚照闲。

(宋·苏轼《菩萨蛮·夏景回文》)

宽式回环,前后语句用词不完全相同,也有的结构不同。例如:

这几天似乎有些异样。像一叶扁舟在无边的大海上,像一个猎人在无尽的森林里。走路,说话,都要费很大的力气;还不能如意。心里是一团乱麻,也可说是一团火。似乎在挣扎着,要明白什么,但似乎什么也没有明白。(朱自清《一封信》)

回环的修辞作用,主要是用优美的语言形式来揭示和突出事物之间的内在条件性依存或倚变联系。另外,回环形式优美,音韵协调,节奏明快,实现了语言的整齐美。

第三节　词语的选择与配合

在现代汉语修辞中,词语的选择与配合是非常重要的一个内容。一个人要想清楚准确地表达自己的意思,并且展示出良好的效果,那么就应当注重词语的选择与配合。

一、词语的选择

（一）选择词语要力求简练

简练就是用最少的词语传递尽可能多的信息。这看似简单,其实不易,可以说它是语言运用的一个很高的境界。要达到这一境界,首先应该避免词语运用的繁冗现象。语言的繁冗现象表现在下列几个方面。

第一,不必要的字面重复。要注意"不必要",必要的字面重复是一种修辞现象,不是语言的繁冗。

第二,不必要的同义反复。所谓同义反复,就是指字面不同而意义相同的词语反复出现,这种重复有时也是必要的,但如果同义反复不产生积极的修辞效果,那就是语言的累赘。

第三,纯属多余的词语。有些词语在情理上是不需要的,是纯属多余的,有了这些词语就"画蛇添足"了。

为了简练,语言表达者除了注意避免上述几个方面外,还应当注意在选择词语时,使词语有较大的容量,尤其是某些关键性词语,要让一个词当几个词用,起到"一以当十"的作用。

总之,在语言运用中,把那些可有可无的词语删去,是在数量上求得简洁,锤炼某些关键性的词语,是在质量上提高词语的容量,有机地结合两个方面,必能达到简练的目的。

（二）选择词语要准确贴切

在语言表达与应用中,准确贴切是选择词语的基本要求。要做到这一点,应注意以下几点。

1. 看清对象

（1）看清表达内容的对象。

由于表达的对象不同,所选择的词语也应该不同。例如,鲁迅的《狂人日记》,选择的语句跳跃性很大,上下往往不连贯,这就很符合"狂人"的口吻。《社戏》选择的词语平易浅近,动作性很强,就很符合农村孩子的身份。

（2）看清交流思想的对象。

说话写文章总是给别人听,给别人看的,就不能不考虑到听众和读者,交流思想的对象不同,选择的词语也应该有所区别。如果不看对象,必然无的放矢,说话写文章就不能起到应有的作用。例如,赵树理的小说《李有才板话》中的人物章工作员和老杨同志,除了思想作风、工作方法不同外,运用语言也是很不相同的。不论什么会,章工作员开头总要讲几句"重要性"啦,"什么的意义及其价值"啦,广大农民就不爱听。老杨同志用农民的语言向群众作宣传,就收到了很好的效果。

2. 留心环境

这里所说的环境,包括现实环境和语言环境。

鲁迅的杂文多用反语,嬉笑怒骂,锋芒逼人。他有时候选择的词语隐晦曲折,冷隽有味,这正是鲁迅所处的那个社会现实环境的必然产物。

留心语言环境,主要是适应上下文这个语言环境的要求。有的词语孤立地看,无所谓好坏,但是放到一定的语言环境里就会显示出优劣来。例如,什么时候应该用单音词,什么时候应该用双音词;什么时候要用褒义词,什么时候要用贬义词,等等,都与一定的上下文有着密切的关系。所以选择词语就不能不考虑到这一点,否则就会使人感到与语言环境不协调,影响意思的准确表达。

3. 注意真实

在现实生活中,人们对于客观世界的认识,人们的思想感情活动,都要运用语言表达出来。这就首先要求语言能准确地反映客观现实。说话、写文章必须善于根据对象的性质和事物的相互关系,精选最恰当的词语,严密地组织这些词语,准确贴切地表达思想。选择词语的准确贴切,是与对生活中或历史上的客观事物理解的准确性和深刻性分不开的。那种装腔作势、借以吓人的所谓"豪言壮语",浮艳夸饰、哗众取宠的花言巧语,堆砌辞藻、不切实际的陈词滥调,不管在词语运用上装扮得多么华丽,都是不符合真实、确切的要求的。

(三)准确掌握词语的理性意义和感性意义

语言中的每个词都是声音和意义的结合体,声音是它的形式,意义是它的内容。词的意义即词义既有理性意义又有感性意义。理性意义也叫概念意义,它反映概念的内容,是词义的主要部分。感性意义也叫色彩意义,它是在理性意义基础上产生的附加意义。选用词语,使词语能准确地表达思想感情,首先必须准确地掌握词语的意义,不但要掌握词语的理性意义,也要掌握词语的感性意义。

(四)基于修辞角度的不同词性词语的选择

1. 名词的选择

名词是表示人或事物名称的词,是什么就叫什么,似乎没有什么选择的余地。其实用什么名词来指称某人或某事物,从修辞的角度来看也是需要细心选择的,并不是毫无讲究。例如:

晓燕去的功夫不大就回来了。她睡在道静身边,细心地照顾着她。天还没亮,她就悄悄爬起来,生怕惊醒了病人。但是在她摸着黑穿衣服的时候,道静也醒了。(杨沫《青春之歌》)

这里写的是王晓燕照顾病中的林道静。王晓燕悄悄起床,作者用了"生怕惊醒了病人",而不用"生怕惊醒了道静",一方面是为了突出林道静患病这个特点,另一方面,用"病人"也是与"生怕惊醒"更切合些,更适应当时的语言环境。

2. 动词的选择

从修辞角度来看,动词的选择是最为重要的。汉语的动词很丰富,各种动作和行为的细微差别都可以用适当的动词区别开来。例如,鲁迅的《一件小事》:

我没有思索的从外套袋里抓出一大把铜元,交给巡警,说,"请你给他……"

这个"抓"表示随手取钱,动作迅速,恰好写出了"我"不安而有点慌张的神情。如果用"摸",虽然同样是手的动作,但是"摸"是指比较缓慢的动作,那就不确切了。

3. 形容词的选择

形容词的选择也是非常讲究的。例如,鲁迅在《藤野先生》中说:

从此就看见许多陌生的先生,听到许多新鲜的讲义。

"陌生"和"新鲜"这两个形容词,在初稿里都用同一个"新"。这当然也可以,但第一个"新"改用"陌生",表现出"从未见过"的意思。第二个"新"改用"新鲜",表现出"从未学过"的意思,比起单用"新"来要更为确切。

二、词语的配合

在人们的思想交流过程中,要想获得更好的表达效果,除了选择合适的词语外,还应当注意处理好句子中词语的配合关系。这也是修辞中研究的一个重要内容。这里的词语配合主要包括声音上的配合和色彩上的配合。

(一)声音上的配合

词语是声音和意义的结合。词语组成句子就有声音的配合问题。声音配合得好,就会有助于意义的表达。一般来说,如果词语的声韵和谐、音节匀称、节奏鲜明、声音传情,那么该词语在声音的配合上必定是做得非常好的。这种词也更容易传达清楚其本身所包含的意义。

1. 声韵和谐

声韵和谐主要指声、韵、调的配合。声、韵的配合,就出现了双声叠韵和押韵的问题;声调的配合,就出现了平仄相谐的问题。

双声叠韵是汉语所特有的一种利用语音表达内容的形式。两个音节声母相同的叫双声,韵母相同的叫叠韵。现在通行的许多成语,如"意气风发""粗茶淡饭""循序渐进""惨淡经营""冠冕堂皇"等就是运用双声叠韵的方法构成的。

押韵指的是在不同的语句中的同一个位置上,运用韵母中韵腹相同或韵腹韵尾相同的字。通常都押在句尾,所以又叫"韵脚"。押韵使得同一个音在同一个位置上不断重复,这种声音上的回环复沓,有助于强调情感和集中意义,有助于传达诗歌的内在情愫,拨动人们的心弦,引起思想的共鸣。诗歌押了韵就使得诗歌张开了翅膀,从文学的领域飞进了音乐的世界,便于演唱,便于吟诵。

汉语中有许多拗口令,就是利用声音的相近似组合成功的,念起来很费劲,听起来也颇吃力。所以,要避免声音拗口。首先,注意不要把一些声音相近似的字组合在一起。有些词语在看的时候觉得很清楚,一上口就会感到很别扭。例如,"黄土高原和河套平原",读起来就没有"黄土高原与河套平原"顺口。其次,要注意平仄相谐。汉语是有声调的语言,汉语的音节配合中,注意声调的协调运用会大大增强语言的美感。许多四字格的成语就很讲究平仄的协调。例如,"前功尽弃""餐风饮露"等都是平平仄仄;"视死如归""异想天开"等都是仄仄平平。四字格中平仄对应,读起来十分悦耳。

总的来说,平仄相谐的要求:一是不同的句子的末尾要注意平仄相应,一般是前仄后平;二是同一句子中要注意平仄重复变化,一般是两字一换。

2. 音节匀称

通常情况下,单音节词是和单音节词配合的,双音节词是和双音节词配合的。比如,"花"和"朵""鲜"相配合,形成"花朵""鲜花","鲜花"和"盛开"相配合,形成"鲜花盛开"。

概括来说,音节匀称的要求包括以下两种。

第一,句内的音节连接,不要忽长忽短,站立不稳。

第二,句间的音节对应,结构整齐,形式美观。

3. 节奏鲜明

节奏是诗歌中一个关键的内容。诗歌中抒发的情怀是波澜起伏的,这诉之于文字便成了诗歌的节奏。凡要构成节奏,总离不了两个很重要的关系:一个是时间的关系,一个是力量的关系。时间的关系往往表现为句式的长短;力量的关系往往表现为声音的轻重。

一般说来,长的诗行宜于形成雄壮豪迈的气势,短的诗行宜于表达活泼轻快的情态。例如:

　　炮声响了,
　　你立刻昂然站起来!
　　一会儿,下隧洞,
　　一会儿,登山崖,
　　一会儿,进工事,
　　一会儿,上炮台;
　　一会儿,看长天,
　　一会儿,望大海;
　　你发出的炮火
　　像闪电般把敌人的阵地劈开。

这是郭小川《大海浩歌》中的一小段,他善于用长的诗行抒发自己豪迈雄壮的情怀,这里插入了一组短诗行,以跳跃的节奏,表现机智敏捷的动作,生动活泼,跃然纸上。

声音的轻重在诗行中也能形成节奏,这除了有声调的因素以外,主要是用语法重音和强调重音来造成诗歌旋律中强弱不同的节奏。例如:

　　哪,外面是声音、声音,
　　生命在招呼着生命。
　　解放、自由、永久的平等,
　　奴隶是奴隶们在搏争光明。

诗歌一般会要求有一个相对稳定的节奏。一首诗中每行的顿数最好大致相等,否则就会有零乱之感。

4. 声音传情

利用词语的声音也可以摹态传情,使文章变得鲜活起来。在描写客观事物时,如果运用叠音词语,不仅可以增加文章的形象性,而且可以增加文章的音乐性。例如,朱自清《荷塘月色》:

　　曲曲折折的荷塘上面,弥望的是田田的叶子。叶子出水很高,像亭亭的舞女的裙。层层的叶子中间,零星地点缀着些白花,有袅娜地开着的,有羞涩地打着朵儿的;正如一粒粒的明珠,又如碧天里的星星,又如刚出浴的美人。微风过处,送来缕缕清香,仿佛远处高楼上渺茫的歌声似的。这时候叶子与花也有一丝的颤动,像闪电般,霎时传过荷塘的那边去了。叶子本是肩并肩密密地挨着,这便宛然有了一道凝碧的波痕。叶子底下是脉脉的流水,遮住了,不能见一些颜色;而叶子却更见风致了。

这样柔美的荷香月色,正是运用了大量的叠音词,描绘出一幅生动迷人的画面,演奏出一曲叮咚作响的乐章,给人以语言艺术的美的享受。

(二)色彩上的配合

人们在交流思想的过程中,为适应特定的语言环境和交际对象的要求,使用的词语本身含有表达特定的情态和气氛的独特格调,这就是词语的修辞色彩。词语的修辞色彩是人们在长期运用语言的过程中逐渐形成的,它不是个人运用语言的特殊表现,而是具有全民性和稳定性的。带有修辞色彩的词语,总有一定的使用范围和使用情境,要受一定条件的限制。

词语的修辞色彩的配合,主要指的就是在运用语言时,带有修辞色彩的词语应和规定的情境相一致,否则就会造成感情上的抵触和气氛上的相悖。词语的修辞色彩的配合主要包括词语的感情色彩的配合和语体色彩的配合两方面。

1. 词语感情色彩的配合

词语的感情色彩有褒义、贬义和中性。褒义词和贬义词除了表达一定的意义外,还能同时表达一种感情态度。例如,"慈祥""优雅"都是褒义的;"粗心""拍马屁""变本加厉"都是贬义的。这些词语本身就能明确地表达爱憎感情,是典型的带有感情色彩的词语。当然,在语言中带有感情色彩的词语毕竟只是一小部分,还有很大一部分词语是不带感情色彩的。有些词基本意义虽然不带感情色彩,但它的引申意义却往往带有某种感情色彩。比如,"高"这个词,在"这棵树很高"中并不带有感情色彩,但在"你的技术真高"中就带有了感情色彩。

另外,由于运用的场合不同,有些词语也会表现出不同的感情色彩。例如:

①他顽强地与疾病作斗争。
②我们消灭了顽强抵抗的敌人。

例①中的"顽强"带有褒义的感情色彩;例②的"顽强"是中性的。

一些词语本来不具有感情色彩,但经过形式的变化,就带有一定的感情色彩。例如,有些名词或形容词,儿化以后就带有喜爱的感情色彩。如"小孩儿、大个儿、黑黑儿的、亮亮儿的、红扑扑儿的、香喷喷儿的"。

选择什么样的词语用在什么事物身上,既反映了作者遣词造句的能力,也反映了作者的立场和观点。因此,使用带有感情色彩的词语时要注意词语感情色彩的配合。

随着社会的发展变化,政治道德标准的变化,词语的感情色彩也会随之而改变。比如,"清高""礼教""老爷""明哲保身""谨小慎微"这些在旧社会表示褒义的词语,在新时期都逐渐转化为贬义词语了。而"通俗""平凡""因陋就简""千方百计""牢不可破"就逐渐由贬义而转化为中性的了。

正确地使用不同感情色彩的词,可以把我们的立场态度表现得鲜明突出。但是由于表达的特殊需要,有时故意说一些反话,叫字面上的意思跟心里的意思相反,使词语的感情色彩临时起了根本的变化,也具有很强烈的表达效果。反语往往是把褒义词语故意贬用,表示讽刺嘲弄的语气。例如,在鲁迅的《冲》中,"流氓欺乡下老,洋人打中国人,教育厅长冲小学生,都是善于克敌的豪杰。"这一句中就是这种用法。

2. 词语语体色彩的配合

人们运用语言时,总是根据一定的交际内容、交际目的和交际场合来选取一定的表达形式;所选取的某种表达形式,既要适应交际的对象,又要受特定的语言环境的制约。运用语言的种种表达形式,逐渐稳定下来,就形成了不同的语体类型。总的来说,语体一般可分为口头语体和书面语体两种。不同的语体在词语配合等方面都有各自不同的特点。有些词语常在某一种语体中使用,而不在其他语体中使用,这些词语也就带上了某种语体的特殊色彩。例如,"快活""哆嗦"带有口头语体的色彩,而意义相近的"愉快""颤栗""愤懑"则带有书面语体的色彩。

词语的语体色彩与感情色彩往往是有联系的。有些带有某种语体色彩的词语也常常带有一定的感情色彩,比如在含有书面语体色彩的词语中,"瞻仰""视察"等带有褒义,"嚣张""伎俩"等带有贬义。含有口头语体色彩的词语中,"勤快""厚道"等带有褒义,"鬼混""胡扯"等带有贬义。有时我们说某一词语带有某种感情色彩或语体色彩,这是从某一角度说的,并不是说这一词语仅仅带有这一种色彩。

正确地使用带有语体色彩的词语是很重要的。因为这不仅可以确切地表达我们的思想感情,而且可以造成一个和表达内容相适应的言语气氛,增加语言的感染力。例如,叶圣陶在《相濡以沫》中说:

各界的人不经邀约,不凭通知,各自跑来瞻仰鲁迅先生的遗容,表示钦敬和志愿追随的心情。

在这篇文章中,叶圣陶用了"邀约""瞻仰""遗容""钦敬""追随"等书面词语表达了鲁迅逝世时的一片严肃庄重的气氛,表达了各界人士对鲁迅仰慕爱戴的深情。

这里使用大量的带有书面语体色彩的词是十分必要的。但是,如果是向工农群众作宣传,那就要选用工人农民所熟悉的词语,就要运用大量的带有口头语体色彩的词语,才能把道理讲得深入浅出,才能达到应有的宣传效果。

总之,什么语体就运用带有什么语体色彩的词语,否则就会使我们运用的语言产生语体不协调的气氛,搞得不伦不类。

第四节 句子的锤炼

句子的锤炼就是对句子不断推敲琢磨、不断加工提炼。它是提高表达效果的一个重要途径。也只有通过锤炼,语言的交际效能才能得以充

第九章 现代汉语修辞研究

分发挥。通常我们可以从以下四个方面来努力实现对句子的锤炼。

一、简练精粹

句子的锤炼还表现在力求用简洁的句子表达丰富的内容,力求做到"言简意赅"。要把句子锤炼得简练精粹,就必须做到以下四点。

(一)防止冗赘

句子冗赘,一般表现为词语重复、意义重复、词语多余三种情况。造成这种情况的原因主要有四个。

第一,堆砌辞藻。
第二,滥用某些词语。
第三,写作时一挥而就,写好后也很少去检查。
第四,有些词语的运用已形成习惯,如"用手去拿东西""用眼去看他"等,这种用法近乎习非成是,但是严格地说也是一种冗赘现象。

要防止冗赘,一方面要考虑周到,一方面在写成后,要多读几遍,将可有可无的字、句、段删去。

(二)化长为短

有的句子特别长,能长到四五十字一句,其中堆满了形容词语。这种就是所谓的"大肚子"句子。它读起来非常吃力拗口。像这样的句子就应该化长为短,读起来就流畅自然了。

(三)凝缩结构

凝缩句子结构是使句子简练的一个好办法。这里主要是删除分句或词组中的某些重复的词语,然后组合成联合词组进入句子,这样,句子就简短凝练,明快有力。

(四)提炼句意

提炼句意的方法很多,以下是两种常见的。
第一,利用反义结构表达深刻的思想内容。利用反义结构表达深刻的思想内容,从字面上看起来是矛盾的,互相排斥的,细细咀嚼玩味,又觉得是统一的,合理的。例如:

上级把一切早都规划好咯。我们主动撤出大本营,诱敌深入。这样,一方面便于我们集中兵力在运动中各个歼灭敌人;一方面使面临的战场成为一个战略钳制区,拖住敌人几十万机动兵力。……是的,我军退出大本营是为了保卫大本营。

　　这个例子是运用反义词语组成的反义结构来表达一种复杂的思想内容。这种句式使人感到言简意赅,发人深省。"退出"与"保卫"表达了丰富的内容,耐人寻味。

　　第二,利用否定副词来反映思想的深化和跃进。用否定副词否定已陈述的对象,然后再引出新的表达对象,新的表达对象比原陈述的对象在意思上有所深化,有所跃进。例如:

　　假若你看到我们的战士,用自己的双手,不,用自己的意志创造的"地下长城",你才更加惊讶呢。

　　这是利用否定副词把两个句子或句中的两个成分连串在一起,表示意思的逐步深化。这种表达方式句式长短相间,富于变化,简洁明快,活泼生动。

二、生动形象

　　要想使句子生动形象,以下两个方面是要特别注意的。

(一)细致真切

　　词语如果细致真切,揭示事物的特征,调动读者的联想和想象,就能使人获得鲜明的感受。文学作品以及其他记叙文字这一点特别重要,它要求描写人物,叙述事件,能做到如见其人,如睹其状,真实可感。例如:

　　阿Q没有家,住在未庄的土谷祠里;也没有固定的职业,只给人家做短工,割麦便割麦,舂米便舂米,撑船便撑船。工作略长久时,他也或住在临时主人的家里,但一完就走了。(鲁迅《阿Q正传》)

　　"割麦便割麦,舂米便舂米,撑船便撑船",原也可以写成"有什么活儿便干什么活儿",但这样太抽象。原文细致地加以描述,就比较具体地表现了人物"没有固定的职业",没有固定的生活来源,但老老实实地从事劳动,并非游手好闲之辈,性格更为鲜明。

（二）用好动词

句子要生动形象,各种类别的词的使用很重要,但动词占有更突出的地位。因为一个句子当中,特别是主谓句,主语通常是话题,是已知信息,而谓语是对主语的陈述,是要传递的新信息;所以常见的动词谓语句中动词多为新信息的主要承担者。加上它后面有时带有支配对象宾语。前面有时带有修饰成分状语,后面有时还紧紧连着补充成分补语:这些都决定了它的重要性,决定了它是句子中最活跃的关键性成分。动词用好了,能够大大增加句子的生动形象性。例如:

> 热闹了一天的城市,在雨中渐渐安静下来。汹涌的人潮流进了千家万户。水淋淋的马路,像一条闪闪发光的绸带,在初夏的绿阴中轻轻地飘。过往的车辆,就像水波里穿梭的小船。一群刚刚放学的孩子撑着雨伞,仿佛是浮动的点点花瓣。(赵丽宏《雨中》)

"汹涌的人潮流进了千家万户","流(进)",新颖形象,而且和主语"(汹涌的)人潮"能很好地配合,如果写成"回(到)"就黯然失色了。"水淋淋的马路,像一条闪闪发光的绸带,在初夏的绿阴中轻轻地飘",这一句其实主要是说"马路上的积水在缓缓流动",但是散文以"(水淋淋的)马路"作主语,化静为动,说它在"(轻轻地)飘",而且前面还带着描绘的词语"像一条闪闪发光的绸带","在初夏的绿阴中",景象奇特而美丽。"过往的车辆,就像水波里穿梭的小船""穿梭"表现出了雨后在积水的道路上车辆来往频繁的特点。"一群刚刚放学的孩子撑着雨伞,仿佛是浮动的点点花瓣",作家表现手法不同一般,以高处为视点,描绘这群孩子像"点点花瓣"在"浮动",多么动人的画面。以上描写,由于动词选用精巧,加上其他词语的配合,所以能激发人丰富的联想和想象,给人以美的享受。

三、连贯流畅

（一）上下衔接

上下衔接主要是说句子与句子的组合应该衔接紧密,才能使文章连贯流畅。句子上下衔接紧密,就可以保持意义上的连贯性。郭沫若的《科学的春天》中,有这样一段话:

> 我们中华民族在人类文明发展史上,曾经有过杰出的贡献。现在,在共产党的领导下,我们民族正在经历着一场伟大的复

兴。恩格斯在谈到十六世纪欧洲文艺复兴时曾经说过,那是一个需要巨人而且产生了巨人的时代。今天,我们社会主义祖国的伟大革命和建设,更加需要大批社会主义时代的巨人。我们不仅要有政治上、文化上的巨人,我们同样需要有自然科学和其他方面的巨人。我们相信一定会涌现出大批这样的巨人。

这一段共有六句话,句与句之间衔接得非常紧密。第一句说中华民族在历史上有过杰出的贡献。第二句紧接第一句,说现在在党的领导下中华民族正在复兴。"曾经"和"现在"紧密衔接。从中华民族的复兴,很自然地引入第三句,转述恩格斯关于欧洲文艺复兴的著名论断。第四句顺承上句的"需要产生巨人"的论断,指出今天我们更需要社会主义时代的巨人。接着,第五句具体阐发了我们需要各个方面的巨人。最后满怀信心地指出我们一定会产生大批巨人。这段话句句承接,环环紧扣,上下连贯,一气呵成。

(二)层次清楚

句子的连贯还非常关心层次是否清楚。也就是说,要注意句子之间的次序排列是否妥当。哪个分句在前,哪个分句在后;哪个分句与哪个分句靠得紧些,都会影响句子意义的表达和语气的连贯。语序安排得好,对于层次清楚来说非常重要。这从话剧《豹子湾战斗》中一段对话的原稿和修改稿的比较中可以看出:

①豹子的吼声继续传来,突然从远处传来几声枪响。

排长上。

丁勇:怎么回事?

排长:我们到处点了火,豹子转移到七连去了。这是七连打豹子呢。

②豹子的吼声继续传来,突然从远处传来几声枪响。

排长上。

丁勇:怎么回事?

排长:这是七连打豹子呢。我们到处点了火,豹子转移到七连去了。七连这一打,恐怕豹子要乱闯呢。

例①是原稿,排长不去直接回答丁勇的问题,而是讲了点火的情况,句子就不连贯。例②是修改稿,把语句的次序做了调整,首先直接回答丁勇的问题,接着再陈述七连打枪的原因,句子连贯,层次清楚。

很多时候,修饰语或插入语安排不当,会影响句子的连贯,搞得层次紊乱。所以要注意将修饰语或插入语安排在合适的位置上。

第九章　现代汉语修辞研究

（三）插说适当

插说就是指将一句完整的话剖开，把句子结构以外的成分插进来的一种表达方式。适当的插说也能够使句子变得连贯。例如，柳青《王家斌》：

"同志，"我很不满意地说，"你太过分了吧？难道就没别的办法解决这个问题吗？要爱护牲口，也要爱护人啊！"

这种句式看起来好像是语气中断了，其实是更能表现人物的生动的语调和情态，并不影响句子的连贯性。

（四）列举分承

人们有时要表达同类的观念和事物，可以采取先列举、后分承的办法，一环套一环，一层深一层，分承的各项与列举的各项相呼应。这样能使语言连贯，层次清楚，结构严谨。

列举分承的形式很多。有的是段落章节上的承接。例如，毛泽东的《中国革命战争的战略问题》开始提出了应该研究"战争的规律""革命战争的规律""中国革命战争的规律"，随后就分三段来分别承接这三个问题加以阐述。有的是句子的多层次的承接。例如，蒋光慈《莫斯科吟》：

莫斯科的雪花白，
莫斯科的旗帜红。
旗帜如鲜艳浓醉的朝霞，
雪花把莫斯科装成为水晶宫。
我卧在朝霞中，
我漫游在水晶宫里，
我要歌就高歌，
我要梦就长梦。

这里仿佛像链条一样，一环套一环，构成了诗歌的回环复沓的音乐美。

四、严谨周密

句子的连贯流畅对于表达效果很重要，句子的严谨周密也是不容小觑的。所以，在句子的锤炼中，还要保证句子表达的周密性。这需要从以下几个方面努力。

(一)考虑周到

用语言去反映客观事物时,应该防止片面性,要尽可能使每句所表达的意思全面而周密,给人以鲜明而深刻的印象。例如:

> 我们对于落后的人们的态度,不是轻视他们,看不起他们,而是亲近他们,团结他们,说服他们,鼓励他们前进。我们对于在工作中犯过错误的人们,除了不可救药者外,不是采取排斥态度,而是采取规劝态度,使之翻然改进,弃旧图新。

这里每一句都是从正反两个方面来阐述道理的,论述得周密全面,给人的印象是很深刻的。

(二)谨防缺漏

一个句子,缺少了必要的成分,或者某些成分不完整,必然影响到意思的正确表达。为了把意思表达得周密、准确,就要防止句子中必要成分的缺漏。例如,有个刊物的"稿约"中,有这样一句话:"来稿一律退还,油印、复写或铅印的稿本不退。"这句话说得不周密。"来稿一律退还",还要人家投稿干什么?既然来稿一律退还,怎么油印、复写或铅印的稿本又不退还了呢?显然是缺少了必要的成分。作者的意思是说要退还的是未被采用的来稿,如果这样改一下:"来稿如不采用,除油印、复写或铅印的稿件不退外,其余一律退还。"意思就清楚周密了。显然,句子结构的完整与否,跟意思表达得是否周密有很大的关系。而在一些结构比较复杂的长句中,尤其要注意句子的结构的完整性。因为稍不注意,就容易造成句子结构的残缺而影响意思的表达。

(三)修饰恰当

审慎地选择和使用修饰语也是促使句子表达周密的一个重要内容。修饰语在句中主要起描写和限制的作用。句子的一些细微的差别,特殊的含义,往往是通过修饰语来体现的。比如,"事情"这个词范围就比较广泛,意思比较笼统。如果前面加个修饰语"很小的",那么就表明了"事情"的性质。如果再加一个修饰语"一件",就确定了"很小的事情"的数量。要是再加一个修饰语"去年冬天发生的",就点出了"一件很小的事情"发生的时间。

(四)照应严密

句子要做到周密严谨,还必须注意把句中各个成分之间的关系安排妥当。前有交代,后有照应。这样句子表达的意思就会完整集中,浑然一体。例如:

> 过了好一阵,他发现我头低在胸前,肩膀抽动,便用双手抓住我的肩膀猛烈地摇着说:"难过有什么用?流泪有什么用?他们倒下了,我们活着的人再继续干!这就叫前仆后继!这就叫前仆后继!"

这个例子前面写到"我头低在胸前,肩膀抽动",接着才说出"难过有什么用?流泪有什么用"的话来,没有前面的描写,后面的说话就落了空;没有后面的说话,前面的描写就没有着落。这样互相照应,句子意思才完整周密。

参考文献

[1] 张雪涛. 现代汉语 [M]. 合肥：安徽人民出版社，2005.

[2] 周国光,练春招,张舸,等. 现代汉语概论 [M]. 广州：广东高等教育出版社，2014.

[3] 唐朝阔,王群生. 现代汉语 [M]. 北京：高等教育出版社，2000.

[4] 刘蔼萍. 现代汉语 [M]. 重庆：重庆大学出版社，2016.

[5] 邢福义. 现代汉语 [M]. 修订2版. 北京：高等教育出版社，2011.

[6] 崔应贤,刘钦荣. 现代汉语 [M]. 北京：北京师范大学出版社，2014.

[7] 齐沪扬. 现代汉语 [M]. 北京：商务印书馆，2007.

[8] 邢福义,汪国胜. 现代汉语 [M]. 北京：高等教育出版社，2010.

[9] 韩品玉. 汉语言文学专业学习全程指导 [M]. 青岛：中国海洋大学出版社，2007.

[10] 唐朝阔,王群生. 现代汉语 [M]. 北京：高等教育出版社，2000.

[11] 高林波. 现代汉语 [M]. 长春：吉林人民出版社，2005.

[12] 徐阳春,刘纶鑫. 现代汉语 [M]. 北京：高等教育出版社，2008.

[13] 邢福义. 现代汉语（修订版）[M]. 北京：北京师范大学出版社，2011.

[14] 胡裕树. 现代汉语 [M]. 上海：上海教育出版社，2011.

[15] 陈黎明,许建章. 现代汉语 [M]. 青岛：中国海洋大学出版社，2006.

[16] 许宝华. 现代汉语导论 [M]. 上海：复旦大学出版社，2006.

[17] 刘红梅,武传涛. 实用汉语语音 [M]. 合肥：安徽教育出版社，2003.

[18] 贾毓婷,王晓燕. 图解语言学 [M]. 西安：世界图书出版公司，2010.

[19] 许曦明,杨成虎. 语音学与音系学导论 [M]. 上海：上海交通大学出版社，2011.

[20] 北京大学中文系现代汉语教研室. 现代汉语（重排本）[M]. 北京：商务印书馆，2004.

[21] 郑廷植.汉字学通论[M].福州:福建人民出版社,2006.

[22] 万业馨.应用汉字学概要[M].北京:商务印书馆,2012.

[23] 胡文华.汉字与对外汉字教学[M].上海:学林出版社,2008.

[24] 孔祥卿.汉字学通论[M].北京:北京大学出版社,2006.

[25] 杨润陆.现代汉字学[M].北京:北京师范大学出版社,2008.

[26] 刘志成.汉字学[M].成都:天地出版社,2001.

[27] 曾宪通,林志强.汉字源流[M].广州:中山大学出版社,2011.

[28] 裘锡圭.文字学概要[M].北京:商务印书馆,2004.

[29] 王锋.从汉字到汉字系文字——汉字文化圈文字研究[M].北京:民族出版社,2003.

[30] 北京大学中文系现代汉语教研室.现代汉语[M].北京:商务印书馆,2010.

[31] 谷晓恒.现代汉语[M].西安:陕西师范大学出版总社有限公司,2010.

[32] 北京大学中文系现代汉语教研室.现代汉语.[M].增订本.北京:商务印书馆,2012.

[33] 王希杰.汉语修辞学[M].北京:商务印书馆,2004.

[34] 邢福义,汪国胜.现代汉语语法修辞[M].北京:高等教育出版社,2008.

[35] 武占坤,王勤.现代汉语词汇概要[M].北京:外语教学与研究出版社,2009.

[36] 卢慧慧.现代汉语词汇学[M].上海:学林出版社,2011.

[37] 凌云.现代汉语词汇研究[M].武汉:湖北人民出版社,2011.

[38] 邢福义.汉语语法学[M].修订本.北京:商务印书馆,2016.

[39] 李秀.现代汉语语法专题述要[M].北京:中国社会科学出版社,2012.

[40] 邵敬敏,任芝锳,李家树,等.汉语语法专题研究[M].增订本.北京:北京大学出版社,2009.

[41] 王珏.现代汉语语法研究:专题、理论与方法[M].上海:上海交通大学出版社,2010.

[42] 周国光,张林林.现代汉语语法理论与方法[M].广州:广东高等教育出版社,2011.

[43] 齐沪扬.对外汉语教学语法[M].上海:复旦大学出版社,2005.

[44] 房玉清.实用汉语语法[M].3版.北京:北京语言大学出版社,2008.

[45] 邵敬敏.新时期汉语语法学史：1978—2008[M].北京：商务印书馆,2011.

[46] 陈保亚.20世纪中国语言学方法论研究[M].北京：商务印书馆,2015.

[47] 范先钢.汉风语韵[M].昆明：云南大学出版社,2016.

[48] 卢英顺.现代汉语语汇学[M].上海：复旦大学出版社,2007.

[49] 曾立英.汉语作为第二语言的词汇教学[M].北京：中央民族大学出版社,2010.

[50] 尹海良.现代汉语类词缀研究[M].石家庄：河北大学出版社,2011.

[51] 高更生.汉语语法专题研究[M].济南：山东教育出版社,1990.

[52] 邢福义.电大语法教材学习问答[M].武汉：湖北教育出版社,1984.

[53] 力量.现代汉语百题辨异[M].南京：南京大学出版社,2014.

[54] 力量,许彩云,晁瑞.现代汉语语法研究[M].南京：南京大学出版社,2013.

[55] 林玉山.汉语语法学史[M].长沙：湖南教育出版社,1983.

[56] 林玉山.中国语法思想史[M].北京：语文出版社,2012.

[57] 马显彬.汉语语法学[M].广州：暨南大学出版社,2015.

[58] 潘悟云,邵敬敏.二十世纪中国社会科学：语言学卷[M].上海：上海人民出版社,2005.

[59] 田申瑛.语法述要[M].合肥：安徽教育出版社,1985.

[60] 田雨泽.现代汉语易混疑难问题辨识[M].北京：当代中国出版社,2004.

[61] 童一秋.语文大辞海：语法修辞卷[M].哈尔滨：黑龙江人民出版社,2002.

[62] 王建军,高永奇.高级汉语[M].苏州：苏州大学出版社,2014.

[63] 王文卿.汉语教学语法应用研究[M].北京：当代中国出版社,2004.

[64] 萧国政.汉语语法研究论[M].武汉：华中师范大学出版社,2001.

[65] 徐凤云.现代汉语理论学习与能力培养[M].贵阳：贵州人民出版社,2006.

[66] 徐公,杨志峰.词与短语[M].2版.太原：北岳文艺出版社,2014.

[67] 徐乐军,熊畅.秘书语文基础[M].重庆：重庆大学出版社,2010.

[68] 杨启光. 现代汉语教学研究与探索 [M]. 广州：暨南大学出版社，1999.

[69] 张斌. 现代汉语描写语法 [M]. 北京：商务印书馆，2010.

[70] 张斌. 中华学生语法修辞词典 [M]. 上海：上海辞书出版社，1997.

[71] 解正明. 语法语义应用研究 [M]. 广州：世界图书广东出版公司，2011.

[72] 许清，刘香芹. 编译方法及应用 [M]. 北京：北京航空航天大学出版社，2016.

[73] 曾剑平. 互联网大数据处理技术与应用 [M]. 北京：清华大学出版社，2017.

[74] 刘月华，潘文娱，故桦. 实用现代汉语语法 [M]. 增订本. 北京：商务印书馆，2001.

[75] 陈学忠. 现代汉语语法 [M]. 武汉：华中科技大学出版社，2006.

[76] 武占坤，王勤. 现代汉语词汇概要 [M]. 北京：外语教学与研究出版社，2009.

[77] 凌云. 现代汉语词汇研究 [M]. 武汉：湖北人民出版社，2011.

[78] 黄伯荣，廖序东. 现代汉语：上册 [M]. 增订5版. 北京：高等教育出版社，2011.

[79] 王化鹏. 汉语词汇学概论 [M]. 福州：海峡文艺出版社，2000.

[80] 钱玉莲. 现代汉语词汇讲义 [M]. 北京：北京大学出版社，2006.

[81] 陈光磊. 改革开放中汉语词汇的发展 [M]. 上海：上海人民出版社，2008.

[82] 邵敬敏. 现代汉语通论 [M]. 2版. 上海：上海教育出版社：2007.

[83] 兰宾汉. 汉语语法分析的理论与实践 [M]. 北京：中国社会科学出版社，2002.

[84] 张中宇. 实用汉语语法分析 [M]. 重庆：重庆出版社，2006.

[85] 谷声应. 现代汉语语法修辞 [M]. 成都：巴蜀书社，2001.

[86] 杨晓宇. 实用现代汉语 [M]. 银川：宁夏人民出版社，2015.

[87] 孙常叙. 汉语词汇 [M]. 北京：中国社会科学出版社，1956.

[88] 卢慧慧. 现代汉语词汇学 [M]. 上海：学林出版社，2011.

[89] 李香平. 汉字教学中的文字学 [M]. 北京：语文出版社，2006.

[90] 税昌锡. 语义指向结构模式的多维考察 [J]. 浙江大学学报（人文社会科学版），2004（3）：94-102.